1997 年，川剧《死水微澜》荣获全国第七届文华大奖、文华导演奖　　　　　　　　　　四川艺术职业学院（余小武摄）

1998 年，川剧《变脸》荣获全国第八届文华大奖、文华导演奖；2003—2004 年度国家舞台艺术精品工程"十大精品剧目"
　　　　　　　　　　　　　　　　四川省川剧院（余小武摄）

2002 年，京剧《华子良》荣获全国第十届文华大奖、文华导演奖；2002—2003 年度国家舞台艺术精品工程"十大精品剧目"

天津京剧院供稿

2006 年，京剧《廉吏于成龙》荣获全国第十二届文华大奖、文华导演奖；2005—2006 年度国家舞台艺术精品工程"十大精品剧目"

上海京剧院供稿

导演
谢平安

伯先 陈权 王起久 编著

这是一个不懂得生活的人
　　这是一个不知道休息的人

四川文艺出版社

图书在版编目（CIP）数据

导演谢平安 / 伯先、陈权、王起久编著.—成都：四川文
艺出版社，2017.5（2021.9 重印）
 ISBN 978-7-5411-4671-8

Ⅰ.①导… Ⅱ.①伯… ②陈… ③王… Ⅲ.①谢平安－纪念
文集 Ⅳ.①K825.78-53

中国版本图书馆CIP数据核字（2017）第101719号

DAOYAN XIEPINGAN

导演谢平安

伯先　　陈权　　王起久　编著

责任编辑　张亮亮　周　轶
责任校对　蓝　海
封面设计　叶　茂
内文设计　史小燕
责任印制　喻　辉

出版发行　四川文艺出版社（成都市槐树街2号）
网　　址　www.scwys.com
电　　话　028-86259287（发行部）　　028-86259303（编辑部）
传　　真　028-86259306

邮购地址　成都市槐树街2号四川文艺出版社邮购部　610031
印　　刷　三河市嵩川印刷有限公司
成品尺寸　168mm×238mm　1/16
印　　张　17　　字　　数　260千
版　　次　2017年5月第一版　　印　　次　2021年9月第二次印刷
书　　号　ISBN 978-7-5411-4671-8
定　　价　49.80元

2014 年，昆剧《景阳钟》2011—2012 年度国家舞台艺术精品工程"精品剧目" 上海昆剧团（周正平摄）

2012 年，豫剧《苏武牧羊》中宣部第十二届精神文明建设"五个一工程" 河南豫剧院二团供稿

2004年，花鼓戏《老表轶事》荣获全国第十一届文华大奖、文华导演奖；2007—2008年度国家舞台艺术精品工程"十大精品剧目"
湖南省花鼓戏剧院供稿

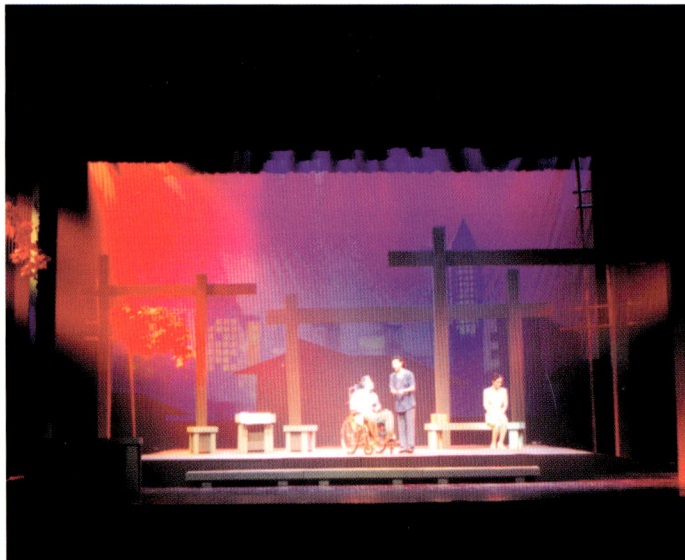

2000年，眉户戏《迟开的玫瑰》荣获全国第九届文华大奖、文华导演奖；2005—2006年度国家舞台艺术精品工程"十大精品剧目"
陕西省戏曲研究院（周正平摄）

暮舞晨歌千日功，
穿靴踏雾上高峰。
酣眠大佛猛然醒，
惊叹梨园后起龙！

— 魏明伦 1961 年题赠谢平安

── 目录 ──

自 谈

他 谈

附　录

| 自　谈 |

演员阶段

初学戏

我生在乐山，成长也在乐山，这是我应该死死记住的。是乐山这块土地，是乐山川剧团抚养我长大，并且培养我成长，由乐山，到成都，走向四川，然后走向全国。尽管人走向了全国，但是心里想的还是乐山，因为这里是根。

有两点，是我特别要格外感恩和感激的，第一，是乐山川剧团，这个团的老师，像罗群林、刘云深和邱福新、宁志新、徐志新等"新"[①]字辈的老师，确确实实对我非常关照、尽心培养，我的艺术认知是从他们身上传承过来的，所以我说，第一个要感恩他们。第二，我要感恩我的这批同学，就是"跃"字辈这批同学，他们是我在艺术成长道路上的配合者。任何时候，我有什么想法，在这个平台上，就靠着他们的配合来实现，他们配合了我无数的戏，配合了我无数的想法，我才能够成熟。所以，这里头既有"新"字辈的功劳，又有"跃"字辈的功劳，我受益于他们，不能忘记，这是我心里永远永远存放的记忆。

我出身于梨园世家，小的时候，并不喜欢演戏。但我看戏看得多，爸

① "新又新"成立于20世纪30年代，再早是吴小雷、罗群林等，后来招了李勇新、李乐新、谢秀新、姚艺新、谢文新等就是又新了，所以就是新又新。新中国成立后1951年成立人民川剧团。1953年招了程学秋、黄莫昭、邓如春等，1958年招了我们这批到大佛寺戏校学戏。1958到1959年，因与"大跃进"有关，去到全省各地巡演，后来与60年代招的学生总体改成"跃"字辈。

爸①演的，爸爸的那些同事们演的，妈妈②他们演的，我都看。我那时受的一种啥子教育呢？就是一定要读书！读了书才好做官。那个时候的教育就是这样子的嘛，读书做官。

我这个家庭，父亲先跟母亲离婚，然后就跟书舫③妈妈两个好了。他们本来在新又新科社演戏，后来都出去了，离开了科社，就把我一个人留在剧团。他们想的是，把娃儿留在这儿，等出去安定了，再把我接过去。我留在那儿，由我婆婆来带，我婆婆一直跟我在一起。那个时候的剧团，是经理制，就是大家挣来大家吃。我爸妈一走，我和我婆就成了剧团多出来的两张"白嘴"（不做事，吃闲饭）。尽管爸爸的那些同事，我的父辈们，他们都很照顾我，但是他们的钱也不多呀！我就必须要学戏，学戏才有碗饭吃。我就是这样子才开始学戏的。

跑龙套

开始学戏时，我算是剧团带的学生，没有正式老师。我记得我第一次上舞台，穿个"吼班儿"（龙套），从幕后上台，不敢看观众。因为我看到堂子里头满座的观众，眼睛全部都对到我在眨，好多双眼睛看到我，就吓，所有吼班儿都是面对观众站，唯独我就吓得背向观众站，不敢面对观众，就吓到这种程度。

还有一个很笑人的事情，新中国成立初期，那时搞宣传剧目，演《刘胡兰》。在铡死刘胡兰以前，必须要先打死一个娃儿，我就去演这个娃儿。那才紧张哟！匪兵抓我出去，人家还没有端枪，我就开跑，然后"砰"的一声，对到我打了一枪，我还在跑。旁边的群众提醒说："你死了！你死了！"我才扑通

---

① 谢平安的父亲叫谢文新，是"新又新"科社的科生，以唱功见长，是川剧界著名文生，曾在《柳荫记》中饰演梁山伯、《托国入吴》中饰演越王勾践等等。
② 谢平安的生母叫姚艺新，著名川剧旦角。姚艺新和谢文新是科班的大师兄大师姐，姚艺新与谢文新离婚后去内江川剧团工作，桃李满天下，剧团的几个主要演员都是她的学生。她人缘好，善良可亲，艺术水准很高，平安遗传了妈妈的好品德。
③ 陈书舫，川剧表演艺术家，谢平安继母。曾在《柳荫记》中饰演祝英台、《秋江》中饰演陈妙常、现代戏《丁佑君》中饰演丁佑君等。

一下倒下去。闹了很多笑话，我觉得自己根本不是学戏的料。

平时爸爸他们演戏，有传统戏，也演一些时装戏、新戏，那时候是刘怀绪①老师打的剧本。成都人民公园对面，原来有个锦屏大戏院。在那个地方他们演《蜀山剑侠》，台上用了彩色灯光，称为霞光布景。我经常去看，剧情我都记得到。但是要让自己亲自上去演，我哪里是那块料！第一个是自己怕，第二个是根本就不晓得该从何着手。剧团有些老师，给我下了一个断论说："平安，你要是把戏学得出来呀，我手板心儿煎鱼给你吃。"有的老师就这样子跟我说，我也觉得说得是，就跟到点头，承认自己肯定学不出来。

学老生

凡学一样东西，首先要对它产生兴趣，然后才去爱好它，爱好它了，你才会主动去学，人才会开窍，是不是嘛！那么我是怎么对戏产生兴趣的呢？那是经过了一次会演，是乐山地区第一个会演，由刘云深②老师给我排了一个《打金枝》。我开始学的是老生，刘老师教得很实在，他一演我就看，看了就学，模仿得也很实在。演了后居然拿了个奖，三等奖。从这以后，我就有点信心了，就觉得自己还是可以嘛！在增强信心的情况下，看他们演出，就不一样了。原来看热闹，也记得到。但这个时候看戏，就加上了"用心"两个字，要看门道，要自己去找门道，看他们的表演，看他们台上的处理。

迷京剧

到了1952年，中国京剧院赴朝慰问演出后，在国内要走一圈，就到了乐山，要在我们的军分区礼堂演一个晚上。我跑去看，没有票，娃儿家进不去，为了

---

① 刘怀绪，四川南充人，清末民初，为川剧编了数十个时装戏，包括外国作品的中国化改编。
② 刘云深，著名川剧表演艺术家，应工老生，代表作有《临江宴》《扫松》等。

看这场戏，去爬墙，把我挤得掉在一个粪坑头，打个半身湿。半身又臭又湿，坐在那个礼堂破墙上把一台戏看完。这台戏也把我吸引住了，一下子就对京剧产生了兴趣。乐山本身有一个京剧团，那个时候我就白天这边学川剧、演川剧，晚上只要乐山京剧团有戏，就跑去看，就这样子来回跑。

看电影

当时还看些电影，受电影的影响，还有话剧的影响，慢慢地，心头脑壳头装的不完全是川剧了。在那个年纪，在用心的情况下，开始去分辨这些剧种有哪些好，哪些不如我们；我们哪些好，我们哪些又不如京剧。慢慢地，也就有了一些分析能力。

学武生

这个时候，我开始转武生。转武生就惨了，第一要练功，每天早上跑到京剧团扎扎实实地去练功。他们压腿我压腿，他们跑虎跳我跑虎跳。京剧团教练功的，那才厉害。打"虎跳（侧手翻）"的人，你只要慢了，"啪"就挨一单刀片。我还看到老师把学员提起来甩。我没有遭这些打，仍然在京剧团跟着练，练了演了，又回来演川剧。后来京剧团苏富恩（京剧"富连成"科班应工武生）和宋明良老师跟我开了两场戏：长靠《挑滑车》，因为这是武生最基础的戏；短打最基础的戏《石秀探庄》，由苏老师亲自给我排，我把这两个戏都学回来了。京剧团的人天天扎起靠子练；我练，我没得靠子。人家靠子只是演出时才用，川剧的演员啷个练？就在那一年，我爸从成都来看我，我就把这个情况给他说了。我爸掏了五十块钱，那个时候的五十块钱是很厉害的了，买了几床棉花绒毯子，请师傅按照"大靠"的样式把它剪裁起来，做成了一撑大靠。靠子有了，从此我开始苦练，一天练三次功。尽管起步迟了一点，但后头还是跟上了。早上起来，是刘云深刘老师要管的，踢正腿，侧腿，一上一下，三起三落，练虎跳，翻筋斗。因为中午晚上要演出，大靠只有下午练。我就扎起一身大靠，在乐山的剧场外面，练《挑滑车》。不管是出太阳，不管是吹风，剧场外有个坝子，就在那坝子里面练。我那个靴子好像是出了十块钱从京剧团买来的，汗水把靠子、靴子都打湿了。这些道具真的是对我很有帮助。后来我们就到重庆演出，看到了温福堂（"厉家班"福字辈科生，重庆市京剧团演员，应工长靠武生）的《伐子都》，又学。《伐子都》不像《挑滑车》，《伐子都》需要翻打，就是《惊马》那一场。练，但是胆子还是有点小。最初扎靠子翻"出场"（后空翻），不穿靠子，穿厚底靴子，翻成功了，就不要靠旗；光把大靠扎上，翻成功了，然后再合成，按现在的话说，再合成来翻"出场"，就绝对有把握了。功练得差不多了我才开始排这个戏。演这个戏时，我二十岁了。

学文生

演了武生以后，就有些不满足。我爸是演文生的，我说我来试一盘。真是感谢川剧团。你晓得我演的第一个是啥子戏？是《柳荫记》！那个时候又没得光碟，只是看剧团老师演。开始是看李勇新老师演，后来看周文风老师演。就这样看了又看，加上些自己的体悟，我就演了。演了以后他们居然说还可以，我又增强了信心。后来陆陆续续又演了《秀才外传》《拉郎配》《焚香记》。但我不是主要演文生的，我主要还是演武生。

我们那儿文生，就是邓如春，我们同学，他为主，我属于客串。但是客串必须找那些感觉。我当时演的时候就一定要区别开来，文的就是文的，武的就是武的。我现在看到我们有个别的青年演员，不晓得有区别，演文的他像武的，演武的他像文的。

我觉得你要学一样东西，就必须要去钻研，认真地投入，然后请别人再看，来鉴别。我觉得这样才是你去探索的目的。又不是去过瘾，探索的目的是为了啥？主要是想证实一下自己可不可以多方面发展。

学花脸

我第一次参加会演就是著名净角吴晓雷吴爷爷亲自给我排的戏。1956年第一届四川青少年川剧会演的时候，他喜欢我，给我排的。我也演了其他的一些花脸戏，但是相对来说少一些。所有这些尝试带来的收获，我只有一点没想到：对我现在做导演的助益。做导演，面对的是各种人物角色、不同的行当。至少可以根据我掌握的不同"行当""程式"与演员做交流，去跟他们一起感悟。如果我连行当的表演一点门儿都摸不到，我怎么跟演员们交流呢？交流起来就有障碍。后来小花脸（丑角）我也去试一下，演了《荷珠配》《井尸案》这些戏。我觉得它是一门技术，又是一门艺术。可以说，我集老生、武生、文生、小花脸于一身。我小时还演了很多花脸戏。

学文化

说起我的学历，真的有点滑稽，好像跟魏明伦差不多，小学三年级，是没有毕业的。因为要管嘴巴，就要学戏，学戏才有饭吃。那个时候吃饭是咋的？戏完了以后，一个大甑子搁在台子中间，凡是演职员就可以拿个小筲箕去打饭，演职员才有资格，那儿有人监督的。打了一小筲箕饭基本上就我跟婆婆两个人吃。菜，可以去买点小菜。我拿到第一次工资的时候，是个笑话，我们四个马衣，两分钱，真的啊，两分钱，四个人，你说该咋个分？这是我亲身经历了的。我们四个娃娃想办法，去吃汤圆，一分钱一个汤圆，一人吃半个汤圆！到后头工资涨到五分钱，一个人五分哟，高兴高兴，就可以拿这些钱去买小菜来下饭。

所以那时哪谈得上深造，去继续学文化。我后来的知识，历史啊，地理啊，各方面的知识来源于三个：第一来源，绝对是小人书和少儿读物。我们那时候喊娃儿书、连环画。我的小人书买回来都是积攒起的，放在箱子里头，一百多本。认不到的字，就去问，就拿娃儿书去问，这是啥子字呢？我不晓得这是啥子字，就写到书页上的侧边，这样子慢慢积累了很多字。到了一定的年龄，就不看娃儿书了，开始看些少儿读物。第二个来源，就是看剧本。拿起剧本来，有些文言文你懂都不懂，必须去问。教我们唱腔的老师就给我们解决这个问题，就懂这个意思了。第三个来源是小说，人长大了嘛，接着逐渐逐渐地看小说，甚至可以看《安娜·卡列尼娜》《复活》之类的书。还有很多认不到的字，继续地问。我的文化就是这样子来的，从小人书、少儿读物到剧本，一直到看小说，越看越深入进去，越有兴趣。如果开始你没有兴趣，整死人都进去不了的。只有进去了一点，感兴趣了，才会去问，才会去学，才会去深入。所以，从文化的角度，谈不上靠谁教我，跟明伦一样的，就是自学，明伦在这方面更刻苦。文化基本上是这样子来的。

川剧情

我出身于梨园世家，我的父母是新又新科社的学员，我就是在这个环境当中长大，我和川剧的关系，是一种血缘关系，就好像儿子和父亲、母亲的一种关系。这是多年以后感觉到的。离开了川剧，我干啥子呢？我何以为业呢？如果用命运来讲，这就是我的宿命，我和川剧结下了不解的那个父子之缘，或者母子之缘。

我与川剧，既相生，又不相生。相生嘛，就是因为这个大环境，本来就生在一起；不相生嘛，我从小受的教育，并不是非要从事这个行业不可。但是，由于多种原因，特别是父母的离开，那就只有从事这个行业。所以说我觉得是一种宿命，你娃娃跳都跳不出去，你就必须在这当中去生存。如果离开了，一旦我离开了川剧，将一事无成。

后来，我在全省做出来的一些成绩，也给我们川剧排出了一些好戏，实际上是川剧孕育我的，是川剧给了我这样子的底气，是川剧给了我这样一个能力，当然也是川剧给我的一项使命，所以说与它是绝对分不开的。

一辈子，我生活在川剧人中，跟大量的川剧人接触、交往、共事，这其中的感情，牵扯着整个生命。

我记得父亲、母亲刚刚离开新又新科社的时候，这家把我拉去吃饭，那家也把我拉去吃饭，还说了许多安慰的话。我那会儿其实什么都不懂，丁点儿小的一个娃娃。但是我的父辈们对我充满了同情，这个我记得非常实在。我还记得有谢秀新老师、彭继新老师、令志新老师，他们"新"字辈的，还有罗群林爷爷，我一直很怀念他们。他们不但养我，而且他们教我，从娃娃儿开始，从穿龙套开始，所有的戏，包括小孩子的折子戏，都是他们教的。不然我又怎么会唱戏懂戏呢？每次演出了以后，还要指出哪些不对，哪些应该改进。奇怪，我从小没有挨过打，不晓得他们是不忍心打我呢，还是我很聪明懂事，不会遭打，也可能两者都有嘛。

跟那些老师父辈，一直到后期、到晚期，感情都很好。好到啥子程度呢？我举个最直接的例子，"文革"中我被隔离审查，没有一个人相信我犯了错误。他们从小看到我长大的，我怎么可能会去反党啊，他们从来不相信。我靠边站后，他们看到我，从来都不是横眉冷对，都非常理解非常同情。但是他们无能为力，我也理解他们无能为力。喊"站稳立场"的时候，他们从没有和我"划清过界限"，我心里感觉得到啊。不光是他们，还包括那个公检法，后来进驻剧团的军宣队、工宣队，那些人当时对我这个靠边站的，按当时形势来讲，应该是很严厉的，因为我是对江青和林彪这些"政治红人"表达了不满意的，在当时来讲，我是非常危险的分子。但是，他们总是用温暖、用潜在的爱护来对待我。

随后，我被调到省《杜鹃山》剧组，同这批人一起工作，我觉得又是另一个感觉。尽管他们没有我小的时候同老师辈、同学辈一样的经历，但是，跟他们接触，总是能够找到共同点，总是能够找到共鸣点。这是什么原因呢？是川剧艺术，把我们大家凝聚在一起的。

以后，到外省去排戏，在每个剧院，每个剧团，又因为艺术结识了一大批好朋友。所以说，我和川剧人的关系，和全国戏曲界同人的关系，都是这样一种难舍难分、血肉交融的关系。这除了艺术观念的相通和共鸣以外，更重要的是，大家成为彼此生命旅途中的相伴。这是让人感到格外幸福和值得珍视的一种关系。

"文革"时期

小吼班

我是 1956 年入的团，是在峨眉山的清音阁，团组织活动在那儿爬山，我就入团成了团员。说真话，我那个时候为了表现自己的"红"，做了很多对不起那些受委屈人的事。我主要就是跟到干吼嘛。三反、五反、打虎队、整风、反右，我就是啦啦队的，根本不晓得人家的痛苦。这是到了后头看了很多书，看了人家那些遭遇，我非常内疚。尽管无知，为了"红"，也当了"打手"的，但是我没打过人，就跟到浑吼一通，这才是真吼班儿呢，小吼班儿。到了后头，我对"红"开始反感起来。

小白专

就社会活动方面，我最讨厌的就是开会。小的时候把我们弄到专署里面去听报告，经常都去。现在想来，有啥子事，干就是了嘛，把一个小娃儿弄在那儿听报告，当然我只有打瞌睡，全在打瞌睡，开会浪费了很多时间。但是啊，那种强行地灌输政治意识，真的是深入了脑筋的。记得我在青年的时候，啥子又红又专，不管学习和工作，都在提倡。

随着年龄增长，自己对事情就有些不同的感觉，明明是说假话，明明这个事情没有办好，却要去夸张地说好，心里就很反感，未必然这就是"红"啊？我当时认为，红还有一种最重要的表现，把你的戏演好，把你的功练好，这也是红啊。我演的都在宣传共产党，是不是？

所以有的时候本来该练功，却要停下来，去听报告，去开会，更反感。我说你开会嘛就是喊我好好练功嘛，那就要让我好好演出嘛；我正在练功，练功就是为了好好地演出，你叫我去开会，坐到那儿起个啥作用呢？因此对这个"红"的看法，开始是无知的，到了后头接触到很多实际的，是反感的。

当头棒

那个时期专业好，就等于骄傲；由于骄傲，你就只专不红。这些我根本不管。但是有一次刺激了我，就是1959年那次组织"中国川剧出国演出团"，除了重庆、成都集中的大量演员以外，当时还让省内各个地区选一至两个名额参加出国团。我们那儿为了这个事情，还专门动员，每个演员都在准备。我演的就是曾荣华老师给我排的《武松打虎》，说真话，演出非常好，非常顺利，我当然就盼望到出国，因为我妈陈书舫也要去。结果没得我。领导找我谈话，说你的业务还可以、还行、还好，但是啊，你就是骄傲。就以这个理由不能去，结果是干师兄干志国去的。

我记得我下来以后一个人在我们那个公园头呆坐了半天，想这样想不通，想那样想不通。

假积极

你们说我"骄傲"，不"红"，好嘛，那我就"红"给你看！于是我就有点抵触地装积极。我把珍藏的所有的连环画两三百本捐给剧团的阅览室。练功也罢，开会也罢，做积极状。这一关过去了，但是心头并没有真正的服气。你们喊比赛吗？就是凭舞台的这个东西嘛，咋个又会是这样的结果呢？不满情绪是压下去的，并没有完全解决问题。当然，我也不闹，我照样演戏，他们认为你现在很好啊，大有进步，然后动员我，你该争取入党。

好，这下就由不满意、由假装的积极，慢慢变成一种很愿意很自然地去学文件啊、开会啊、积极发言啊。果不其然，我二十岁就入党了！入了党以后，当时乐山的领导，是很想我在政治方面发展。从我内心来讲，却想对它远离，远离，我不晓得为什么，有一种本能的反应。这个本能的反应可能来自两个方面：第一，我讨厌开会，当官就要天天开会；第二，我那个时候，已经被练功、被戏完全迷住了，我觉得我的发展应该是在这儿。尽管口头在反对骄傲，反对只专不红，但是，我的倾向始终是向这个专的方向发展的。

结烟缘

"文化大革命"以前，我不抽烟。我觉得抽烟有点"二流子"味道，不能抽。我当演员队长，我不仅不抽，还要去管到陈万华他们这些小一点的，不准他们抽。他们就背到我偷偷去抽。在"文革"中，如果讲收获，第一收获就是把抽烟学会了。"文革"时，原来所有受的党的教育、政治教育，全部都不承认了，十七年的东西都是黑的，全部就是要造反。原来我们心头，觉得是代表党的形象的人，全部整出来打倒。自己的精神和生活都处于一种混乱的状态。没得办法啊，功也练不成，戏也演不成，这个时候你咋个办？只有抽烟。我记得第一次尝试，三分钱买了两支"朝阳桥"牌烟，抽第一口进去，简直呛得我要升天了。第二支，根本就不能抽。后来还是慢慢习惯了，那个时候我二十六岁。哎，我就一直抽到现在。

靠边站

"文革"中，有很多事情想不通，和几个人悄悄议论过林彪江青。后来造反派头头找我谈话，提了这件事。我一听到这个问题，真的是吓了一跳。在那个时候，那个背景，一提到这个问题，我的第一个想法就是，一切都完了，一切都完了。那就听候发落吧。

随后就靠边，下放去劳动，又被批判，又写检讨。什么都写，而且不是假装地写，是认真在写，就是认为自己错了。这段时间从1967年到1969年，大概搞了有两年半。

在这两年半当中，看到了游街、批判、做展览，看到了各种人受的各种罪。我还好，还没有受过大的罪。这两年半，你猜我在想啥子？根本不想戏了，全部不想戏了，就希望早点给我一个结论。究竟咋个办？你要弄我去判刑劳改也可以，两年三年出来，我再也不搞戏了，就老老实实地当个农民。因为处在那样的一个环境，绝对地绝望了。

但是人有点怪，处在这种环境里，心头都还有些想法。为啥子人家说先知先觉的人是最痛苦的，我深深地体会了这句话。我也想过，如果我完全是个白痴，你们说啥子就是啥子，我没有一点独立的思考，多好啊！唉，恰恰我就有那个独立思考的意识，就跟明伦一样的。人都被关起了，检讨，改造，嘴上说一套，心头想的又是另外一回事情。那两年半，不挨批，不开会，就去劳动，回来只能待在一间屋后头，哪儿都不能走。但我看了很多书，是去劳动的时候，找认得的人悄悄借来的名著，都不是他们允许看的书，看了很多书去打发日子，用铺盖捂起，悄悄看。

重归队

两年半后，工宣队、军宣队进驻剧团，当时也没有下结论，就说根据谢平安的情况，可以回到革命队伍当中，可以工作了！我真还是感动了，真还是哭了。因为好想自由哦。

两年半，耽误了我两年半。出来过后，就可以工作了。我开始恢复练功，练了三天以后，连路都走不动了，一切都变了，腿沉重得很，腰杆也是这样子。一直就这样坚持练，才慢慢恢复。我解放出来第一次演的戏，是《红灯记》后头那个拿红缨枪的，嘿，过弹板，我记得当时宋兴佑和我在一起，宋兴佑前面有一个游击队员，拿杆枪，然后才是我。我们两个要上场之前，都还在暗暗念道：下定决心，不怕牺牲，排除万难，争取胜利，你先走！

后来林彪垮台，很多人跑来跟我说，你说对了，他就是奸臣嘛！江青垮台，又有人跑来说我有啥子先见之明。我说我那个时候是朦胧的，并不是一个真正的理性上的认识。

"文革"结束后，造反派垮台，我又当了副团长，当了支部委员。但我对打压过我的那些人，没有说过一句重话。为啥子呢？我觉得他们没得罪啊，责任不在他们，从某种意义上来说，他们也是受害者，我真是这样子认识的。我夫人就是造反派。我跟原来一样对待他们，有时还帮他们说话，帮他们做些该帮的事情，我觉得我从来没有迁怒于他们。

涉足编导

学编剧

后来，在《杜鹃山》剧组的时候，我一边参加演出，一边开始创作戏了。这部戏是根据一部小说《铁牛》改编的。那个时候怪，创作都受时代的影响，我就受了《杜鹃山》的影响。那个戏全部是韵白，灵感来自于哪里呢？第一是来自于小说的提示，第二是受《杜鹃山》的影响，第三个是传统戏，毕竟演了好多传统戏嘛，啥子韵脚拿来就是，完全可以组合起来。

我接触了非常多的传统戏，传统戏的精华究竟是什么？我心里很清楚，就是看老先生们会演嘛，自己也演嘛！因为老先生们要教我们，他自然就晓得这里面的奥秘，自然晓得这里头的一些元素。当自己已经在做一个"半导演"时，就会看到一些剧本的问题。咋个办？跟编剧沟通啊，有的编剧在外地，或者有些老戏的编剧已经去世了，必须要自己拿主意。

乐山那个时候，地区经常要搞会演。为应付会演，在写剧本、学导演的过程中，自然对剧本会产生一些想法。在这个过程当中，算起来，我还专门学了三年的编剧。这个所谓学，不是跟某个老师学，完全是自己写，自己学写。有改编的，有整理的，有创作的，应该有十几个。原因是：第一，拿到的剧本我不满意的，我改写。第二，拿到的新剧本，我不满意的，经作者同意后修改，甚至于有的会推翻后重新架构。第三个，就是完全自己写了，改到改到的，心想咋不自己弄两个来看看呢。这样一来对剧本也很感兴趣了，一下搞了三年。但是我写剧本也不是为了要想当剧作家，不是。一切都为了要把戏演好，要让这个戏很顺，精华的东西保留，冗长的、重复的要把它剪掉。这是形势所逼。那些过场的、冗长的东西，当代观众不喜欢，就要把它省略，才可以适应当代观众的需要。我不想靠这个吃饭，但是我想尝试一下。也没有想到，这段经历对我现在做导演，梳理剧本，跟编剧沟通意见，或者发现和填补剧本的某些不足，带来了莫大的好处。编剧，你不仅要懂剧本，而且你要想它的问题在哪儿，然后如何沟通，如何改。当时我就喜欢写剧本，就喜欢改，不喜欢耍。我在乡场上演出，演完了就跑到茶馆里写剧本去，乖得很。

在乐山这三年的生涯，构成了一种编、导、演一条线的工作方式，很辛苦。尤其是自己编的剧，自己要导演，自己还要做主演。有个戏叫作《禹门之战》，就是原来的《双八郎》改过来的，开始是改编，后来新编了。还有一个戏《黄泉认母》，是根据《伐子都》来扩展的，像这种戏大概有十几个。完全新编的，就自己编。没有题目的编，大概也有七八个，像《惊世传奇》《仇大娘》等，自己还要去主演。这些都是为了应付当时的地区会演。

学不同行当的戏，学改剧本，学写剧本，这些对我现在做导演，我觉得是一个非常好的积累，对我现在做导演去指导演员，打下了最好的基础。我觉得一切都是积累。所以说我一直在观察，我的那些小同行，他们理论并不缺乏，缺乏的就是这个。

这个阶段诸多的剧本当中，我自己比较满意的有两台戏。

第一台戏是新编历史故事，这里头有四个折子戏：一是《执法斩姬》，是老生的戏；二是《东施效颦》，是根据成语故事改编的；三是写吴王的《邹忌谏美》；四是《子都之死》。这四个除了《子都之死》是传统的，其他三个，都是按照成语故事来编写的。《邹忌谏美》《东施效颦》，还有《执法斩姬》《黄泉认母》，这四个组成了一台折子戏，从声腔，从舞台形式表演，都是我们那批同学负责。我就演《黄泉认母》。这台戏我还比较满意，因为，大量探索某些东西，所以说乐山是我的试验场，在这里四个风格不同、声腔不同的戏得到不同的展现。这四个戏还得到了乐山的奖励。这些我不在乎。我在乎的是，哦，我又整了四个，这四个还有点道理。这是我总体构想的四个戏，但是我不挂名字，我只在《子都之死》署名，其他的人有王开华、邓如春，反正都让我的同学来担负。这是一台比较让我满意的戏。

第二台戏是整理的传统戏，我比较满意的就是《禹门之战》。这个戏保留了我们原来老戏的戏路，单独的内心的折腾，但是不像原来的有些内容，变了一些，往亲情上靠，我觉得还比较好，这个演出在乐山、在外地的效果，都比较好。

总括起来，年轻的时候，我的生活就是台子上演戏，台子下学戏，泡图书馆读书借书，茶馆头改戏编戏。

学导演

我前后排了有一百多个戏。其中90%是跟外省各地各剧种排的戏，也有我们川剧。如果从我导的川剧算起，包括在乐山试着导的所有的戏一起算，那么应该是将近两百个，我自己比较满意的有一百多个，其中得了大奖的，也有多部。

不是所有的戏都是为了得奖。我原来在乐山开始排戏，作为演员来排戏，并不是因为想去得奖啊！并不是想啥子出人头地，不是。我开始涉及导演这个工作，是偶然地从演员开始的。

为什么从演员开始呢？第一，因为我当时在主演，我必须把我的戏演好，我的戏演不好，那么包括锣鼓，包括音乐，包括下面配合的一些动作型的演员，文戏的演员，武戏的演员，就都觉得遗憾。于是干脆自己动手，就按自己的想法，跟这些部门合作，尝试改变剧中不满意的一些地方。第二，跟他们合作久了，综合的东西都有了，然后逐渐地把自己的思路投入到这个戏里面去，这样就形成了那个时候导演最基础的东西。按现在来讲，那时只能算是技导，还不能完全算正规的导演。因为正规的导演，我晓得必须要经过剧本的审阅、推敲，然后跟剧作家商量，然后再跟音乐商量，跟综合部门协调，各个环节都有要求。那个时候我还不行。我在做导演工作，排的这些戏不是为了要拿奖啊，也不是为了要彰显自己，就是为了把戏演好。我原来的一个想法，就是当一个好演员，从来没有想到要当一个好导演，真的。现在我觉得最终走上导演这个工作，是一个"误会"，真的、真的是个"误会"。

因为不断在演戏，不断接触新的内容，就要不断去创造新的形式。所以，我至今都非常感谢乐山。第一，它是我的母团。第二，它实际上就是我艺术成长道路上的一个试验场。

我回到乐山，碰到原来的这些同志，我都非常感激，总是要一起聚一下啊！

想想我自己走上这条路，并不是为了要其他的啥子东西，就是为了把戏演好，当一个好演员。把戏演舒服了，每一天、每一场你都演舒服了，这就是一种享受，一种艺术享受。

识精华

对于导戏，我个人是这样来进行的，改编时尽量保留传统的优点，改造我认为不太好的部分。当时，我要面对我上头的老师，像成都的一些老先生啊，想让他们认可这是川剧。我又想让现代的观众接受。我做演员的时候，就一直处于这种状态。这条路子啊，也就是老戏新探，这在我来说是非常考手艺的。

其实，我有时候愿意搞一个啥子戏呢，就是纯粹新的、完全用我的想法搞。在外人看可能很难，在我来讲，因为思路已经打开了嘛，方向已经找准了，这根本就不存在问题。最大的问题就是整理改编，我做导演也罢，做主演也罢，做编剧也罢，难都难在要保留我们传统的好的、优秀的，又要剔除一些多余的东西，以适应当代的观众的需要。戏总是不断地在朝前发展，不能说一代一代老是这样子演出，它必须有不同的展现。但是，这种不同的展现又不能背叛祖宗，又要时代能够接受。搞川剧就是要像川剧。我们几个志趣相投、业务上又说得到一起的好朋友经常一起交流，交流中衍生出不少东西。

在外省，我拿我们的《焚香记》做了一个小实验，效果还不错。2013年在重庆，我给孙勇波排了一个《玉簪记》，保留了《情挑》《偷诗》《逼侄》《秋江》，删掉了《还诗》。头尾变了一下，它是一个尼姑庵，中间插了很多尼姑进去，因为要有当代的一些审美的东西。加重了爱情戏的分量，这是任何宗教的东西都压抑不住的，尽管在这样一个庙宇深深菩萨威严的环境当中，他们仍然要谈情说爱。但是呢，这些东西很少，都是一种过场，无语的，不去说这些话，只让人们去感觉到这些东西。这四场戏精彩的东西就保留下来，有的就几乎就没有动，就像原来袁伯伯（袁玉堃）他们演的那一些，精华的东西根本就不会动。为此还专门把晓艇兄他们请下重庆来一起来看，我就拉着他一起来把关，看我破坏传统没有。这是第一个关。第二个关，原来精彩的东西丢掉没得。因为我们说"老戏新探"，第一是保留传统。

老戏是我们祖先传下来的，不论表演，不论动作，不论人物的刻画，最精华的东西不能丢掉。再根据当代的需要，根据自己对这个戏的理解，可以做一些调整，这就是新探。老戏新探是一个完整一体的两个方面。所以从乐山开始，对我后头做这些戏，有很大的帮助。还有朋友之间的议论，互相的探讨，对我做这些戏有很大的帮助。

我认为比较满意的，除了《禹门之战》而外，第二个就是给沈铁梅排的《李亚仙》。原本中的好的东西都得到保留，在全国很有影响。至于他们去哪里拿的啥子奖，不关我的事。我的任务就是我追求这个效果、目标达到没有。

戏曲导演总体原则

三句话

有人问我，之所以形成现在的你，是靠什么？我的回答很简单，三句话。第一句话，背靠传统；第二句话，立足当代；第三句话，眼望未来。

那么这三句话怎么去解释它、实现它呢？

关于第一句话，背靠传统。其他的导演，我不敢妄论。我觉得我们现在的戏曲导演，如果没有舞台的积累，尤其是如果没有自己亲身参与的积累，就很难驾驭戏曲的舞台。因为戏曲的舞台，有自身的规律，有自身的节奏。舞台都是有节奏的，如果你掌握不好，就很难控制，也很难展示出你的实力。所以，一定要有丰厚的传统积累，传统积淀。我从小就学戏，眼睛看到的，耳朵听到的，脑里记到的，全部都是我们的传统戏。而且由不懂，或者说，先不喜欢看，到后头越看越有味，随着年龄增长和自身的学习进步，就这样成长起来。我们传统的东西，有些初看不怎么样，你再看下去，随着年龄的增长，阅历的增长，你才看得出它们真了不起。如果跟舶来品话剧比，它们是讲"实"，我们戏曲不讲究这个。我们的什么"四卒千军"啊，这个已经有很多人写了文章，我不谈它。说白了，我们就是写意传神的艺术，这是戏曲的"三性"规定了的，虚拟性、程式性、综合性，是不是？规定了不允许你去搞实的东西，不要像话剧一样的堆砌好多东西。如果你这样子做了，尽管你有钱，做了也等于白做，因为你违反了戏曲的这个规律，这不是戏曲应该提倡的方向，也不是戏曲审美需要的东西。戏曲是用最简单的东西去表现最复杂的内容，我觉得这是戏曲艺术的特点。如果你没有这方面的阅历，没得这方面的积累，那不成了每句话你都要"实"地去处理？我有个优越条件，就是背靠传统，我这方面积累得比较厚实。所以，我就开句玩笑说：我不怕，我后头有传统。这不是一句戏言。

但是时代在发展，社会在进步，观众的审美需求变得多样化了。你只是一种传统，很难推进戏剧的发展。传统就是基础，给你提供很多很多基础的东西，但不能让它成为向前发展的阻力，它应该是一种动力。

我的第二句话，就是立足现代。

立足现代是什么意思呢？就是说，我积累了这么多东西，我应当站在当代人审美的立场来看舞台，来看观众。在这个思想指导下，在我所有排的新戏当中，那就是既有传统，又绝对有在传统基础上向前推进的东西、向前发展的东西。

我举个例子。我跟魏明伦排的《中国公主杜兰朵》，这个戏，是一个舶来品。当时我和明伦商量，就是这三句话，要把欧洲的歌剧化的东西搬到中国来，让它中国化、戏曲化，更重要的是川剧化。因为这是个特色，用川剧来承载，那就应该突出川剧的特点。我给台湾国光豫剧队排过这个戏，原则就是：中国化、戏曲化、豫剧化，必须发挥本剧种的特色。这个戏，单单地运用传统剧，是绝对地对付不了的。也就是说有很多东西需要新的补充，新的推进。比如，鼎的运用。明伦是把外国的三个结婚条件，变成了中国式的三个结婚条件。第一个，是比力气大，他这个肯定就是来源于我们川剧的《禹王鼎》。第二个，是比智慧，我就坐在高台上，看你能不能把我调下来。第三个，就是比武了，就是我们戏曲经常用到的，比武招亲。他是把它完全戏剧化了的、川剧化了的。那么这个鼎该怎么设置？如果用一帮人抬一个具体的鼎出来，我觉得那是死的嘛，没得生命力。我们本身就是以虚拟性见长，于是，就用人做成鼎状来表现，既好看，还要说话，又活跃，又可以动荡。你说究竟那个死的东西好看呢，还是活的东西好看？这在导演构思的时候，是绝对要去想的。因为最后拿主意的是自己。至于观众，你做得好他就认可，你做得不好他就不认可。不认可又改就是了嘛。我觉得舞台是一个实战场，也是一个实验场。作为导演，有成功的实验，也有失败的实验，很多事情都是在成功和失败当中不断地推进的。由于大胆地用了这个东西，结果演出效果非常好。尤其是1998年在北京，跟张艺谋他们那个西洋歌剧两边对演，他们在紫禁城演，我们在政协大礼堂演。两边的投入，我们这边只有一百多万，张艺谋他们那边大概好几千万。从效果来讲，我们完全不弱，评论界热议，认为各有千秋。我觉得尽管这是一句话，但已经说明了一个问题，钱多可以表现，钱少未尝不可以表现，而且恰恰符合戏曲特点，以最简单的舞台，以最简单的形式，来表现最复杂的内容。得到这样的一个评价，作为自贡来讲，作为编剧来讲，作为导演来讲，已经非常满足了。这叫东西方文化碰撞，互相交流，我觉得这是一个成功的例子。

第二个例子是《死水微澜》。我只举里面一些例子，不是全剧。邓幺姑要追求自由，追求幸福，首先就要脱掉这个"农皮"（农民的身份），当一个成都城里人。她一个人散步在田间，想的是我哪个时候才能够进成都？让她静下来，跪在那个田坎上，遐思。遐思当中，我处理出现了一群农村妇女，先是年轻的，随着她的唱词展开，从年轻时一路割猪草、生娃儿，一直到老婆婆脚步跟跟跄跄，让她内心的东西外化出来，这就是她看到的祖祖辈辈的乡下女人的命运和经历。然后还让她们之间对话，你是那样的命运，我就不，我要变。导演为啥子要把邓幺姑追求个人个性解放的内心外化出来？外化出来，才能够让观众听到、看到、明白，引起观众对邓幺姑命运更深的关注，对剧情有较深的理解，打下一个很扎实的观赏基础，到后头就好办了。所以，必须在我们原有的基础上，传统积累的基础上，打开视野，展开想象。我觉得导演理论，它的作用实际上是给我们开拓思路，让我们把思路打开，放开手脚，让我们去接触、融通各种东西，把内心的东西、尖锐的东西、不可能对流的内心，都可以表现出来。从理论到实践，你必须要用具体的东西去体现，没有这个体现不行，是不是？

我看过北京人艺《推销员之死》。本来他哥死了的，他在想他哥，然后他哥公开出来跟他两个对话，这个穿插在剧中大概是三次以上。其实我当时看的时候就想，我们传统戏也有这种处理法嘛。真的，当时我边看边想，我们传统戏人跟鬼的对话，多嘛。但是，我们都把它局限在那个框框里头，没有把它作为一种手段普遍使用。我觉得，它既然形成了，它就有普遍性。我们没有好好的运用。我自己在导戏的时候，尤其是在选择新戏的时候，这些都是我可供选择的手段。

再举个《变脸》的例子。水上漂知道了狗娃是女的以后，那种心情是复杂的。狗娃好办，一心一意就是不走。不走，既怕再流浪，又怕被人家再卖一次。还有就是她对这个老头子特别有好感，碰到这样的一个老头子是幸运的，不能再离开这个老头。老头子心理就比她复杂多了，老子好不容易才享受了天伦之乐，老来得享有孙儿之乐，好不容易老了用钱买了孙儿，稍稍满足了一下自己的心愿，结果她是女的。既舍不得赶她，但是又不得不赶她。因为祖训是这样子，我手艺要传承下去，传男不传女，是传承不到女子手上的。所以说两个小人物的两种痛苦，都到了一种极致。这已经是悲剧了。

悲剧，有各种表现手法。其一，按我们传统写意的那种，一般是用帮腔的无词歌，观众也会认可。其二，按照现代戏的一般方法，就像《死水微澜》里罗歪嘴与邓幺姑生离死别时，音乐一起，两个人拥抱，舍不得你，伴随着痛苦的呼叫，这两个人物痛苦到了极点，又无可奈何，又舍不得，又必须分开。其三，在《变脸》中，我没有采用上述两种方法，我处理为让两个人同处静态、一起跪在船头上，音乐进入，用埙的乐声，它是一种不激烈、但很凄惶的音色，去烘托此刻的人物感情，然后两个演员的情绪不要中断，出现那种欲语无言、欲哭无泪的那样的一种静态，此时无声胜有声。有人这样评论，说这是把悲剧的悲戚无声的最高点表现出来了。这也正是我要追求的效果，这是一个我比较满意的选择。我觉得这是背靠传统、立足当代的一种创造性的发展。

《变脸》这个戏，好多戏在船上，演员一会儿上来，一会儿又下去，就不能用传统那种手法，搭个暗跳；而要给他一个固定的点，这个固定的点就在乐池那个地方，搭了一个延伸台，这个延伸台其他的场次也可以用。当戏在船上的时候，它就是船头，演员可以做虚拟的动作上岸下岸。当方位移了，移向后头去了，又好像一条船的后头，这个地方是船后搭跳板的地方，然后狗娃才去解手，去发现问题。这些都是虚拟的，还是写意的。随着这个戏的内容的不断变化，我们的舞台也必须要有不断的变化。我觉得《变脸》和《死水微澜》的成功，如果没有立足当代的这种视野，你就完全用传统的东西来，也可以表现。但是没有这种新组合，可能对当代人的审美需求的适应，不会达到现在这种程度。

给天津京剧院排的《华子良》，它本身是一个政治戏。我的导演目标不是去做政治戏。我的目标要用人性的东西去表现它。都是人，共产党是人，国民党也是人，要用人性的东西。所谓人性的东西就是说，人承受不了的东西，华子良承受了，我的指导思想是这个。那么整个舞台我要表现的是多功能的。比方对"人"，我也把他虚拟化，我实际上用了十来个国民党的符号，就是斗篷、钢盔，拿的枪都是虚拟的枪，都不是真实的枪。为什么把这些虚拟成符号？成符号后，"他"的功能就多起来了，一会儿又代表风，一会儿又代表雨，就把当时临解放前那种逆风逆雨、国民党垂死挣扎、黑云压城的那个气氛成功地营造出来了。如果你局限于实实在在的是人，就无从表现其他内容。这种把具体实在的东西符号化，也是立足当代的表现方法啊！

说到这个立足当代，最近这十几二十年，我自己实践得最多，体会就更多一些。刚才说的是京剧《华子良》。我还给古老剧种昆剧排过戏，给上海昆剧团计镇华先生排过《邯郸梦》，给浙江永嘉昆剧团排的《张协状元》。《张协状元》从导演的角度来讲，我很满意。《张协状元》是南戏的代表作，舞台上既没有桌子，也没有椅子。要是有一桌二椅，我还可以做点文章。因为老剧本原来就规定了人做桌子，人做椅子，在切肉的时候，小娃儿就扑在这儿，大人就在他背上切切切。完全是戏曲的活化石，我要保留这种东西，古朴的东西。我从导演这个角度基本上都给予保留，然后再加上自己的处理，就这样整这个戏。

再举一个昆曲例子。2012年，受上海昆剧团之托，给上昆排《景阳钟》。《景阳钟》是他们改本的名字，我们川剧就叫《铁冠图》，是很火爆的一个戏，对老生来讲，是很考功力的一个戏。昆曲也有这个戏。由于各种原因，当时这个戏成了全国禁演的戏。那么，2012年的时候，上海昆剧团重新认识、理解这个戏，重新整理剧本后，首先剧本把握得还是比较好，围到崇祯转的戏嘛，把崇祯写成正面人物或反面人物的典型，都不行，要还崇祯本来的面目。剧本内容的走向实际上变了一点，剧一下就活过来了。大明王朝是怎么亡的，告诉观众，就是这样子亡的。实际上昆剧原来有《别母乱剑》，是这个剧的折子戏，很精彩的折子戏。这出剧中《别母乱剑》《撞钟分宫》《守门杀奸》全部都给予了保留。尤其《撞钟分宫》，是全剧的精华，就是蔡正仁演的，从行当说，他们叫"大官生"，它既不是小生，又不属于老生，它就属于"大官生"。所以，传统剧中经典的，不要乱动，动要审慎。

　　昆曲是百戏之祖，真正去了解昆曲，会发现它的好多传统戏，包括每一个折子戏，都有精彩的表演，都有精彩的处理。除了它文辞的高雅以外，它每个细节都处理得当，不愧是一个老的大剧种。我拿到这个戏以后，特别谨慎。前后算来，我排的昆曲也不少，上昆、浙昆、永昆……应该已经是七八个吧，不少了，但是我每一次都很谨慎。为什么要谨慎？因为它是百戏之祖，因为它有很多很多优秀的传统元素，生怕不小心莽撞而轻忽了、误解了、伤害了这些优秀传统。尤其排《景阳钟》，更谨慎。上昆青年艺术家、团长谷好好，我在排戏之前，喊她把原来老戏的这些碟子借给我看，一定要先看。如果碰到这种东西，绝对不能自己去想当然，你代替不了它。看过碟子后，尤其是看了《撞钟分宫》这两折戏以后，我的导演案头注明的就是：不动。就是保留它的原有表演，它确实精彩。你看蔡正仁演得非常到位，我还去动它干啥呢？导演的责任不是为动而动，导演的责任是选择，最后定盘。我觉得他表现崇祯的心情已经到位了，而且昆剧处理得也比较好。你比如说他有种笑：哈，哈，哈哈……笑中有哭，笑过他又哭，诸如此类的。他本身就已经到位了，你再往深挖也就只能到这个地步了，无可替代，无可推翻，就保留。昆剧就有很多这样的东西，包括京剧，也有，也是只能这样。你去动了，反而破坏了它的原味。昆曲的戏迷啊，我跟你说，不得了，你在里面要是乱改一点点，或者乱删一点点，他们是绝对不赞成的。这不是旧习惯，因为他认定了这是好东西，也确实是好东西，你没有新的东西代替，导演何必去惹众怒？要代替可以，要代替的东西都要比原来好，就可以代替。如果没有比原来好的东西，你最好保留它，这种保留也是一种创造。

首观赏

关于思想性、艺术性、观赏性，我的意思是，你的戏没人看，艺术性再好，思想性再好也没有搞头。戏要好看，这是我做导演的第一个宗旨，任何地方我都是把观赏性放在第一位的。

原来的一些老先生为了吃饭，戏要整来好看，才卖得到钱。观众进了剧场，喜欢看了，他卖得到钱了，才会去想，这个戏的艺术价值在哪里？这个戏的思想性在哪里？思想性是潜移默化的东西嘛。不是你写一个思想性，我进来就看，不是，远远不是。生活中，现实中，政治家、思想家从那个角度说是对了的，要有思想性、艺术性，最后兼顾一下观赏性。他说他的，我们作为具体工作的人，绝对不能把观赏性当作兼顾的东西，首先要考虑的就是观赏性。我先吸引得住你，思想性艺术性才达得到，是不是嘛？观赏性实际就有艺术性，最后才去思考。你板起脸在那儿教育人，老子就不看。哎，他看都不看，你的思想性艺术性高来有啥用呢？

艺术家要把物当成人，都是有生命的，千万不要把人整成物。所以才产生了《杜兰朵》的鼎，虚拟的鼎，好看嘛！抬一个死鼎出来，有什么作用嘛！既不好看又没有那个艺术性。把人弄成死的了，你舞台还有啥子看头？那就还不如作报告算了。艺术家必须把物当作人。

《中国公主杜兰朵》没有拿大奖，只拿了文华新剧目奖。实际上《中国公主杜兰朵》是我很满意的一个戏，我觉得它真真实实地达到了观赏性、艺术性、思想性的三性统一。舞台很好看、很活跃，而且它又是用中国戏曲的方法来表现了一个外国的题材，具体地说，就是用川剧的元素。排戏的时候，我跟魏明伦拟定了几句话，中国化、戏曲化、川剧化，就是按照这个原则来排的。

我给台湾豫剧排《中国公主杜兰朵》的时候，提出的是：中国化、戏曲化、豫剧化。豫剧化体现在两点，一个就是它的唱腔，一定很自然的，因为声腔代表了一个剧种个性不一样，这音乐唱腔绝对是豫剧的，就绝对不是川剧的，这就是两个剧种严格的区分。第二，发挥豫剧的特长，有些语言必须变成豫剧的语言，有些东西能移植，有些根本就无法移植。你看《死水微澜》，它太本土化了，语言啊，这些表现啊，四川人演起它生龙活虎的。你要换成京剧来演，有些话哪个说哟，四川人的幽默，跟其他省的幽默是很不一样的。四川人的幽默主要是语言的幽默以及表演的幽默。你失掉了这个特色，换到另外一个剧种，也就失去了这个戏的特色。随便你哪个演，就产生了困难，产生了阻力，就完全没得那个味儿。包括《变脸》这种戏也都不好移植，它太川剧化了，太地方化了，这个主要是由剧本语言和表演特色决定的。

神写意

传统舞台的一桌二椅，可以表演出各种环境，演出各种好戏来。老先生他就有那个条件，任何场景一桌二椅都可以应付，这个就叫积累。川剧《黄沙渡》这个戏，凭借两把椅子一张桌子，一会儿是楼，一会儿是床，又可以睡觉，又可以爬楼；黑店主黄彪虎与店客李扯火在不同空间的心理对话，又同处在一个舞台空间里，既有喜剧效果，又有恐惧的戏剧效果，我就觉得前辈们太有办法了，我现在觉得真正了不起的就是那批人。说老实话，有时我就经常想，从导演的角度想，台上这些好东西他们咋个就整出来了？

导演不同剧种的总体原则

记得每次出省去排戏，我心头也是活甩甩的。这些剧种跟我们的剧种究竟有啥子区别？其实我原来都晓得，因为我喜欢看一些外省剧种的戏。但是自己要去排演了，这是两码事。对这个戏，要把我脑筋头川剧概念的一些东西变成汉剧，它有一个过程。应该说通过这个戏我摸索了这个过程，摸索了它这个规律，这规律就是三性指导：区域性、程式性、综合性。每个戏曲剧种都会受到这三性的制约，它如果不受这个三性的制约，它就不称其为戏曲。

区域性

我是川剧出身的，别的剧种它毕竟不是川剧。所以，第一我每到一个地方排戏，先要与音乐唱腔设计沟通，我十分强调，它们一定是本剧种的特色，不能把自己的特色都搞掉了。现在有些改革，比如，我们川剧有些个别的唱腔设计，他又不懂好多川剧的音乐，就知道那么一两支曲牌，但是他在里头整，一整就乱整，整来离题万里，鬼才晓得它叫川剧。很可怕呀！我就希望引起上头的重视。各个层面的人都有高手，真的，都有高手，打击乐的有，作曲的有，设计唱腔的有，如果这些人你不重视，那么里头的这些人又不努力，你的剧种都要变味。这是豫剧啊，我咋听不出这个是豫剧了？如果你把它这个戏曲的味道、剧种的味道弄变了，你首先得罪的是地方剧种的本地观众。没有地方特色的声腔，外省的观众也不会欣赏，对你这个剧种也会越来越疏远。

程式性

就像现在一些话剧导演，在排练的时候老是喊演员出来吧，你出来，你出来。演员就很为难，请问我咋个出来？传统戏它有一个锣鼓，你是慢的，你是出来耍的，那你就必须有身段，这就是程式性，演员都习惯了的。任何剧种都要受到这个制约。演员是严格受到这个制约，你是急上，还是慢上，你是犹豫上，还是沉闷上，它有不同的锣鼓。现在，加上一些新的好的音乐来配合，它也要综合进去。戏曲导演和话剧导演首先在程式上就发生了一些不同的观念、不同的处理。所以有些话剧导演喊"出来"，闹得演员实在难受。我懂啊，它就是受三性制约。

综合性

所以，我在跟各剧种的同行们交流的时候，到哪里就要唱哪里的戏。第一，一定是本腔本土。在这个基础上，你根据不同的内容，不同的结构可以做变化，我们都是追求这个。也不是说一成不变，像我们的干唱加上音乐，音乐当中又加上其他的曲牌转换，也是在变，在做这个工作。但是你万变不离其宗，绝对不能失掉你本剧种音乐、声腔特色。如果失掉了这个特色，那这个剧种都没有存在的价值了。我就是很注意这个问题，每到一个地方，第一，音乐尺度宽一些，有些时候选择是传统的，有的时候选择是新颖的，尤其少数民族的戏，就有地域特色的问题，这是一个我比较重视的、注意的问题，所以很少犯错误。第二，我比较重视我排这个戏在这个剧种中有没有传统，如果它有这个传统戏，它在表演上有什么特色，要看，要研究，仔细研究。像《百里奚》是广东汉剧比较出名的，传统里的这个《百里奚》，它就肯定有些表演。我排昆曲《景阳钟》，也是一定要保留传统表演，我喊演员做给我看，这场戏你们老演员是咋个演的。导演一定要把握这个，不能丢掉它本剧种很好的传统的表演精华。综合性是在区域性基础上的综合性，所以必须要看深、看透你要接手这个剧种的传统精华。

把握好了三性两点，我认为，我到现在排了这么多剧种的戏，基本没有犯过错误。我每一次下来都会问他们，像不像你们这个剧种？像排京剧《华子良》，就融入很多新的元素，与传统京剧相比似乎变化比较大，天津的观众又很"扯"，你如果说整得四不像，他会当场造反。我举个例子，在天津京剧院演出传统京剧时，如果你在舞台上要"把子"，掉了，观众会喊，哥们，捡起来，再来一回。他可以原谅你。你第二回，又要来掉了，就会轰你，走，快走。如果你第二回捡起来再要，完成了，好样的，鼓掌。演出当中，他们就敢这样。当然现在这种现象很少出现，这说明天津的戏迷是门道的内行，很爱京剧，你不能出现问题。《华子良》内部排完以后，我第一个是问王平、杨乃彭、邓沐玮，我说，你们说这是不是京剧，说真话。他们说，这就是京剧。其实我在里面加进了些川江号子，那毕竟发生在长江流域上游的重庆嘛。我说你们说行就行了。首场彩排，来了很多观众，我提心吊胆地看完，看完了以后来了几个大汉，找导演。我想肯定找导演算账来了，结果不是算账，是找导演签名，我的心一下就落下去了，就知道他们认可了。

首先是剧种的特色，按这个规律办，我接受排一个外剧种的戏，一定要有这些程序。不管有没有观众来问你，我觉得首先对它本剧种的发展都会有好处。

川剧的困境

我对川剧，真的是充满了感情。有的时候，我一个人坐在阳台上都在想，川剧原来好多东西是这样的，好多东西是那样的。而且那个时候我在演的时候，感觉不到它的魅力，就只是每天去完成任务。嗨！人要到了有闲暇的时候才能够去回忆它，在回忆中才能去找出真正的东西来，找那种感觉，那种味道。对川剧，我是靠它成长的，靠它把我扶起来的。对它的传统，对它的整个状态，都是深有记忆，非常热爱。有在川剧舞台上做演员时的那种积累，所以才会得以有感而发。转成导演的时候，背靠的是传统，立足当然是现代，因为要与时代同步嘛，眼望的肯定是未来。

我有三个问号。

人有多少

第一个问号是，实际参与继承和改造的人还有多少？

背靠这个传统，我们去发掘得怎样？我们去认真对待得怎么样？我觉得这个方面有很多的遗憾，应该说并没有认真地去发掘，集中精力，认真地去实践，然后认真地总结。尽管新中国成立以来做出了很多的努力、很多的探索，像《红梅赠君家》啊，还有好多好多戏，都在做探索，音乐家也在做探索，但这种探索不够整体性，零敲碎打的。所以，我们应该检讨一下过去的得失。本来中国就是这块土地这块天，原来整成那个样子，你稍微改革一开放，又整成这个样子。如果你再往前走，再开放一点，可能又是另一个样子。事物都没得静止的，所以根本不在于这个国家，这块土地，而在乎人怎么样去改革，怎么样去探索，而且连续不断地努力。

我觉得我们川剧缺少参与者。我们都是试验一下，批评的多，赞扬的少，实际去参加改革的人更少，并且会越来越少。到现在，我们的这个传统，有的东西它是跟不上时代了。传统它就是传统，形成这个东西并不容易，声腔、舞台等。我自己在处理一些问题的时候，就在想，哼，他们居然就这样就处理了啊！你看，像他们演《野鹤滩》，演员在舞台上喝醉了，醒不到，喝醉了还在演戏，他们就喊一个人戴一串胡子遮到脸，拿个旗旗儿跑出去，敲他几下，把他喊醒接着又演。用这么一个灵活又简单的方法，观众也理解。传统是好的，但它是可以改造的，改造得怎么样？要检讨的。

观众何在

第二个问号，观众、角儿还回得来不？

如果展望川剧的未来，根据现在的这些情况，像这样下去，我属于悲观派。现在竞争的东西确实太多了，五光十色，是不是啊？包括我都喜欢看大片。一你没有观众，二你又没有角儿。既没得角儿，你凭什么要像张火丁那样把观众吸引过来呢？中国现在的戏曲，不光是川剧，这种卖票型的有多少？到处都是晚会、夜总会。我在全国倒是排了那么多戏，我都不知道存活率是好多。排了以后，演，热闹一下，沉寂很久，又热闹一下，又沉寂很久。回头来看我们川剧，我觉得也是没有观众、没有角儿。

人才几何

第三个问号，各方面人才跟得上不？

我前头说了我们抓戏曲改革，唱腔改革、音乐改革、舞台改革、表演改革都在抓，但就是效果不彰。原因何在？其实是人才问题没有解决。其实我们原来给文化厅是建了议的，应该要集中精力，带样板似的，既要保留我们优秀的传统，又要在优秀的基础上进行改革，糅进新的元素，让新的东西进来。而要做到这些，就必须得现有各方面的人才，因为只有有了这样一批人才，他们能把握老的、创造新的、走向未来。这批人咋个甄别、咋个集中、咋个培养提高、给予他们什么样的创造条件和创造空间呢？我们说了很久，这些问题其实都没有解决。而这批人呢，渐渐老矣。真的，因为你要改革也罢，要什么也罢，还是要人才。我说的角儿，是指演员。但一个戏剧它要各种人才。我们兴旺的时候，剧本有剧本的人才，音乐有音乐的人才，舞美有舞美的人才，各方面的人才，都是很齐全的。

所以说，川剧今后的前途，我是比较悲观的。我这三个问号：观众、演员、各个方面的人才。这些基础都不存在了，还干什么。你比方说现在各个团，能够正式排演的，重庆的，省上的，市上的，还有这么三家在勉强正常运作，其他都是倒死不活的。三家的合作还是缺少人才，三方面的人才都缺。振兴是要靠自己，政府有责任，要支持，要有计划，上上下下都要有计划。这样的状态，预见川剧的未来就是悲观的多，看好的少。我说真话，眼睁睁看着这批人都陆陆续续要"走了"，很多话想说，但是却说不出来。

戏曲发展的困扰

不景气，举步难

从总体来讲，像越剧、像有些梆子，还有一些黄梅戏的剧团，下乡去演出，还算景气。如果这些剧种都收回城来演，也不景气。就包括京剧，京剧现在成了电视玩物，啥子电视玩物？组织观众去看的，为了拍摄和播出的效果。要真正的单凭卖票，只有个别的人可能得行，像张火丁、于魁智啊，这些大名家，大家还认。其他剧种就更惨，几乎全年没有演出，而且有的甚至变成了宣传队，有的甚至就搞成综合性的曲艺。总的来说还是不景气。

戏曲界人员工资最好的是上海。原来中国京剧院都恼火，现在可能调了，都还不如北京京剧院，更不用说底下的地方剧种剧团了。地方剧种有个别的人拿得多一些。我在一个地方排戏，有人给我讲，他们每个月的工资包括各种补贴，太低了，我不说那个具体数字，太低了，真的，根本养不住人。养不住人还在养，还在这儿干，我觉得这种精神就很好。但是精神不能当饭吃，真的。

京剧在京津沪，就不说了嘛，反正有靠山在那儿撑起的。实际上他们公开演出卖票也是不行的，但是有人看，并不是满座。他们就靠现在中央台。京剧它有个现象，要有角儿。如果没得角儿，这个团，就麻烦了。因为角儿有两个好处，一个他可以演很多戏，第二他在市上、在省上才说得起话。没有角儿的地方，就都比较困难。各个省的京剧团，状态比较好一点的京剧团，武汉市就是朱世慧那儿比较好一些，湖北省京剧院比较好一些，武汉京剧院是属于市的，就有一些困难。山东京剧院，我给他们排了一个《铁道游击队》，比较好一些。江苏省京剧团也好一点儿。东北，沈阳可能好一点儿，其他的并不很好。河南，我跟河南省京剧院排《嫦娥》，河南的各方面的条件要差些。

地方戏是个啥子状况？昆曲日子好过些，昆曲自从加入了那个"非遗"以后，昆曲剧团的工资和各方面都是有保证的。除了这个保证，昆曲剧团还有一个现象，就是海外热。一会儿又跑到纽约去了，一会儿又跑到华盛顿去了，一会儿又跑到哪儿去了。那些地方的昆曲迷我认为是最死心塌地的，把你接来，除了给你包银以外，吃住随便。但是也不是经常演出。昆曲的总体日子好过。

其他地方戏就普遍麻烦了。所谓普遍的麻烦是啥子呢？工资基本上给你保证得了。你搞新戏的业务经费，现在好多都是依靠拉赞助。比如一个剧院想搞一个新戏，就要去找企业家赞助。文化厅最多拨一点儿钱。如果你要搞文华奖，可能给多点。河南鼓励去拉赞助来办专场。我给安徽省黄梅戏剧院排了一个黄梅戏《长恨歌》，这个黄梅戏，包括豫剧，由于经常在中央台播出，靠沾这个光就好些，在安徽安庆还有观众。

但是，像山西梆子、河北梆子，大量的观众在农村。农村包银不一样。我问了的，有的是演一场三万、有的两万、有的五万，还有的富裕的地方是八万。就是不包你吃住。有的日子好受，有的日子并不好受。这是我粗略了解的情况。包银的分配不一样，有的发劳务，每天的劳务有的可以发到上千，主角当然就上千了，底下的就依次类推。困难的地方我想都想不到，比如一个配角，一天的演出费六块，要是两场，上午三块，下午三块，少到这种地步，他们还在整。

节导向，弊端多

对啥子戏曲节啊，艺术节啊，全国的、省的、地市的各种晚会哦，我早就反感。每一台，至少都是几百万，有的是上千万，钱都花到这些上面去了。

这样子的浪费，现在在控制，要简装，不能够铺张，不能够大制作，现在都在强调这个，这个我绝对同意。就是迟了一点儿，早就应该这样子。很需要钱的地方，要点经费好困难哦。

现在戏曲有会演，最大型的有艺术节。我记得新中国成立初期我们很小，跑到成都来会演，那才像个话，像个什么话？至少我演了可以去看人家的，我演的时候人家可以来看我的，它可以起到一种交流作用，这才叫会演嘛。最后评啥子奖，不管你哪个一，哪个二，哪个三，它自然就有一种公开性，大家都看了，好的就是好。就不像现在有些东西是属于暗箱似的，你演了哇你就走，暗箱操作，我觉得这个戏这么糟糕的，但咋个就拿了这个奖了呢？有的时候连自己都没得信心也就拿了。暗箱操作的是谁呢？这个很清楚，就是评委！评委如果能够修身，能够提高自己的修养，以艺术标准为标准，那还好。如果他们乱七八糟，失掉了艺术标准，这个会演还有啥子意思？

我曾经跟我一些同行谈，要说这两种会演，我是受益者。因为要会演才能够排新戏，因为要排新戏才能去争取拿这个奖。想拿奖，才会去请成熟的、比较好的、有把握的导演。我真的是被请得算多的，我可以得到名和利，我是受益者。但是我还是要反对办这些节。不是现在我才说这个话，至少前几年我就说这个话。为了戏剧界干干净净，为了戏剧节好好地不要出这些腐败的东西，我如果有场合说话，我坚决提倡中国的艺术要回归艺术标准的本位，停止会演，停止调演，包括文化部的这个艺术节，包括这个戏剧节，这两个比较大，停止。

真的，你让这些团自己发奋，直接面对观众，向观众负责。我说原来没有这些会演，那些好戏不晓得咋个出来的，也没有请啥子好得不得了的编剧、好得不得了的导演，人家照样会出精彩的剧目。把这些会演的经费，拿来每一年对地方剧团多一些补贴。像浙江，你下去演出好多场，每一场补贴好多钱，这才是根本嘛。如果这些钱没有用在剧团，只是为了一个会演，只是为了一个调演，又起不到交流的作用，那就是巨大的浪费。我觉得戏剧的不景气，跟经费用得不恰当、钱花在不该花的地方是有很大关系的，真的，有很大的关系。

看得少，练得少

现在我的小同行们，他们没得啥子实践机会。第一，演出少了，就算你想天天看，愿意看，但你看不到，没得给你看的嘛。我们那个时候天天演，天天看，而且是一天两本，白天是上本，晚上下本。我们穿"马衣"的，就天天看，太有帮助了。所以说这是我的小同行第一个解决不了的。第二，当然就是一个信任问题。到了剧团，根本就不信任他们，不给他们排练的机会。那儿来，那儿去，这儿去，这儿来，都把时间耗在活动上、课堂上，并没有耗在舞台上，怎么会出人才呢？

戏曲生涯的苦乐

迷生痴，欲罢不能

几年前我直肠癌手术后，魏明伦给我打电话，说我已经功成名就了，应该享受一下生活了，不要再出去跑滩了。你已经排了一百多个戏了，还要那么多名干啥子嘛。我为啥子名、啥子利哦。我是在还"冤家"的债。都是好朋友，一路人，情分在那里。我不排戏我干啥子嘛。有啥子享受比得过我排戏的享受嘛！其他我啥子都不会，也不喜欢。我太太我女儿她们晓得，除了排戏，其他我就是个白痴。一个我是欲罢不能，一个我是想罢得不得了。中宣部、文化部、研究院，北京的，到北京开会每年至少三次，我全部以排戏为名请假，我不喜欢那些。我昨天才把天津的案头从头到尾理了一次，中间还有一场戏是重新写。

这么多年在外面排戏，有时候也回家。回去又出来排戏，又回家去休息。我觉得渐渐地我自己变成了两个人，就是两个谢平安。一个谢平安在外面排戏当中，很想很想回家休息。一排起戏，完全又把这个忘记了，因为排了这个省，经常紧接又到那个省排那个戏。这是一种埋头苦干。但是当我回到家，头几天觉得太舒服了，觉得我为啥子要跑出去嘛？不出去了！只要过五六天，自然地又牵挂到外面了，去排戏，这是另一个谢平安，来回折腾的谢平安。还有一个谢平安，巴不得现在就不排了，真的，我曾经心里定了一个计划，我夫人、我家庭的人都晓得我说过到了哪一年就不排了，然而过后又去排。

我说想不干，就是处于这种矛盾状态当中，但是口里这样说，不断地还在走，还在排。不光是我住医院的时候，明伦给我打电话，还有好多好朋友都说行了嘛，你还在整，身体是你的，你也要要。尤其是我2009年动了手术以后，到现在已经进入第五年，这五年至少排了二十五个戏，不断地有好朋友劝我，平安，你够了嘛。我都不晓得该啷个说，就推不掉嘛，我心头又高兴又真的无奈，高兴的是你排了这么多年的戏，展示你有后劲，你还可以干，大家又信任你，有一种欣慰。但是我说真话，随着年龄的增长，尤其是动了手术以后，真的，有些时候真的就不想排。我在乐山的时候，明伦给我说峨眉山休息才好哦，峨眉山休息一百元一天，住吃全部包，呼吸新鲜空气，我就想住在那儿去，啥子都不想，晚上就看大片，喝水，看书啊，休息啊，我应该这样子。但是真做不到，直到现在我真的想不排了。

我这个人呢，又是一个软心肠，碰到这一些人，真的，你就推不掉。甘肃那个团长，甘肃那个杨成伟，因为我给他们排了一个《丝路花雨》，整个团都重新改变面貌了，就像那个《张协状元》一样的。他后头就认定要你排。有很多这种打不开的情面，不能够说狠话。其实我又晓得，有没有这个休息权，决定性的因素在我自己，我就晓不得这个是啥子原因。我还是思虑到，它根本不是钱不钱的问题。钱嘛，肯定要挣的。但割不开的是一个情结，就是一个心结。

川剧圈原来爱说一句话，叫锣鼓壮人威。真的，作为演员来讲，就算你没精打采的，只要那个"三吹"一来，咚咚咚咚，他自然就要亢奋，这是一种职业习惯，一种职业的条件反射，是不是？就好像穆桂英挂帅，穆桂英听到战鼓一响，本来不干的，拿到那个帅印就跑。就是有这样一个戏剧情结，在搞戏当中有一种充实感。耍，最多一个月拿给你玩耍，很好耍，耍到二月三月，无形当中，人家又没说，自己很自然地就有一种失落感，就不晓得是啷个一回事情。

所以，好多人在职的时候他精神抖擞，一旦退休他没精打采，为啥子？是一种来得很陡的那种失重感。今年，也可能说的是空话，但是我的决心在此，我要到八月份才把这些"冤家"的账还完。从现在开始，坚决不接新戏，我都想好了，我有病，我要看病。就是自己"坚强"起来，用一个最严厉的语调，然后逐渐达到一年最多一两个，或者不排。抽烟，原来抽这么多，现在忽然变成两支，为啥子？两支好戒，随时都可以不抽就行了嘛。

义胜情，欲爱还休

前一段时间，《尘埃落定》还没有开始排，我在成都复查。天津青年京剧团那个团长叫李少波，他跟我是2002年在石家庄认识的，那个时候他还在当河北省京剧院的院长。他的爱人叫张艳玲，也是一个非常优秀的演员，请我去排一个戏叫《野天鹅》，安徒生的童话戏。排了过后，我们关系非常好，非常融洽，包括他现在那个编剧。后来他就调到天津，当了天津青年京剧团的团长，跟我联系，要我给孟广禄排一个京剧《林则徐》。

写这个戏的人又是我的好朋友梁波，梁局长，就是原来天津市文化局的局长，而且是为《华子良》的成功贡献很大的一个人，就是他说的：有戏才有戏，没有戏就没有戏。他不光是鼓励他们，而且亲身参与《华子良》的筹建、排练，一直到演出，一直到后来搞精品工程，他一直参与，这样子才把天津京剧院扶起来，能够跟天津青年京剧团并立。原来实力是那边很大，但是这边权力很大，实力起来了当然就拼起了哦。你要修个中华剧场，这边就修一个滨湖剧院，都是政府拿钱。

他当了天津青年京剧团团长，由我给孟广禄排这个戏，我听了很高兴。为啥子高兴呢？第一，天津青年京剧团它有角儿啊，是年轻人、中年人很集中的地方，而且孟广禄应该说在现在的京剧界是第一名，就是"铜锤"，应该是第一名，确实唱得好。他上一次就是2013年，在济南举行的那个艺术节，他演的项羽，作曲也是很有名的朱绍玉，北京京剧院的，就给我打电话，让我一定要去给他排《项羽》。恰恰那个时候挪不过来，我就推了。第二次人家又来，你想，导演都是喜欢好演员，喜欢好演员有两点：戏好排，演出效果好，是不是？

但是我又一想，不能去，为啥子不能去呢？两个京剧院都在天津，而下一个京剧节就在天津举行，哎，你说下一个京剧节是在北京举行，他们从天津去还好一点儿，但就在天津，当地两个剧团，同是谢平安排的两台戏，这不是自己打自己？而且会给两个团带来很多不利的东西，我又何苦非要这样子不可呢？因此我就打电话给这个李少波，我说你就不要来了。他说我已经订了机票了，明天我就到。我在电话头给他说不清楚，好嘛，我也想看他们一下。第二天来了，住在那个卖手机那一条街的酒店。当天晚上我去了，我打的去了，去了以后我们当然就叙旧，他爱人张艳玲也来了，叙旧完了，我好说歹说，才把他说掉。我说我就当面给你致歉了，最后还拜托他，你回去后帮我向孟广禄致歉，因为我们两次失之交臂嘛，他是非常好的演员，我今后一定找机会跟他合作。又给梁局致歉，不是我有意推他的剧本，我觉得我做的这件事情是对的，有的时候该接，有的时候为了两个京剧院的团结，为了两个京剧院的戏不要"打架"，就最好不要接，这样皆大欢喜。

导演的川剧主要剧目

.

谈《夕照祁山》

我所导的川剧当中，魏明伦编剧的《夕照祁山》，我是最满意的。我和他合作了五个戏，为什么对《夕照祁山》最满意呢？因为从导演角度来审视这个剧本，来梳理这个剧本，我觉得已经达到了一种诗的高度。有些唱词揭示人物的心理，但是那个词又美化得像诗一样，这是一个感觉。第二个感觉，权谋太厉害，笑嘻嘻的就要杀一个人，而且是他最需要的人——魏延。诸葛亮就是要杀他，你晓得蜀中无大将了，只有廖化了，但是他还得要杀。他给先帝发过誓，一定要保住那个阿斗的位置，这个魏延直接威胁到阿斗，因此这样的大将也要杀。但是怎么杀？用葫芦谷的计一起烧，哦哟，我说这个权谋的东西太凶了吧！人家还在为你拼命地打仗，你这儿就可以用这样的东西来消灭他，而且他死了之后你还痛哭连天，醒了过后呢，又后悔莫及。这个戏啊对我有震撼，首先词美像诗一样。第二就是权谋的表现，人物间钩心斗角，越是那个魏延坦荡，越是表现了诸葛亮、司马懿这些人的权谋之厉害。所以说对人会产生一种震撼，这是我比较满意的一个戏。

谈《死水微澜》

这个戏，之所以受到大家的关注、好评，是因为在人物和人物关系的处理上完全不一样。你看它戏里几个人物，邓幺姑、罗德生、顾天城、邓幺姑的妈、蔡兴顺，包括土老肥这些群体，甚至包括他的幺爸，我们是力求不一样的。这就涉及了人物定位的问题。这在导演做案头的时候，是一定要做好充分准备的。

邓幺姑的定位很明显，她是一个不甘封闭、追求自由幸福的叛逆者。她就不像那些老妇，从小到老，千百年来就是这样那样。她一定要突破，所以她的选择点很清楚，进成都，当成都人，不愿意封闭，这是她的主线。她的主线就是追求个人幸福，当了半个成都人，哎，虽然当了老板娘，但是一看到蔡兴顺，她大大的失落。蔡兴顺其貌不扬，傻里傻气，所以她第一次看到蔡兴顺，受不了，大喊一声"妈呀"就跑了，她在这个之前看到的是罗德生。

罗德生是个什么人物呢？高大，魁伟，充满了男子汉的那种味道，是当地袍哥的一员，而且还是个小头目。对罗德生的定位，就是正义感、袍哥气、流氓气。罗德生这个人物，有正义感，他的身上也有流氓气，他应该是混合产物。在对待女人上，他一般来说是瞧不起，不动心的。当他第一次看到这个邓幺姑的时候，他也并没有完全动心的，只觉得这个女娃儿漂亮，但是碍于礼法，这是傻子表弟的媳妇儿，不能够乱来，但是心头又放不下。当听到邓幺姑和土老肥的争辩后，又觉得她有独立见解，觉得这婆娘不寻常，这婆娘非比其他的婆娘，是有独立见解的，这个打动了他。但是不行，他第一个采取的办法是逃避，到资阳、内江去收账，有一段流浪的戏，就是表现罗德生那种心情。在这期间，他也去妓院，有几个妓女也扭倒他，他也逢场作戏，心头还牵挂着邓幺姑。走了一年多，回来就问邓幺姑，还给邓幺姑买了一些东西回来。我觉得这些地方都写得非常好。实在按捺不住，人性所致，两个人好了。有些事情做对了，他不晓得是哪个对的，有些事情做错了，他也不晓得是哪个错的，完全是在凭着一种感觉在走。但是对邓幺姑的情是真的。

顾天城，典型的土老肥，农村的纨绔子弟，明明晓得邓幺姑已经有了对象，他还要千方百计地去缠她，这些地方都表现了他的一种个性。到最后他还包容了她，尽管这场是非，这场波澜，是他到洋人那儿去挑弄的，把罗德生逼走，邓幺姑被打、受伤，哪个去看她？还是顾天成去看她，而且最后答应邓幺姑的条件。这个人不能完全把他定位成坏人，从小说来看，从剧本来看，也没有完全把他定位成坏人，这个人物也是一种混合体，具有双重性。其他的人物就不说了。我觉得这些人物啊，一定要活，这些人活不了，你把戏整得再花哨也活不了。

　　我接到《死水微澜》这个剧本的时候，心里又高兴，因为它确实是个好剧本；但是又忐忑，因为当时话剧已经很红火了。话剧的《死水微澜》在全国演出了，受到了很好的评价，甚至当时在北京演出，还有人喊出"话剧万岁"。在这种情况下，你还要搞川剧的《死水微澜》，作为导演来讲，这个任务就很重，压力就很大。另一面我又很淡定，为啥子比较淡定呢？因为我了解了它那个话剧的情况，它之所以好，除了诸多因素之外，里面引入了很多戏曲的东西，突破了话剧当时过分求实的框架。既然人家都可以借用我们戏曲的东西，那我们戏曲自身有这么丰富的宝藏，尤其是川剧，我为什么不可以在这个基础上发挥得更充分一些呢？这又让我在淡定当中增强了自信。

　　然后，我跟编剧、主演一起商量。当时全国戏曲好多都在"大制作"，而我们的启动资金只有五万，咋个办？你不能在资金投入上去跟人家比拼，那是不行的。因此，根据当时的情况，我们对《死水微澜》做了这样子一个总体的规定，就是要搞这个戏的原则：淡化舞美，强化灯光，突出服装，表现人物。淡化舞美，是要求回到戏曲最本质的东西上。啥子是戏曲最本质的东西呢？那就是写意不写实。所以，此剧的整个舞台几乎没有舞美。如果要说有舞美，就只有六个积木似的箱子。这六个积木似的箱子，其实是个意象的、写意的东西，通过演员的表演，尽量地传神，你说它是啥子就是啥子。但是表演一定要真实。所以说第一句话就叫作淡化舞美。那么为了适应当代人的欣赏，第二句话，强化灯光。因为我们不能够一个"大白光"到底，通过灯光来变换氛围，隔离心理空间，隔离人物的空间，隔离时空，灯光是一定要注重的。第三句话，突出服装。把那一丁点儿启动经费，主要用到服装上去，因为它毕竟是一个清末民初的戏，民初都谈不上，主要就是清末的戏，我们的服装一定要讲究。最后一句话，表现人物。也就是说，淡化舞美，强化灯光，突出服装，最终达到表现人物的目的。按照这个思路排了以后，就整个舞台的呈现，另走了一条路，跟当时全国的那种大制作，求实、求大、求高、求洋的奢靡风气，形成了鲜明的对比，不但符合戏曲艺术的本质规律，也给表演、给演员的内心创造留下了很大很大的空间。

当时这个戏既然是这样一个原则，作为导演来讲，有两点是必须要做的：第一点，怎么样在这个基础上发挥演员的作用，突出人物，让以邓幺姑为首加上罗德生、顾天城这些人物，甚至于包括那个土老肥，都"活"起来。让舞台活起来，一定要让人物活起来，这是导演的第一指导思想。第二点是，充分发挥戏曲的写意传神的手段，人家话剧都可以借用你戏曲的一些东西，你戏曲自己有这么丰富的东西，一定要去运用，用充分，用出新意来。

后来制定了一些更细的原则。凡是话剧用过的，我当时想，我们坚决不用，不重复。我们有那么多手段，比如说：赌钱，话剧受到它剧种的局限，它就只能举一个牌牌，六点，一点。戏曲完全可以用拟人化来代替它，把赌场的氛围搞好，灯光搞好，效果搞好，然后又用两个小孩子翻跟斗来代替骰子，使赌博成为一种诗意的表现。每次演到这个地方，观众都会热烈地鼓掌，就觉得用得非常巧妙，也非常活跃，而且也丰富了舞台的表演，丰富了舞台的观赏性。

我要选择的程式，是在戏曲的程式当中去寻找。当然这里头也有突破，有些东西必须要突破原来的程式。程式有一定的固定性，固定的东西有选择地使用，要创造性地使用。根据这样一个原则，去运用戏曲的一些程式来表现人物。比如，耳帐子（传统戏中是象征床上蚊帐的道具）的使用，罗德生、邓幺姑两个人激情所致，产生了一段床上戏，如何把这一段床上的激情戏表现好？为什么要强化它呢？因为两个人结成生死恋，后边的生离死别才离别得出撕心裂肺、惊心动魄的戏剧效果。如果没有这个表现，后面你要做很多东西，生离死别就显得有点单薄，不是那么扎实。因此我们当时选用的这种手段，就是在程式的基础上进行了一些突破，把耳帐子一分为六，它可以分开，也可以合拢，也可以舞动，再加上两个男女主角那种舞蹈性的缠绵的表演，把整个激情充分地展现出来了。每次演出演到这个时候，观众也是给予热烈的鼓掌。所以，导演怎么样去选择各种程式的手段非常重要。又比如第一场的田埂上，怎么把邓幺姑那种不甘寂寞、总想突破农村封锁、自我追求、自我解放的心情表现出来。如果按我们戏曲的既定程式，你也可以选择唱，通过唱词把它表现出来，还有一种方式就是选择话剧式的"内心独白"来表现，让内心的东西外化出来去打动观众。我们没有采取这些常规的方法，创意性地运用了八个农妇，从年轻的一直到白发苍苍的老婆婆，让一个农村女人一生的经历都形象地完全展现出来，使观众理解邓幺姑为什么不甘寂寞，三岁割草，五岁喂猪，十六岁嫁人，生儿育女，侍奉公婆，田头地里，就变成老婆婆了；这种生活她不愿意，她一定要往成都跑，一定要当城头人，这就是她的目的。在当时来说，全封闭的四川有这样一个要追求个人幸福的女人，是件不得了的事情。所以到后头，邓幺姑性格中有很多烈性的东西，在第一场这里奠定一个基础，给她后来的性格的发展、事件的发展，奠定了一个非常厚的基础，而且又使舞台戏剧化起来、动作化起来，又比较好看。诸如此类调动了一切手段，为人物服务，为人物的心理服务，这是导演当时抓的两点。你第一点就是要突出人物，尽量地去表现这些人物。同时你要有手段，要有非常个性化的一些手段，如果没有这些，是达不到导演的目的的。

谈《变脸》

《变脸》是我拿文华大奖的第二个戏，第一个是《死水微澜》。那时候的文华奖，我个人感觉还比较公正，到了后头是逐渐不公正了，有很多不正之风。我刚刚拿了这个《死水微澜》的文华大奖，面临着第二个挑战就是《变脸》。当时我有两个压力。第一个压力就是你这个导演，有没有后劲，所谓有没有后劲就是你有没有这个技术。你积累的东西够不够你来超越你的第一个奖。超越你的第一个，这是一个压力。头一年（1996）拿了，第二年就排这个。第二个压力，是来自省川剧院。当时那边川剧学校《死水微澜》已经拿了文华大奖，你想省川剧院是一个重点剧院，他们就渴望有一个剧目能够打响。肯定明伦的剧本是没有问题的，就看你导演的了。当时还是非常的用心来组合这个舞台，组合各个部门的工作。这个戏通过全体的努力，通过当时省川剧院抱着那种志在必得爆发出来的一股力量，很顺利地完成，成功演出，成功地拿到了那一届的文华大奖。我也得到一种安慰，我还可以超越一下自己。

这个成功，要感谢剧本，魏明伦的好剧本。我看了《变脸》以后，那个思路啊，像潮水一样地涌来，我就高兴自己这点点儿状态。而且拿到文华大奖，我给省川剧院也有了一个好的交代。

虽然事前有压力，但我又有信心，因为魏明伦这个剧本写得太好了。这是根据同名电影移植过来的，在移植当中，又加进许多新的元素。电影剧本本身就比较好，而且我们两个编和导，搞这种戏有一个得天独厚的条件，我们都是剧团长大的，对剧团的生活，对剧团的一切，都完全应该是了如指掌，有生活基础，所以说非常有信心。在做这个戏案头工作的时候，也艰难，但也顺利，关键是思绪要清楚。我说过，我走的路子，导演的路子，是背靠传统。传统太强大了，我就是那个传统孕育出来的，有很多东西，我们可以尽量地在传统，或者遗失的传统里面去挖掘、学习。我们这代还好，还看到过很多很多老先生们的表演，老先生们精彩的舞台艺术。但是，只靠传统不够了，因为你不断地在接触新的剧目，时代也在不断地前进。我自己的指导思想就是，立足的是现代，背靠传统。所谓立足现代就说，你要把你的创作重点，摆到这里来，让传统的东西，精彩的东西，为现代所用，这就是立足现代。然后还有一句话就是，面向未来，能够把这个艺术往前延伸，尽量地往前延伸，使新旧结合得浑然一体更好。

有了这个指导思想，在排演《变脸》当中，感到非常有信心。比方说，《变脸》的序幕的设计，根据剧本，只有一段唱词四句道情：道情一响话沧桑，什么什么什么。舞台呈现上，究竟应该给予它什么？如果你只从传统各方面去找表现方式，我觉得很难表达出它这四句诗包含的人间沧桑，很难。同时，又要把水上漂这个人物，在第一程序就推到前台。因此，从导演这个角度，对舞台的设置，就要下很大功夫。跟舞美杨成林一起商量，设置了两个支撑点。在舞台的前区，设置了一个延伸台由灯光的配合，虚拟成船头，虚拟不能虚空，你不能完全空无。这个延伸台，它不断的可以代表那一叶孤舟的船头，而且两爷孙的戏，在此可以靠近观众，方便传达若干细腻的表演，传递两个人情感的一些碰撞很多戏都在这里展开，一直包括到后边监狱。这里面有大量的戏中戏，一个舞台的空间，完全不够用了。有些戏的段落，可以放到舞台后区设置的一个平台上。这是根据川东的情况来搭建的，川东的城前头都有无数的石梯，就是码头，这样有层次地上去，就可以勾勒出川东那一带的风情，那一带的地形、地貌。

后区的石梯和平台，前区的延伸台，我就凭借这两个支撑点做文章。在序幕里面，具体怎么去运用它？第一，把水上漂这个全剧的中心人物放在船头，而且还专门立了一个篙杆，有船头的那种感觉。专门设置了一个石柱，插上一根篙杆。他坐在船头上，以背影出现。当时演员下来要变脸，要做一些准备工作，便用了一个替身，穿的是水上漂的衣服，扮成水上漂的头形，背向观众，呈现给观众一个背影，坐在舞台中间，含一根叶子烟棒，就是那个时候最普遍的烟棒，手上拿一个变脸用的小娃儿形象的面具，这个小娃儿形象的面具表现一个什么东西呀？表现他内心渴望有儿子、孙子把变脸的这个传统技术继承下去，为把他这个心情表现出来，我们又设计一些背影的表演，拿着面具，左看，右看，亲吻。这就告诉观众，这是我的中心人物，为他以后发生的爱儿不爱女的这种悲情，打下一个基础。观众看前面，不一定很清楚，但是如果看后面的时候，就非常清楚那是一个铺垫，就知道导演的用意了。

但只是这个还不够，因为序幕这四句道情的唱词，它是道尽了人间的沧桑。当时我们选择了十二个男性青壮年，背负重纤，拉住纤绳，沿着石梯，踩着节拍，不断地斜行上去。既是写了当时的风情，同时也写了那个时候的苦力民工，他们的苦难，他们就是背负着沉重的包袱，在人生的道路上，挣扎前行，这就构成了一幅风景画，一幅川东的风情画，让人去产生很多很多联想。它并没有大的一些音乐，没有，它一开始就是一个孤独的川江号子，就是撑船："啊呀……"突出地方色彩，这个号子过后，就是那时候经常在茶坊酒肆卖唱的那个道情，四川最有特色的道情。由一个老者用苍凉的声音，把这四句慢慢地唱出来，整个画面就在这样一个音乐背景下，构成了一幅风景画。我觉得还比较满意。

我补充一下这个序幕的一些想法。当时考虑，四句道情的演唱以后，整个舞台出现的这个画面，由四个元素构成。第一个元素，突出主演，突出中心人物，那样一个背影的处理，在船头上。第二个元素，背景的纤夫，负重上山这种处理。第三个元素，选用的川江号子。第四个元素，用四句唱的道情来表现。这些都不是传统的元素，传统的元素当中，没有这些东西。这就需要导演，或者今后我的同行，当你拿到剧本的时候，你不能老是在传统的堆堆里头去挖，你还必须立足现代，放眼未来，去创造一些新的元素，来构成你的想法。

整个第一场，包括了四段内容。第一段内容，赶场、卖艺，水上漂变脸卖艺。第二段内容，观音游街，又推出了一个人物活观音，这是他和水上漂的第一次认识。第三段内容，通过一场突如其来的大雨，把众人分散，逃出了被人贩子要卖的狗娃，一个男装小女娃娃。第四段内容，就是梁素兰和这个水上漂的结识、了解，直到最后买下孩子。

导演，应该是有侧重的，该快则快，该慢则慢，像第一段赶场，一定要热闹。我们不可能像电影，来实的，很多人，我们总是受到舞台的制约。首先，用了三个：算命的、卖风车的、卖布的，用了三个形象来提示。接下来一个群众赶集的热闹场面，引出水上漂的上场。水上漂从哪里出来？他要从原来的上场出来（九龙口），要从原来的下场出来（下九龙口），都不适合。舞台站满了群众，而前区、延伸台的两边，都是乐队。我当时构思，乐队的，包括帮腔、鼓师，全部都穿成民国初年的那种服装，扮演成剧中人，再延伸，就是下面的观众。实际上，把舞台上、中、下完全连接成一片，观众，也很自然地就成为进入了戏中的群众。因此，舞台下面有两边的侧门，太平门，水上漂干脆就从台下，就从靠近观众的太平门里出来，然后登上石阶表演，又跟舞台的群众融合在一起了。

这种设计，主要想扩张舞台，让观众和剧中人产生共鸣、呼应，还应该是一种尝试吧。其他人的戏里头也有这样子的尝试，不是没有，但我觉得，把水上漂的上场用在此时此刻，更合适一些，这就是表现第一场的第一段戏的程序。

这当中有个最关键的问题，水上漂的脸，一定要变好。如果他的技术不到位，整个戏就会砸锅。变脸王嘛，如果你变得来拖拖拉拉的就不行，这就对演员、对技导提出严格的要求。当时技导是刘忠义同志。希望这个变脸，不在多，要变得精彩，变得干净，尤其前头几张脸，到最后回到娃娃脸，都要干净。因为他们都很努力，完成得比较好。

第二段，引出了水上漂这个人物。我们给水上漂规定了两个状态。一是处在社会中的水上漂，就好像我们演员一化上妆，他那种感觉不一样，他就是靠这个吃饭，完全是江湖那一套，"丢崴子"啊，行袍哥礼啊，这种状态，他已经成习惯了。我也是演员，上了舞台后，就是要装模作样。但生活当中的水上漂，又是一种状态，就是老实巴交的一个善良的老人。两种状态一定要区别开来，如果把这个抓准了，人物就非常有个性了。因此他变了脸以后，完全是江湖这一套：兄弟初到贵码头，什么什么什么，引出一长串的这些东西，他必须把这些表演好。观音游街，实际上是以此来宣传一个戏，宣传观音得道。那个时候的宣传，很简单，就是把人扮成观音，在街上宣传，它不像现在这种宣传。剧中主演之一梁素兰扮成观音，用了一个莲花台把他抬上，就从后区一直到我设置的中后平台上，定住，唱几句。然后群众蜂拥向观音菩萨，这些人集中成一个组，形成一个造型。整个舞台的光暗下去，独独的留了前头延伸台那一束聚光。此时水上漂被这个观音菩萨所触动，想儿子，想接班人。给他独自留了一个思考的空间，一个表现的空间，在舞台就构成了两大空间，一个是后区，高处；一个是前区，低处，最突出的地位。为啥子要设置这两个平台？这种构成，形成了这种戏的一种风格，一种手段。乐队放哪儿？就放延伸台下边的乐池里，乐池垫高一点，鼓师可以站起来讲话，然后领腔可以站起来做旁白式演唱。他和梁素兰刚刚一接触，因为自己想娃儿，想到了最激情的时候，兀笃笃的变了一张小娃娃的面具脸出来，他介绍了人物关系，梁素兰被他一眨眼就变成一个小娃娃所震撼，这是梁素兰初识水上漂。两个刚要接话，突然地，风雨来了，梁素兰拉他到茶馆说话。这些节奏都不宜太快，但是也不宜太慢，从节奏把握来讲，像叙事一样。

紧接第三段，就是狗娃的出逃。狗娃的出逃，节奏一定要快，在狂风暴雨当中，人物是惊慌失措的，两个人贩子在追她。通过层次性的舞蹈设计，抓、扯、拉、奔，把这个狗娃抓住了，整个舞台的景都没变，很快推了一把伞出来，这把伞就是遮风挡雨的伞；又推了一张小桌子，两把竹椅子，就变成了一个码头上的小茶馆，梁素兰和水上漂在这个时候坐下来品茶。两个人交流，构成了它的第三段戏。紧接下来就是梁素兰和水上漂在码头茶铺的一段对话，这一段戏，应该是第一场的最重要的一段戏，为什么？前边水上漂的上场，梁素兰的上场，赶集的热闹，都是铺垫。最终是在这个小茶馆里头把两个人物认认真真地做了一个介绍，人物关系从此奠定了一个非常好的友谊基础，所以后头梁素兰才帮艺人说话，帮水上漂讲话。梁老板是被他的这个变脸绝技所震惊，才邀请他加入这个班子。水上漂他又是个啥子心态啊？要我加入班子，不行，我流浪惯了，跑野了，收不住的，不愿意九流归场十流归班，我小船靠不到大船，愿意孤独地走。但是他内心更重要的一个东西，是怕人家偷技学艺，把他的拿手的东西偷了，怕，因为他必须要有所防备嘛。怎么来表现他们这个一请一推？大家都懂江湖的规矩，除了语言上的不同意，又用茶碗的两三个小动作来表示。当时的那种方式，一是把碟子插在那儿邀请你，一是拿起来，扣拢——免谈。尽管这些细节小，但是它丰富了人物，因为人物都是由各个小细节凑合起来，归到一个点的。在两个人谈不成的情况下，当然就只有分手了，但是啊，友谊还在。最后告别的时候，梁素兰说了一句话，触动了老头子：愿你子孙绵长。这时在处理上，整个舞台的空间慢慢消失，人物也就慢慢慢慢离开了茶馆。

在江边小道上，水上漂一个人徘徊。他唱了一段唱词，这里边远远地听见凤阳花鼓，介绍了当时那个历史背景，卖儿卖女的凄惶。他途经了两个地方，两个点，我们在上下场设置了两个梯台。下场碰到一个要卖身葬父的，他拒绝了，没得说；在上场，又碰到一个卖娃儿的，这个娃儿又没得"茶壶嘴嘴"，他要的是男的，那是女的，当然生意谈不成。正在这个时候，突然出现了人贩子，拉到狗娃要卖给他，他非常高兴，但价钱谈不拢，也就算了。正准备走，这个时候我们设计了人贩子要狗娃喊"爷爷"，要赚钱嘛。那个人贩子揪了狗娃一下，狗娃情急当中大叫了一声"爷爷"，这一声"爷爷"，震撼了水上漂，把他多年埋藏的那种盼子盼孙的急切心情一下就激发出来了。这个时候舞台上，用不着再详细地介绍究竟卖得到好多钱，这是次要的了，重要的是这种冲动，小的奔向老的，老的奔向小的，一下把狗娃抱起来那种激动的心情。尤其是最后一声"爷爷"，水上漂是痛快淋漓地答应了一声：成交。这个时候有两种处理，一种是音乐，以音乐结束这一场，但是不行；还是用背景，我们运用了川江号子。号子，它不光是表现一种沉重，有的时候也表现一种喜悦、奔放。这里，把这个调子变一变，一下就把水上漂那种内心的高兴烘托出来，两个人紧贴脸，最后来一个造型，结束第一场。

　　我补充一下两个细节的处理，为什么要这样子处理？你比方说，梁素兰邀请水上漂加入梁家班，两个人在茶馆里头，舞台上的基本设置支撑是一桌二椅。但这种一桌二椅，是活动的，不能完全像传统那样两个坐到死说。除了用放茶碗的这些方式以外，还要调动他们随着情绪时而是这样，时而是那样。舞台上，尽管是一桌二椅，但是它和老的那种一桌二椅的概念完全不一样了，这样子就活跃了舞台，也活跃了人物，这是一个细节。第二个细节，就是导演不光是对剧本、音乐、舞美，包括音响，你都要十分重视。我举两个例子，也是第一场，观音菩萨上场时群众的那种呼叫，那种宗教的狂热，因为她是送子观音，尤其是女人冲在前头。这时你只靠舞台上的演员呼喊观音菩萨，没有震撼力，触动不了水上漂。这里做了一次集体的画外音处理，与舞台上张口说话同步进行，这个声音的震撼，就远远的比没有这个画外音的好得多。

　　第二个我要补充的就是，最后人贩子看到生意没望，狠掐狗娃一把，狗娃情急当中，大呼了一声"爷爷"，因为她处的地点在后区平台，远离观众，如果只靠演员的"胸麦"，是传递不出来这种震撼的。这种声音，实际上不是一般的声音了，应该是要传递到水上漂的心里去，那么你怎么达到这个目的呀？演员喊死了就是这声音。我们现代的导演，要充分地运用各个部门的功能，让它来达到你的目的。最后是用了一个狗娃话外音的："爷爷！……"再加上音乐、表演的配合，水上漂被强烈震撼，才能够唤起他一生爱子，希望继承有人那种狂热渴求。也就是说，要重视调动一切手段，达到你的艺术目的。

谈《尘埃落定》

本来我二月份该休息的，结果陈巧茹一定要我在这个时间帮她的忙。原来推了她两次，因为是排《卓文君》档期颠不过来。这一次我再推实在不好意思了，好嘛，我就接手了。我拿到《尘埃落定》这个剧本，有四十七页，包容量好大，四十七页！我接触了这么多剧本，从来没有超过四十页的剧本，最多就是三十八页啊，三十五页啊，有的剧本二十九页、三十页。这个剧本就要这么多，你想，它是要把一部小说缩成一个戏，当然就会很长，它要表述的东西很多，交代的侧面很多。

面对四十七页的剧本我该咋个办？我这个案头是在北京做的，是在给张火丁排戏的空隙做的。白天在京剧台上"乒铃哐啷"的，晚上又回到这个川剧剧本来。

我觉得，徐棻老师这个剧本，是下了功夫的。这么大的容量，要把它收拢来，不下功夫不行。我的指导思想很清楚，它是以悲剧和正剧交叉进行的一个戏，时而还穿插一些喜剧的元素，也就是我那天讲的，一种风格是把它包不完的。有的戏，像川剧的大喜大悲的戏多得很，你怎么能把它定个啥子风格？定位首先要准确。

我想的就是，这个戏要好看，一定要好看。灯光设计师看我的连排，看完了，我真真实实地问了他，因为前些年省川剧院排的《尘埃落定》也是他做的灯光设计，他讲话应该是最客观的。我说我们都合作了这么多年了，你给我说老实话，第一，你今天看到的这个联排，跟你原来在省川剧院排的是不是不一样？他说，绝对不一样，走向不一样。因为我最担心就是跟原来太一样，好，我放心了，我心头稳了一点儿。因为我当时接这个剧本就是两条要求，给巧茹她们讲，一条要求就是跟原来那个不同。排下来了后我又问她们同不同？绝对的不同。二条要搞就要搞得比原来的好。你们现在觉得是不是肯定比他们的观赏性强？都说我排的这个戏好看得多。实际上这正是我在做案头的时候强调的。这个戏尽管它有厚重背景，这些都是假的，我买票来看戏，我就来看好不好看，管你啥子政治，管你啥子悲剧，管你啥子喜剧。有没有可看的，有没有可听的，这就是我买了票来看的原因，我来消闲的嘛，我不是来接受教育的是不是？只要有一条，观赏性比较强那就好。按照三个定位，思想性、艺术性、观赏性的结合，都达到了，融于一体，这是我比较满意的地方。

但是转过头来看这个戏，看导演在里头发挥的作用，我用了些什么东西？我说真话，我没有用什么东西。为什么没有用什么东西呢？我没有用实物的东西，是用无形的东西，我体现了主题就是东西。这个"工字台"是我坚持要设的，就是舞台上有一个"工字台"。为啥子我坚持要设这个"工字台"？因为有很多群众场面，也有很多非常单独的场面，如果舞台完全是平的，或者一个斜坡，舞台就会很难看，没有层次，没有演员的支撑点。从舞台的构成，导演就要介入，提出要有这样一个台，而且我在排练的时候一定要有这个台。这是之前就设定了的。

作为导演，其实我在这里头发挥的东西，只有两点：该静的东西它有静态的戏，静态也一定要有戏，一定要有情，一定还要可看、可听；集体东西一定要混乱而又有序。这样一组合，再加上这个藏族的特色，构成了现在一台戏。要说导演在这里头有啥新的发现，我给你说真话，没得。

起初我对唱腔音乐还不十分满意，我需要的节奏它缓了，它拖了。我需要的缓的，那个韵味儿又好像没有完全出来。联排了，是不带乐的联排。作曲者专门来了三天，我与作曲沟通，他继续修改。等新的练乐、演员合乐以后，我回来响排，一场一场的戏仔细抠，这个戏大概现在就是这样一个状态。

谈《好女人坏女人》

跟明伦还合作了一个《好女人坏女人》，我也很满意。但是从导演的角度来看，那个戏前半部分没得问题，后半部尤其是到了医院，后头那个房子垮塌，可能剧本也啰唆了一些，舞台处理也简单了一些。我现在从导演的角度感到有些遗憾。如果我们要再搞，整个都要重新构思。只是后半部，其他都很满意。前头的，像铁索桥啊、前头的抢店子啊、前头街上卖炒米糖开水啊，整个那些过程，我觉得从导演这个角度，音乐、唱腔、包括舞美、包括舞台呈现我都比较满意。遗憾的就是后半部，后半部差一点点儿，后半部分导演应该再下点儿功夫。

导演的京剧主要剧目

谈《华子良》

在外省排的几个戏，我比较满意的第一个是《华子良》。《华子良》是在天津京剧院排的，尽管它是政治性很强的一个戏，但是我记得去给他们做导演阐述的时候，专门强调了这个问题，我说："各位你们根本就不要把它当成政治戏演。"我就这样子讲的，我说："如果你们把它当作政治戏演，这个戏就绝对演不好。"为什么？他政治性已经很强了，你再按照政治戏去演，哪还有人呢？那上面就只有符号了。我说这个戏要完全按照人情人味去演，华子良也是人嘛，共产党也是人嘛。人在那个环境，他能够坚持住，这就不得了，我歌颂的是这种精神，是不是？战友的不理解，甚至于骂他打他；家人都不认识不理解，骂他打他，这是比敌人打他骂他还更难受的东西。作为人来讲，他很渴望这种承认，但是他的工作又不允许暴露自己。这个戏也改变了天津京剧院的命运。为什么这样子讲呢？当时天津京剧院是处于什么样一种状态？我去排这个戏的时候，天津还有一个青年京剧团，那是各地学校凑合起来的一个尖子班，当时天津市领导很重视青年团。而真正能够代表天津京剧艺术的老一辈艺术家大都在天津京剧院，厉慧良、杨宝森全部在这儿。天津京剧院受到了冷落，当时他们就处于一种牢骚满腹的状态，肯定有牢骚嘛。然后就向他们文化局反映，我记得是他们文化局给他们开了一个会，他那个局长说了几句话，我觉得非常有意思。他说："你们这些牢骚我都晓得，我也明白，我也理解。"因为他也是一个内行，是搞编剧出身的。他说："这个样子，我赠送你们两句话。"这两句话我记得叫"有戏才有'戏'，没得戏就没得'戏'"。他这个话的含义就很清楚嘛，做戏，就不要靠那个权力嘛。你剧院只要一出了戏，大家都欢迎的戏，上头重视，下头重视，才能够打开局面，才能够打开你现在这个困难的局面。

这句话点醒了剧院的好多人。然后文化局跟他们一起，上下同心合力，联合起来搞《华子良》。由于这样一起伙起来搞，通过这个戏的成功，不仅改变了他们原来的面貌，到现在是一个啥子状态啊？青年京剧团，修了一个综合话剧剧场，这是政府出钱修的，是花了一个多亿。对不起！天津京剧院也修了一个剧场，还是政府出钱呀，叫滨湖剧院，也花了一个多亿。为什么原来做不到？因为它成绩就摆在那儿。天津的青年京剧团不管怎么样，天津京剧院是靠自己的《华子良》挣下来的，从某种程度上看，是《华子良》扭转的这个局面。

《华子良》给现在的天津京剧院奠定了非常非常好的基础，我就觉得，搞好了一个戏，就像梁局说的这几句话，这几句话说得太有意思。这话不仅适用于这个团，也适应当前所有的剧团，牢骚不要发，就是努力，你拿出东西来。当然有些有条件的可以拿，有些呢还是没有办法。

天津这块地方是一个出人才、也出观众的地方，因为人才和观众同时出，也有可能会有很多特殊的效果。这里的观众倾向于保守，所谓保守就是要道道地地的京剧。那么，《华子良》不可能走道道地地的京剧这条路，也就是不可能完全像老戏那样。所以当我们把《华子良》排出来之后，我不担心演员，不担心戏，我最怕的就是观众。因为天津的观众很直接，觉得不对的话、觉得不是味道的话，会在剧场里就吼起来，就会叫起来。我们第一次演《华子良》，它毕竟是一部现代剧，就引用了很多比较现代一些的元素，现代戏的一些元素，包括舞台呈现、灯光、舞美各方面。他们能否接受？这是我心里最牵挂的东西。最怕搞了半天不被承认。结果第一次对外彩排，演完了之后，哦哟，没有想到的热烈的鼓掌，那么欢腾，那么雀跃，没有想到。我心里才松一口气，因为第一，演出过程中没有人造反；第二，剧场里都是欢呼。演出结束，副院长张振秋对我说，有几个观众要见我。拐了，肯定来清算来了，来造反来了，我心头有点紧张。我很热情地接待他们。他们来了，我第一句话就问他们，像不像京剧，《华子良》像不像京剧？他们说，怎么不像啊，非常像，并且非常好，把我们京剧的精华都保留了，非常非常好。哦！原来他们是来找我祝贺的，找导演签名的。我这才松了一口气，这下我才彻底放下心了，然后我们一起合影。

导演要把握就是剧种的特色，你可以引进很多近代的元素，这个给我以后从事导演提了一个醒，不管他再保守的地方，你只要抓住了各个剧种中最有特色的东西不放，然后你怎么调整都可以。天津这个事情给我的启发太大了。

谈《廉吏于成龙》

我给上海京剧院排演《廉吏于成龙》，记得是尚老师给我打的电话，我当时正在绍兴，给绍兴小百花越剧团排戏，就是给陈飞、吴凤儿他们排《木兰别传》。他给我打电话的时候还是夏天。我说，你谁啊？他说，我，尚长荣。哦，尚长荣，您好，您好！他说，哎呀，我有一件事要求你。我说，尚老师您尽管说。他问我能不能来帮他排《于成龙》，我当然愿意嘛！因为导演最希望碰到好演员，碰到好演员他就解放了。但是我说，尚老师，我后头有了安排，恐怕没得时间啊。尚说，哎，你先不要说你有没有时间，我明天下午就来看你。第二天，尚长荣，还有上海文广集团的两个头头儿，京剧院的院长，从上海来了，硬是按起来了，开汽车来的，开汽车专门到绍兴来。我只得把那边越剧团的戏停下来。尚说，你一定要帮我，一定要帮我把这个戏搞好。我真的是被他的那种精神感动了，你看吧，汗爬滴水的。我说，尚老师，我真的被您感动了。那么我跟下一个单位联系一下，你们定在啥子时间排练？他说是定在10月、11月到12月初，这当中可能要讨论剧本。然后我就说与下头的单位调整，把我的安排跟他们沟通一下，我一定把这个事解决妥当。他高兴得不得了，拥抱、拥抱，然后就定下来了。

之后，我们讨论了三次剧本。第一次是在北京那个王府招待所；第二次，是在上海；第三次是在天津。然后剧本基本上成型了，案头也做好了，就到上海去，就准时到上海去给他排这个戏。他们那边已经做好了准备的了。

他这个戏有一个特点，我从导演这个角度要告诉他们，导演阐述里边必须要讲清楚的：没有一个坏人。一般听到这种题材都认为是贪官和清官的斗争。它不是。这个戏从某种意义上来说，还带有一点劝世，整个戏没有一个坏人，有一个小人，就在里头为了私利，挑拨离间。但这是属于有文化的一个人，这个人叫李春，由这个人构成了一些矛盾。实际上全剧才五场戏，很简练。写了于成龙的品格，写了于成龙的严厉，写了于成龙对老百姓生命的关注。中心是一条线，就是像根红绳一样，把所有的零零碎碎串起来，就是福建的海案。上头说老百姓逃海是谋反，他就是为了这个申辩，亲自到监狱，下去调查哦，构成了这样的一个戏。

在排练的时候，我轻松得很。为啥子很轻松呢？因为这种大牌的演员，他自己就很有准备，很重视，很有想法。我把演员分成三种：一种自然条件好的演员，形象、个头、嗓子，自然条件好的演员，他叫好演员，但是并没有把他的潜能发挥出来，他并没有创造性，反正老师啷个样子教我就啷个弄，这是一种，你也只能说他是好演员，也应该。还有一种好演员就像王平他们，本身就条件好，再加上比较敏感，艺术的敏感，艺术细胞比较敏感，也就是说导演说的啥子东西他一下就懂得到了，马上就可以领悟得到，马上就可以给你展现，这是属于有创造性的。尚长荣属于啥子演员？属于第三种，跟我们同龄，积累的东西太多，他自己都拿得出主意来，就像我们看到我们的老一辈，刘成基老师、周企何老师、周裕祥老师，还有其他的一些行当的老师，他们自己就可以去创造人物，从人物的形象到人物的语言，它可以给人物拉开距离，创造不一样的东西。尚长荣属于这种好演员，就是属于有自创性的演员。我还没有去，他就给我写了一封信，然后给我发了几张在话剧院去借的服装的造型，就说你看行不行。我说哪些行，哪些不行。可能这太简略了一点点儿，回到了排练场，实际上他已经有了办法。他不仅有办法，他对周边的人，就像我原来当演员的时候，对周边的人，他有号召力、凝聚力，一起就来了。为什么我会当上导演呢？就是大家能够来配合，你起来我应和。

在外省排戏，跟这类演员排戏是最轻松的，轻松就轻松在他有主意，我有主意，我的主意跟他先沟通，他本身就有主意了，戏一排起来，顺顺畅畅的就排下去了。

我反复跟他提醒一点，就说尚老师，这个人物您只注意一点，哪一点？他前头演的《曹操与杨修》中的曹操，后头演的《贞观盛世》的魏徵，还是那个花脸行当。我说这个戏，这个人物，尽管是大员，但是他的特点，是来自于平民，越平民化越好，越生活越好，就抓住这两个：朴实，生活。所以发明那个小算盘呢，靠着这个小算盘过日子，随之就产生一些细节。二人赌酒的时候，管你啥子康亲王啊，衣服照样弄来斜起，喝醉了，撒野了！他本身不是很会喝酒的人，康亲王就故意激他，你敢不敢跟我一起比酒嘛？那一场达到了高潮。

当然，后头在排练的时候，具体有些造型，多数可以说是演员自创，而且他不光自己自创，给其他的人也有要求。所以说这个戏我们两个合作得很愉快，既愉快又高兴，而且又顺畅，我付出的又少，形成了一个好戏。

说到这个戏的主题：廉洁，奉公。这些都有强烈的现实意义，这些大家都知道。但它的艺术特色究竟是啥子？我觉得它的艺术特色，就是在舞台上展现了满台都是好人，没有一个坏人，你要把他写成清官、贪官，不行，它没有。但是它里面有一个有文化的小人——康亲王最爱的那个助手。他又没有为自己贪污，没有啊，他看不惯于成龙，总认为于成龙是装的。因为第一场长亭迎接的时候，发现于成龙挑的担子很沉，他就认为这个里面肯定是"那个东西"嘛，一直揪着这个不放。到最后揭晓之后，他就打自己，承认错误。这个戏我当时给尚长荣沟通的时候，我说他还有一种劝世的味道，带一种劝世性，又折射出现实的这些东西。因此我对他提出了要求，一要生活化，你不要怕没得程式，随便哪样他都是程式，你不要怕把京剧的程式丢掉了，不存在这个问题。但是你给他强调了生活化就不一样了。为什么要强调这个呢？因为于成龙是平民出身。第二，以平民的身份面对康清王，要翻一个案子。为了这一件案子，本来喝酒并不厉害的，拼命地喝酒，喝到后头，他管你啥康亲王不康亲王的，就把康亲王的衣服扯住，然后两个人都滚在地上。这都是显示出他平民化。因为康亲王想断这个案子，想要他一盘，他是公子哥儿嘛，耍他一盘，明知道他不胜酒力，就跟他赌酒，来嘛，如果你赌我拼输了，我就让你接手这个案子。这场戏，斗酒，都是程式。于成龙虽是一品大员，但也有平凡人的一面，所以我就要求他不该严肃的地方，你千万不要严肃，你千万要把架子降下来。实际上这个人物，是以花脸行当担纲，里边有若干小花脸的元素，这样于成龙这个人物在台上就活了，戏也就更好看了。

乐观地或者说是理性地来评价导演，集他所有的作品来看，有三分之一的作品是成功的，大家都觉得不错的，那就不错了。哪有每个都成功的？另外三分之一，就是过得去的，这是多种因素构成的。再一个三分之一，干脆就是失败的，有啊，这是正常的。不管成功还是失败的，能给今后的导演留下启发，就不错了。我争取这样，我不可能全部都打赢的，打不赢。

就我的眼光来看，你不能按正规的编剧、正规的导演来评价这个戏。这是演员的戏，导演的责任就是把它定位好，剧本、舞台、感情，安排合理就行了，给角儿创造了一个表演的天地，最多就是这个。不能用像评价《变脸》《死水微澜》《华子良》那样来评价《于成龙》这样一些戏。

那天晚上演完了，我已经走了。据说整个剧场就像发生暴动一样，就是那种狂热程度。那天晚上的事儿，我也不晓得，我已经回去了。

谈《贵妇还乡》

我给武汉京剧院排的《贵妇还乡》，是我自己比较满意的，非常满意，哎，真的非常满意的。从舞台看，当然也有值得改进的地方，虽然他们并没有拿到大奖，但是我不遗憾呀！从导演的角度，从艺术的角度，觉得它够格，它够格。管你啥子奖！

但是，如果从审查者的角度，他怎么样看，那哪个弄得清楚呢。但是有一条，我绝对不能随着你这个要求来改变我的艺术方向，我不能为了应酬拿这个大奖，来扭曲我的意图跟到你走。

谈《江姐》

在中国京剧院排的《江姐》，是张火丁的主演。张火丁，名家大家，跟这类演员合作，感觉也很特别。张火丁，爱京剧哦，人品也好，表演水平那就不摆了。她到了排练场，包包一放，练功服一穿，就跑圆场去了。像排《梁祝》时，穿起厚底儿，跑圆场去了，也不摆啥闲话。第二，管你哪个领导，管你哪个院长给她说，哎，你这儿可不可以这样这样？她说，我听导演的！她啥子都要与我商量，她的想法，或者我昨天排的哪一点戏她想变一下，都会和我商量。反正她在排练过程当中是非常认真的，认真到啥子程度呢？吴江，他们院长嘛！吴江给她说，哎，你这儿要咋做咋做。"我听导演的！"她回答。她给我非常好的印象，排练场不叽叽歪歪，到了排练场就是进入排练的状态，不摆龙门阵，也不跟那些人插科打诨，全身心投入，主动投入，用心在创造。

排这出戏时，手脚要放得大一点，因为它是新戏，只有音乐唱腔始终保持程派的特色，这个戏其他的表演，一点都依赖不到程派。我那个时候就说了，这个戏，如果程派的音乐唱腔有所突破，这个戏就成功一半。另一半再加上张火丁的那个投入、创造，跟她原来演程派那个优柔寡断、柔肠百结的形象拉开点距离，就算是胜利。

我把彭松涛放在刑场，因为当时我的定点，导演的思维定点就是江姐是公众人物，情节就是这些情节，你要改变是改变不了的。但是，必须把握住，这是京剧的江姐，不是川剧的江姐。那么既然是京剧的江姐，有两点必须突出：一、程派的唱腔；二、戏曲的动作。我让彭松涛直接面对刑场，直接把他推到刑场来，一段唱，在唱的当中，警察有些动作，有些集体动作，初稿就有这个。这个戏是根据歌剧改编的，歌剧作者是阎肃。阎肃，我认为他是个大家。因为我对剧本有点调整，就要去跟阎肃沟通。我就问他，我说："阎老师，你说行不行，想突出京剧，加些东西。"他回答："没得啥子行不行，就看你搞得好不好，这个戏本来就没得的，是由没得创造出来的，你要想加这个情节，一丁点儿都不犯规，就是为了想突出京剧，把它用到刑场来。你来找我，尽管说。"所以我说他是大家。我说给人物"一板唱"，唱京剧的二黄。闫老说，好！好！他没得那些派头啊，没得那些烂派头。我去跟他沟通的时候，他还在住医院，2001年，就是春天的时候。

在这个戏里面我最满意两段，一段就是《红岩上红梅开》主题歌。在中国京剧院第一次响排，我就说，啥子都不用整，先奏那个主题歌，唱，火丁也唱。其实我心头就有成功一小半的感觉了。它的旋律靠近那个京派，然后它又把程派的"啊啊啊……"融进去了的，很自然。如果按照这个发展，它就肯定是胜利的。第二段最喜欢的，就是"不用哭声告别"。我后来直接看光碟的感觉，看现场的感觉，不是其他的灯光啊，啥子国民党的兵啊，到最后《红岩上红梅开》完全是音乐唱腔把整个这一板推向了高潮；到最后赴刑场，确实好听，层次有慢板、有垛板、有快板。

它就是一个老戏，一个老戏让它复活，变成了京剧。很多对程派有感情的，绝对称赞这个戏，就是觉得没有损伤程派的风韵。最大的关键就是让火丁唱好，其他都是次要的。

谈《梁祝》

《梁祝》这种戏不好排，因为它有传统的样式，在观众心目中都有比较固定的欣赏习惯。好在跟张火丁他们合作《江姐》有基础了，也有些经验了，我又接了下来。《江姐》那个经验实际上就是程派音乐唱腔。

我去了，后到吴江加工，直到参加中国京剧节，换成一个青年演员演。我去参加了讨论，我仍然坚持成功是音乐的成功、唱腔的成功、演唱的成功，这个是主要的，带动了其他的。实事求是地讲，它不像有的戏，是导演的总体框架带动了这个戏活起来了，它不是。坚持抓住唱腔音乐的特点，这是行之有效的。此其一。

第二，跟演员合作，不要生硬地灌输自己的意图。他有想法，看他舒不舒服，他转不转得过来。演员自身有很多想法，要学会倾听。我一般排每一场戏都问他们咋个想的啊？我肯定有我的想法。如果演员想的有道理，就用他那个；如果他的差一点，我就补充一点。像"送行"那段，两个人的扇子，就是我给他们组合的，必须组合，因为这时候各有各的心情，但是两个人毕竟还不像后头那么伤悲；心旷神怡感要出来，应该有所表达。从程式来讲应该有一些，但是不要多。我给他们组合得还多，他们觉得可不可以减点。我就去跟他们协商，倾听。因为最终是他们去演，你搞得他别扭，这是不是得不偿失？就包括排《康熙大帝》，都跟演员王嘉庆（天津京剧院演员，噶尔丹饰演者）协调了，硬是佩服他，他有想法。

第三，这个戏不包装，用一道幕一桌二椅整完，一个方向整完，绝对不是出路。但是像有些新戏一会儿又变成这个，一会儿又变成那个，显然也不适合。所以要与周正平（灯光设计师）他们沟通。风格首先要沟通，它就是传统戏，只是给传统戏一些包装，不是全部包装。这包装有两个原则：一让观众看得清楚脸，中国戏曲是以表演艺术为中心的艺术，有些戏整得"黑漆麻拱"的，看都看不见。这种靠近传统的戏一定要看得清楚表演，从表演看心里的东西。当然不是"大白光"，都是有处理的。二不滥用灯光，就一场定型，除非有情绪变化。你看逼婚那场，它就有大的变化，前头那个气氛比较暖融融的，马文才把整个氛围压下来了，但是亮度一样。灯光要紧紧跟着剧情走、情绪走，灯光要是整得花里胡哨的，灯光设计师和灯光操作台的人，又辛苦，又白干啊！

这个剧本是一个大学教授写的，此人文采确实不错，但是他不会写戏，尤其是书馆那一场。川剧的书馆那场特别安逸。但是他不行，就是写的东西不俏皮。在排练当中我拿我们川剧的书馆来改的。当然该保留的也保留了，像这种戏，就只能做这些工作。

这些戏，你不能够去用导演的意志来控制它。要稳妥，稳妥，但不能说稳妥，就让它一桌二椅。昨天是只穿服装，今天第一次彩排嘛。凭我现在对这个戏的感觉，我的目的达到了，有点欣喜。

任何东西都掩盖不了它的演唱，你做得成功也罢，做得不成功也罢，掩盖不到它的唱。这个戏，我最喜欢的唱段，你晓得是哪一段？就是"祝英台竟做了负心之人"，就是《楼台会》这一段，我认为是最动人感情的东西，设计也好。还有就是最后哭坟那一段，这一段，前半部基本是西皮，他们有经验，万瑞兴老师就是《江姐》的作曲，确有本事，还有好多也在做程派的唱腔，都非常专业，确实不错。我看了以后，目的达到了，还了"冤家"的账，哈哈！

导演的其他剧种剧目

谈花鼓戏《老表轶事》

说到在外面排戏，我一年平均是八个戏。我觉得我积累的和我学习的还能够应付。有时我回来要充电，充电一般是看啥子嘛？看书，书嘛，肯定就是理论。还有就是看人家的成功之作，看人家的经验是啥子。这就是积累。到了2001年，我在排湖南花鼓戏剧院《老表轶事》的时候，我就感觉后劲不足，有江郎才尽之感。为啥子呢？在外排戏已经耗了我几年了，并且，你再积累得多，它不可能全部都被用起来。我还专门写了一个导演的手段，专门写了个导演可采用的一些手段，算是我的导演笔记。这些个内容有我们川剧原来的一些，也有跟外剧种排戏的心得，就是《川剧撷英》那本书后头的一些部分。另外，灵感没得那么多了。同样表达一个内容，找得到那么多不同的方式不？毕竟从1997年开始就是全部铺开，一年八个戏。我记得我拿到《老表轶事》这个剧本的时候，真的就觉得脑子不够用了。不够用它有两个原因：一就是长期积累的东西总是在消耗，尽管有短暂的补充，但是要一个戏接一个戏这样子搞，还是不行，它总是有局限的。二是形成了这么个思维定式，套路，这个可以用那个来套嘛，那个也可以用这个来套嘛，这就不是创造了嘛。

对创造这个问题，我的看法是这样，对导演的要求，每一个戏你必须有一个或是两个新的发现点，就是说从样式、从处理，要跟其他任何戏不一样。这个是必须要去挖掘的,必须要去创造的。内容都不一样,有些东西就要变。当然,你要要求每一个戏彻头彻尾都不一样,不可能,我认为是做不到的。就那么一块舞台,就这么一个形式,你做不到。但是,你一定要突破一至两个点,使这里有你自己的东西。怕的是思维定式牵绊到你,拿到一个剧本,自然而然就这样,这是一个很危险的信号。这样不行,弄到最后,结果都是一样了。必须要找出新的点,新的创作点!咋办呢?我看书,看书,它是无穷尽的,它会打开你很多思路。到后期我看啥子呢,看大片,不局限于看舞台戏剧,包括西方大片我都喜欢看。原来就一般看耍嘛,后来是有意识地去看,它的结构,它的镜头处理连接,深入浅出,在这里头去找东西,我舞台上照样可以做啊。为什么?现在新戏它都有灯光,它会给我一种方便,就是可以切割。所以我后期的戏,特别强调结构的严谨性,这个实际上是受西方大片影响。再比如说,剧情中有"啪"的一耳光,你当真要打吗?就用虚拟的动作和外部音响,使它们严丝密缝地扣合起来,就有夸张的舞台艺术效果,也可以很好实现导演意图。

《老表轶事》是湖南花鼓戏,它是现代戏,一个算命的、代人书写的人,在刚刚解放的长沙忽然看到个毛泽东的像,哟,这我老表嘛!由此引出悲欢离合。他那种心态,是恐惧的心态,期盼的心态。而且这个戏的定位就是喜剧,就是正剧喜演。这个故事把我的信心壮起来了,再加上湖南这批演员,我觉得他们是不是跟我们喝的水也一样的,背景也是一样的,湖南人啊,说话也相近,一批很有表演才能的演员,他们再一推,这戏上去了。我没有想到,他们告诉我,要去参加在杭州举行的那一届文化部那个戏剧节。杭州茅威涛那儿,就是越剧,花了将近千万,推了四个戏出来,志在必得,还有其他剧种,也有若干优秀剧目。我估计这个戏就展示一下可以,因为我没得信心。尽管后头他们一演,我觉得:哎,好看,好看。最后他们给我打电话来,说得了文华大奖,我还不相信。因为这个正是我恼火的时候,同时也正是我想方设法在补充积累在充电的时候。我就觉得要不断地补充,不断地去想。要开拓一个一个空间,就是舞台的设置很重要,每个戏不一样,舞台设置也必须有所变动,如果都是平板那不行,有的戏必须平板,有的戏就是要他几个台台,根据内容来定。

谈永昆《张协状元》

《张协状元》也是彻底改变了一个地方剧团命运的一出戏，这个剧团就是浙江永嘉昆曲剧团。我第一次接触昆曲就是"永昆"。永昆属于昆剧的一个品种，其他还有北昆、南昆、苏昆等。永昆形成了自己一个单独的品种。这个团，原来就有，到了昆剧会演的时候，已经很凋零了。由于多种原因，当我要去排这个戏的时候，他们剧团的演员已经全部转业了，有些退休了，就只剩了一个团部的架子在那儿。当时的第一届昆曲艺术节，文化部指名要它参加，因为它是一个品种，一定要有永昆这个品种，而且早就做好了准备的，属于展演，不给奖。结果他们当时就把剧本给我送来，人也来了，文化局长啊、团长啊，都来了。我问他们团的情况，就是那样子一个状态。《张协状元》全剧才六个人，都组合不起。我们先把退休的请回来，去请回了一个六十岁的林媚媚，女小生，还有两个配角，有一个话都说不清楚了。后来又从外地借来三个，两个男角借当地瓯剧的演员，女主演借浙昆的演员。就这样子合起来排这个戏。

那个戏全剧只有六个人：一个小生张协，张协状元是成都人；一个贫女，贫女是借的浙昆的一个青年演员杨崑；一个大公和一个判官，是他们永昆团退休请回来的，还有小鬼和王成虎。有个主要角色是借的瓯剧团的来演的，让唱瓯剧的来唱昆曲。

我当时给他们讲，指导思想两个：第一，尽量保持永昆的特色，这是你们存在的唯一价值，如果你要跳出永昆去搞，还不如把你消灭了算了。你一定要表现永昆的这个品种嘛，你如果这个都保留不到，演员又不齐，那还不如不要去参演。作曲、音乐方面也必须是这样的，哪怕是跟其他昆剧，南昆、苏昆、北昆，有细微的差别，你都写出来，这是导演的指导思想。这样才有存在的价值，独立存在的价值。第二，演员只有六个人，每个演员都必须要过得硬。可惜，第一小生，主演张协的演员是个六十多岁的老婆婆，叫林媚媚，范儿很正，非常到位，可惜年龄大了，有些动作就要慢一些，有些反应就要迟钝一些。我说这个不能强求人家,人家来参加就已经很不错了。排这个戏,应该说是比较艰苦。这样的条件,为什么取得这样的成绩? 当时专家们的评价就是古朴,就是古朴无华。《张协状元》是南戏的代表作,从导演手段来讲,是绝对的忠实南戏的根基。那么导演在做安排之前,必须去访问,或者找作者,找当地的问,南戏有哪些特色? 南戏最大的特色就是古朴。那么何为古朴? 就是舞台上没得任何东西。我说,人总要坐嘛。他们说,这个戏,是人当椅子,人当桌子。因后头有小鬼、判官,需要时就由他们来当桌椅,就是人坐人。这是导演要把握的第一个特点。保持,绝对要保持,我不能在台上塞一把椅子,我不能用一个东西,即使需要坐一下,比方说那个贫女背的背篓,倒过来就可以坐一下了嘛,又合情合理的,不伤大雅。第二,我要采取的手段,就是结构严谨。单独唱的,一些抒情的,尽量地让它发展。但是,结构的每一个环节必须拉紧,因为这个完全可以是写意的东西,完全可以用写意的手段把它拉紧。这个戏是一景到底,背景就像我们的传统戏的背景,就是我们传统戏的这个古朴的庙宇,开始就是这个。到了后头,加一点东西,就是王府;取掉了,它就是旷野。这是完全按照传统那种风格走。这种戏,如果导演你冲动,想用些啥子符号啊,想用一点啥子东西来凑一点热闹啊,绝对失败,它不是这种戏。我觉得与导演的把握有很大关系。这个戏在苏州的昆曲艺术节上取得了很大的成绩。这就有点像《死水微澜》,走的就是"贫穷"艺术的道路。《死水微澜》的舞台上就是六个积木箱,一个大背景,强化的是灯光,把这些大背景掩盖。实际上它已经回归到最简洁、最简洁的东西上去了,让观众的视觉集中在演员身上,这是一种方法,而且是我们本来有的最好的一种方法。《张协状元》也是用了这样的一种手段,所以它取得了成功。

到苏州去会演的时候,就是首届昆曲艺术节,我没去,我排完了,就走了嘛。结果在昆曲艺术节上轰动,从专家到观众,全部喜欢这个戏。当时他们的汇报叫"一匹黑马"。作为导演,我是很满意这个戏,但是作为演员,我并不满意,因为演员就这么个摊子,他们已经尽了很大的努力了。如果换一批演员都是永昆的,而且是又善于表演的,它会更好。原来是准备不评奖的,后来得了金奖。对这个团来讲是极大的振奋，所以他们当时就说，原来有个叫《十五贯》的戏救活了昆曲这个剧种，那么《张协状元》救活了永昆。从此，这个剧团也活了，国家拨款，当地拨经费，拨指标，现在继续存在，在整个昆曲界当中，算个扎扎实实的小弟弟。就是一个戏，真的改变了他们的面貌。这也体现了"有戏才有'戏'，没得戏当然就没得'戏'。"

我每次到那儿去，或者碰到了永昆的人，他们对我都很感谢。我说应该感谢你们自己，感谢我干啥子嘛？我只是完成了一个戏而已。

谈昆曲《景阳钟》

我排这个戏的时候，《撞钟分宫》这一场基本保留，我动得比较大的是《别母乱箭》。《别母乱箭》就像是我们川剧的弹戏《上关拜寿》，我们乐山川剧团罗开新老师演得最好，我看上关拜了寿以后，接着就别母，然后下来被乱箭射死。排昆曲时，我简化了，别母不要，因为这个戏始终围绕崇祯转，乱箭做重新处理，表现唯一忠于崇祯皇帝的大臣都死在这种情况下，还是在皇帝不信任的情况下死去的。它主要是表现大明王朝是咋个亡的，崇祯自己有多急，而他又很勤奋，在历朝皇帝当中，他的祖父、爹，根本不问朝事。咋个我这么勤奋，这个江山就败在我的手里头？剧本最后有个他和王承恩席地而谈的场景，王承恩直话直说了，我们大明咋个会这样子的。他还不服气，最后就是这样子的结局，实际上是为这个戏点题：积重难返，大明王朝的灭亡不是你勤不勤奋，前头带的账太多了，你越勤奋越加速它的灭亡，就这样子，改变不了的。我觉得2002年排的这个戏里面，对老戏有动有不动的，有的保留，总体把握，它成了一个好戏。这个戏获得了那一届的昆曲艺术节第一名、演员第一名，后来还进入了精品工程。

我举这个戏的例子是想说明，在排导昆曲戏的时候特别要谨慎，不是说你拿到就可以动，有的动不得。动不得也叫动，就是保留，保留也是一种特殊的动。

谈秦腔《郑英娇》《郑国渠》

在外省排戏，还接触到秦腔，接触了两个戏，一个是《郑英娇》，实际上就是我们乐山川剧团的新编川剧《郑姑姑》移植过去的，川剧的《郑姑姑》也是我导排的。第二个就是《郑国渠》。一个是给西安市秦腔剧团排的，一个是给咸阳市秦腔剧团排的。

《郑英娇》洞房这一场戏，当时是纯粹按照我们川剧的那种演出习惯，那种风格。从剧本一直到舞台，是按这个呈现的，先喜后悲，很舒服。他们的戏，这种风格基本上没有，是给他们带去了我们川剧非常有特色的元素，能够凸显表演、心理，一些细节处理的特色，他们感到非常好。比如说我们川剧的《美洞房》《丑洞房》，它能够构成很多小戏，然后取乐于观众，它又在剧情当中。这种戏我们川剧就太多了，《上门问婿》王三巧系列，这些都有。他们很少这种东西。这个戏除了声腔是他们的，舞台完全是按照川剧照搬，我觉得很适合他们，而且他们也觉得很能够接受这个东西，我觉得这个可能会给他们一种启示，戏还可以这样子演。《郑国渠》纯粹就是一个历史剧，我在里头着重要处理的，除了人物表现，就是它的剧种特色，最适合秦腔演，八百里秦川吼秦腔，就是吼。舞台调度，很多兵、队形、变化、造型，各方面做了很多处理。

谈越剧的创排

越剧这个剧种适合文戏。它的动作啊，它的身段啊，都是请昆曲、京剧教，在上海就晓得昆曲是越剧的保姆。我在给赵志刚排《杨乃武与小白菜》的时候，好多东西就需要组合，不像我们一般排戏，自己就可以做。导演提要求，就一定要给演员说到位，尤其是动作、心理，因为它缺这个。它原来是一个年轻的小剧种流行起来的。我给绍兴小百花越剧团排了一个《越王勾践》，它是女子越剧团，就是吴凤花、陈飞、吴素英她们这一批。按理来讲，在越剧当中，她们还算能文能武的越剧团，她们是一个科班，从练武功就是京剧老师教，这样才文武并重起来的。但是，毕竟是女子，这是一个弱项，要表现越王勾践所处的历史背景，要表现杀伐的战场，她们根本不可能承受。比如说开打，这就需要导演因地制宜，既要表现一种热烈的场面，又要回避它的一些弱点，扬长避短，个人也是要扬长避短。因此我进行了很多处理，队形、造型、列转，像它用这个转台，你根本看不出她们不会舞蹈。给啥子剧种排戏，要根据它的特色来。

给陈飞排了《情探》，按照传承，根据陈飞的老师傅全香老师所授，凡是傅全香的精彩的东西都给予保留。像《打神告庙》，它们的告庙是主要的，打神是次要的，我们也不多做文章，就把那一两段唱好。但是要给它一些补充动作，一样的很好。像越剧，涉及它的文戏武戏，要做深层的处理，要做选择性的处理。

导演手记

导演把握：总体、主体、群体

川剧振兴，已届十个春秋，成绩斐然，硕果累累。有的问题虽尚待改进，但展望前景却令人充满希望。在这一浩大的精神文明建设工程中，我作为一个川剧工作者，由始至今，自以为从未置身度外，更未敢小有偷闲或萌发转向之念。回顾历程，虽觉辛劳但仍感欣慰。十年中怀着振兴的希望，从局部与个人的范围，总是力争和振兴大业的全局同步，努力跟上时代的节拍。累感力不从心，许多事皆是勉为其难，但在振兴大旗的召唤下，又重鼓余勇应召而上。在振兴川剧的同时，不断地振奋着自我的精神。

我作为演员兼搞导演工作，已行之有年。但真正的有所提高，是近十年的事，是与振兴事业不可分割的。历届调演高质量的要求，促进了导演学科的发展，刺激着导演个人的创作欲望，改进和完善了导演制度。十年中我参与了《郑姑姑》一剧的编导演，参与了《大佛传奇》一剧的编导，还与人合作为省川剧院导演了《望娘滩》《闹齐庭》两个大戏和一个折戏，并随该院赴东欧演出《望娘滩》一剧获得成功。又为万县市（今万州区）川剧团导演《山峡神女》，还为新都芙蓉花川剧团加工导演《青蛇转》，深受专家们的一致好评。又在东欧三国的访问演出中，受到国际友人的高度赞扬。虽然语言不通，但通过综合表演，外国观众也为这母子悲壮惨别的场面感动，纷纷潸然泪下。对东方戏剧的魅力赞不绝口，称道此剧可以在欧洲任何剧院上演。

以上引例更增强了我在抓综合功能时不放过任何细节，尽力发挥各门类艺术的功能，启发他们的创造潜力，和衷共济共创舞台艺术。

总体构思—主体意识—综合功能，可基本概括我在做导演工作中的三环程序。他们既有独立的思维内容，又是不可分割的相互关联的相互促进的整体。三环的核心和支柱是"舞台行动"，导演正是这种"行动"的设计者、组织者与领导者。

川剧振兴虽然已经走过了十个年头，并且从各方面都取得了不少经验与成果，但前面的道路还非常远，还有许多事情在等待着我们去做，去进行新的尝试与新的创造。去年《文摘周报》摘引高占祥同志的讲话：振兴戏曲，需要一批高级导演。此言甚是有理。第一他说出了在戏曲振兴中导演的重要作用。第二为我们做导演工作的人，指出了奋斗的目标。路漫漫其修远兮，在今后川剧振兴事业的新长征中，争取做个称职的导演。

我的导演策略：在传统与现代之间

作为一名创作旺年正好赶上世纪之交的导演，我感到十分有责任在传统与现代之间做出自觉的探索。戏曲有着始自宋元时代的八百余年的悠久传统，同时它在现代社会里也需要有一种现代的形态。作为戏曲转型期的众多导演中的一名，我常常感到自己肩头担子沉甸甸的。我们这一代人还算是懂得一些传统，或者说，我们现在是传统的解释者。戏曲好的东西不能丢在我们的手里。同时戏曲急需革新，吸收鲜活的血液，适应当代人的审美需求。所以，我们又是传统的改革者。在我的导演实践中，这一点一直是我头脑中的一个大前提、大意识。在实践的逐渐积累以及在获得的一些成功中，我形成了自己的一些导演观念，现在把它们梳理一下，拿出来和大家分享。

我个人从事导演的工作算起来也有几十年了。当然最初没有那么专门的意识，这些年来，才成为一名专职的导演。对于自己所取得的成绩，我思考了一下，觉得自己主要是有以下方面的优势：

1. 传统的优势

我从小与戏曲结下了不解之缘，对戏曲的传统是比较了解的，尤其对它优秀的地方有深刻的认识。年轻的时候，老一辈艺术家还活跃在舞台上，能亲眼看见他们绝妙的演出，在今天看来，都成了一笔财富，像川剧的名角刘成基、周裕祥、刘云深、邱福新等，都深深地影响过我。更重要的是，他们身后所代表的传统而今都成了我的宝库。我把根扎在传统的土壤中，是传统为我积累了日后用于导演丰富的手段。传统的优势，是我最重要的优势。可以说，我不过是在传统的基础上，做了个现代的有心人。

2. 川剧的优势

我一直感到自己有幸成长在川剧这个大剧种里面，川剧由昆、高、胡、弹、灯五个种类构成，历史比较长，剧目极其繁多。特别值得一提的是，川剧的舞台表现手段有很独到的地方，在刻画人物的手段、情节处理、时空转换、外化人物心理方面都很擅长。我是从川剧起步的，它浓郁的地方色彩养育了我，也化作了我作为一名导演的艺术手段。同时，川剧还对我有一种启迪，那就是在导演其他剧种时，一定要洋溢着该剧种的特点和风情。不能抹杀剧种间的差异，否则就是导演对戏曲的失职。

3. 个人的优势

相对来说，我在戏曲的编、导、演几方面，以往有比较全面的经历。我少时开始演戏，大戏演了一百多出，对表演的切身经历使我对舞台有深刻的理解和悟性，十八岁起我涉猎导演，走了一条从自发到自觉的路。有时候我觉得我个人的导演经历和新中国成立后整个戏曲导演的发展是同步的，可以反映大潮流的种种侧面，改革开放以后，也就是 80 年代，我在导演方面通过多年的实验、探索、尝试，在意识上和艺术上都逐渐走向成熟。特别是从 1987 年给四川省川剧院导演《望娘滩》开始，我自己也感到进入了一个新的阶段。1992 年以后，我正式脱离演员行列，做了一名专职导演。我以往的艺术经历对我作为专职导演大有裨益。导演是一项实践性极强，需要驾驭舞台的工作。每个人所走过的路不同，但我认为，不论他以前从事什么，只要他想做好的导演，就必须用一切方式先去实践，在实践中感受舞台。

我的底蕴是传统赋予的。同时在传统的基础上，我的成绩来自于我在思想上的不保守和消化能力强。我一向比较注意吸收其他剧种、其他门类艺术（包括影视、歌舞）的长处；不照搬，而是主要学习艺术上的处理方法，更新观念。说起来是简单的道理，但具体实践中并不是那么简单，比如如何"戏曲化"的问题，如何"地方化"的问题，等等。但是不保守和融会贯通的观念永远要在一个导演的脑子里装着，只有这样，他才能不被时代甩掉。

以上可以算是我在导演方面个人的一些优势，同时里面也包含了许多我对导演基本素质的理解，每个人的经历各不相同，但是都面临着传统与现代的接轨、交融问题。我的基本观点是认为，每个导演都应该吸收传统的养分，同时又让戏曲这棵参天古树开出现代的鲜花。

下面来具体谈一谈我在戏曲舞台艺术上的一些导演策略。

1. 导演的案头工作

我自己是一个非常重视案头工作的导演。一般来说，我的案头工作都做得很细。剧本常常被我用红笔在空白处批得密密麻麻。到了排练场，排戏成为我的案头工作的实施过程。这样做最大的好处是胸有成竹，在现场又可以根据具体情况灵活应变。

在通读剧本之后，我首先是对它的思想性有一个定夺和提炼。我要把一个本子按照现代观众的审美需求提炼出创意主旨。这一点是很重要的，它像一个核，所有的艺术处理都将围绕着它。比如，我在排上海越剧院的《杨乃武与小白菜》时，首先就为剧本提出了"变情节戏为感情戏，变公案戏为思辨戏"的主旨。实际上这也是一个在家喻户晓的老戏里提纯出新意，向当代意识靠拢的步骤。如果在编剧的一度创作时，导演就能介入，是比较好的情况。导演可以与编剧交换意见，至少可以作一种意见参考，对于整个创作来说，也可以使流程更顺畅。当然导演也经常拿到现代的剧本，在这种情况下也要多交流、多商量，减少实排的困难。

我的文字案头一般抓以下几点：

（1）理顺结构

传统戏曲的结构一般较冗长、松散，过场、水戏多，导致当代观众认为节奏过慢。我很注意对于结构的通顺，一定要让场与场之间环环相扣，本着有话多说，无话少说的意图，使戏的结构尽量紧凑，节奏避免拖沓。有的剧本底子不是很如意，那我也要调动一切导演手段做到这一点。我导的戏结构都比较紧，节奏流畅。因为在我的案头工作中，理解结构就是基本的一步。

（2）舞台把握

我一般先为一出戏设定一种舞台样式，它是我导演工作的支撑点。我在这个支撑点上做总体构思和通盘考虑。如场面调度、布景、道具、音响、灯光的整体效果和协调等，同时我也把演员表演的唱和形体考虑进去。当然这只是一种初步考虑，但是我心里对演员的唱做设计就有了点谱，以后根据演员的实际情况做调整，演员的特长和欠缺纳入我的总体设计。我的设计不能代替演员，但是我一定要向他提出我的要求。

（3）艺术特色

我比较注意对每一出戏艺术特色的考虑，这将使我的戏显出不同的特点，而不是千篇一律。比如《死水微澜》，我就想让它特别具有地域性，有川音、川腔和川味。比如《变脸》，我试图让它有一种川江上的"班子味儿"，因为它是变脸艺人的戏。比如《杨乃武与小白菜》，由于观众已经对沪剧、西洋剧等很熟悉，我就注意让这一出《杨乃武与小白菜》有格外的视听效果，让它特别好看好听。

总之，文字案头工作对我来讲是很重要的，它是我导演的方针和蓝图。但是我从不僵化地看待案头，而把它和实排看作是一种相互的打磨，在打磨中可以迸出艺术的火花。

2.对于戏曲内在本质和外在形式的导演体现

戏曲是"以歌舞演故事"的戏曲，有着自己独到的内在本质和外在形式。我力求在我所有的戏上都对它做到具体的导演体现。

在我看来，戏曲的内在本质是一种假定性戏剧，外在形式主要是唱、念、做、打的歌舞模式。这些是传统赋予戏曲的东西，是应该保留并体现的。它也是我个人导演的基奠。

（1）假定的体现

戏曲的假定，首先体现在它假定的舞台。在我的认识里，一桌二椅并不完全就是一桌二椅本身，而是体现了一种戏曲假定的精神。我个人捕捉的正是这种精神。我可以变换老式的一桌二椅的形式，但是保留假定的特质。我从来不用完全写实的东西去累赘戏曲假定的舞台。

曾经有一次，在《变脸》的排练过程，狗娃从悬崖上跳下的那场戏。我最初设计的是让狗娃真的吊在观众席上方的一根绳子上，与舞台上其他角色对话。后来感到这样做虽增添了真实感和惊险感，却和我整出戏的大风格不符合。

我后来的处理收到了很好的效果。这其实就是假定精神的体现。首先有了假定的舞台，戏曲相应的虚拟的表现手法才那样变幻无穷。同时，也是因为首先有了假定的舞台，戏曲才能够做到以表演为中心，因虚拟的表演在一个宽阔的、自由的假定的时空里展现复杂、丰富的生活。我特别反对在舞台上用物质的烦琐挤压自由的表演，这不是戏曲的本质所在。物质的东西我也用，但它应该是为表演服务的，是一种手段，而不是目的。而且，戏曲的观众也是要看演员的表演的，看弛动的身段，听他们的唱腔，要是看物质手段，戏曲哪里比得过电影、电视。戏曲的优势在于表演本身，假定的舞台是它发挥优势的地方。

（2）程式的灵活掌握

可以明确地表示，在我的戏里，程式一定要用。我认为，不管是传统老戏，新编历史戏，还是现代戏，都必须自觉运用程式。程式包括唱、念、做、打多个方面，它涵盖了戏曲一种歌舞的表演特征和规律，是戏曲的精华。程式在我脑海里是一个宽泛的概念，它既是山膀、圆场、蹉步、飞脚等等这些具体形式，它又不仅仅限于这些。它可以变，可以重新组合。

我导戏的时候会想方设法地用程式，合情合理地用，融会贯通地用，必要时经过加工和重新组合。实际情况中，重新组合的程式运用得很多，尤其在新编戏里，现在已不太可能把完完整整的一套起霸连锅端上舞台，而是经过适当剪裁，择其精华，择其神韵，既符合剧情、现代舞台节奏，现代观众心理，又展现传统戏曲的十足魅力。

请大家看一看《变脸》的录像资料。这一场的情节是水上漂与狗娃划船上，狗娃溺水，水上漂跳水将其救起的一大套形体动作。我在这里把传统的程式糅进来。

类似的东西在我的戏中比比皆是。

程式对于戏曲来说很重要，但它不是包治百病的，尤其不能够"戏不够，歌舞凑，程式凑"。在具体过程中，一切都要以情为重。有了情的依据，程式的设计就是合理的。而且，再进一步，当代导演运用程式，文章应该具有创造性。我的创作过程是，拿到一段需要设计的戏，首先想程式，程式不够就借用，没有可借用的就创造。

现在以我的《死水微澜》第一场为例。在这段当中，八个女角已不同于一般意义上的龙套，她们化作了一种象征的符号。因此在设计上就要区别于传统。

（3）现代舞台手段的综合运用和吸收

我的导演策略同时又是开放性的。我要求自己自觉地吸收和并用现代舞台手段。这些因素为我所导演的戏带进了大量鲜活的内容。我的意思是说，现代的舞台物质手段仍然可以化作戏曲自身的表现力，只要解决好一个"化"的问题。这一点理论上并不复杂，难就难在实践中的具体把握。所以我在这里多举我具体的戏剧来阐明我的这一点导演策略。

在舞台布景上，像伸缩台、升降台、平台等我都用过，都不排斥。我的宗旨是，只要它不限制表演，并且可以拓展表演的空间、增强表现力，就用！而且用就用好。

在《杨乃武与小白菜》一剧中，我放置了后区一个大平台，下层中间可伸缩至前区，前区左右各两个小的可伸缩平台。各自平台还可以升降。全戏下来，大家都感到这大小三个平台并不是多余的，而且最大的贡献就是增添了表演的空间层次感。升降台只是在结尾处用了一次，是三个主角杨乃武、小白菜、杨淑美的造型慢慢上升，配合主题曲，现出一种悲剧感。伸缩台我用得比较多，有的地方是追求电影特写镜头的效果，让伸缩台缓缓将演员从后区推至前区，观众可以越来越清楚地看到演员的神情，有的地方使用伸缩台达到了紧缩结构的目的。如《杨乃武与小白菜》中有一场杨乃武屈打成招画供后一个造型由伸缩台将其缩回后区，灯暗；然后一束切光照亮后区，杨淑美以同样的造型再由伸缩台从后区推向前面。这种类似蒙太奇的连接，加快了戏曲的节奏也省去了许多啰唆的笔墨，视觉效果也很好看。可见，平台用好了，是可以为戏曲服务的，关键在于要让它服务，而不是为了平台而平台。

我另外一个十分喜欢的技术手段是灯光。我觉得比较成功的几出戏，如果大家留心，就会发现灯光的调度都较为复杂。

灯光的灵活使用和戏曲本身时空的自由使用是很共通的。灯光用得好，特别可以体现戏曲表演的时空观。有时候，我用灯光调度来分割表演区，追光处演员仍在表演，暗处可以迅速撤换景，灯光复明时环境已经变过了。灯光的运用特别有利于结构的流畅，可以省去不少过场水戏，同时追光处也可以突出主要演员，集中观众的注意力。比如《杨乃武与小白菜》一剧中，凶手刘子和与帮凶钱宝森在威胁小白菜不要告官，我把刘子和调度到最前台，灯暗，一束追光只打刘子和，观众可以看清他在恶狠狠地叫嚣："我爹是县官，哪个敢和我作对。"话音落，幕内制造打耳光音效，刘子和同时做捂脸状，嘴中喊"哎哟"，退步。灯光复明，这时场上已变为另一个环境里刘父教训儿子的戏。这种利用灯光的处理在实际演出中具有很舒服的观赏效果，完全省去了多余的下场、上场、再重新交代的啰唆。

我这个人虽然从传统的路上走来，但是一向乐于接受新的事物。对于现代舞台的种种手段，只要合理，我都会加以吸收和利用。上面讲的只是几个具有代表性的例子，我意在说明，故步自封是没有生命力的，但是所有的创新又都要立足于不脱离戏曲的本体。恐怕只有这样，戏曲才可以健康发展，才能既吸收新鲜血液，又不失其本色。

戏曲是以表演为中心的艺术，物质手段必须只能为表演服务。我的策略其实是如此简单：有利于表演的东西，用！不利于表演的，删掉！我之所以持这样的观点，很大原因在于对传统戏曲有深厚感情和责任感。戏曲需要现代化，但绝不能在这个幌子下把它改得面目全非。我个人一向认为戏曲所有的改革都要围绕戏曲的本体来进行，然后再对传统进行现代的整理，传统与现代之间有一条连接的渠道，传统的营养可以通过这个渠道源源不断地输送到现代的创作中去。

我个人的种种导演策略，综其重点就是在传统与现代之间建立那条渠道。我不敢妄自说自己做得很好，但我敢说多年来我一直是冲着这个方向努力的。而且这也应该成为当今所有戏曲导演的追求。我愿意在这个大目标下，与大家一起，手挽手进入21世纪。

让传统艺术本体在当代审美中回归

写意传神、以假作真、化虚为实是传统戏曲艺术组合的重要之元素，是区别于其他类艺术的显著特征。川剧《死水微澜》要在已有的题材、诸多竞争者中占有一席之地，作为该剧的导演，不紧紧抓住这个显著的特征，不充分扩展这个重要元素，就不可能独树一帜，达到事半功倍的目的。但是仅仅这些元素与特征显然与现代观众的审美需求以及观赏艺术的心理节奏不完全吻合，也与剧本的主题与时代感有较大差异。这就必须在继承与发展、形式与内容、传统与现代审美上，全面总结和把握好这二者的关系。要想达到各种层面观赏者的认可，艺术地再现剧体主题，舍此不能成功。

为此，我确立了要为当代观众献上一台有鲜活主题、鲜活人物，既有思辨性又有可视性可听性，既是传统艺术本体的再现，又有较为强烈的现代意识，从内容和形式都较为新鲜活泼的戏曲展现。

我要感谢剧作家徐棻大姐，她在其剧本中，给我留下了充裕的空间，假定了一种与我的构思较为吻合的舞台式样，使我大有将前述二者巧妙结合的用武之地。首先是舞台形式的选择，其次是川剧艺术本体的体现，现代手段的综合与戏曲结构以及人物的塑造，音乐声腔的发挥等等，都心中有"戏"了。

根据这个总体构思，确立了简化布景、强化灯光、突出服装（重点是表现人物）的舞台形式。让观众的心思、目光集中在人物身上，为人物的悲欢离合、大喜大悲的命运所吸引。让观众随着剧中主要人物邓幺姑追求的那个"成都人梦"，飘回到那个时代背景去遨游，又随这个"梦"的破灭而回到现实的开始，为那个时代扼腕，为这个人物叹息。更深层次地揭示大波的微澜，泛怨的动因和留归死水般大波将临的必然。这戏一开幕，就让邓幺姑立于"田埂"中思考，说唱中展现内心强大的农妇形象。

为充分发挥戏曲写意传神的特长，根据剧情需要，全剧舞台只设六个小活动平台，犹如传统戏曲中放大了的、变了形的一桌二椅一样。时而做川西平原的田埂，时而又是"兴顺号"的柜台、桌凳，有时让它变成赌台，根据需要有时又让它成为家庭装饰。通过演员的逼真表演，让这些假定性的死支撑点变成活的空间环境，变成人物内心世界放大的道具，鲜活的流动的场景。使戏曲这一大写意的独特手段尽情展现。

全剧结构力求严谨，在现代灯光的综合运用中，借鉴影视"镜头连接"的手段，使全剧时空白描，人物来去自由，不受特定环境、时间的限制，把戏曲艺术中大写意的好传统与现代灯光有机地恰当地结合起来，变成唯我研用。缩短上场下场的冗闷，剪裁不必要的过场，拉紧连接腾出更多时间突出人物表演，让当代观众尽情领略戏曲的空灵艺术流动空间的美感。

在全剧节奏把握上以"有话则长，无话则短"为前提，根据剧情发展，人物内心节奏的变化，张弛有致地、快慢有节地处理好起伏跌宕，微波大渐。借以营造时代氛围，推波助澜，表现人物戏曲性的大悲大苦的命运变化，以及山雨欲来风满楼前，川西平原沉闷闭塞和微澜泛起又归于死水般的时代与人物的悲惨结局，以适应现代观众观赏戏剧的心理审美节奏的需求。

声腔音乐是川剧有别于其他艺术品类的主要特点，也是表现人物，烘托气氛，营造氛围的重要艺术手段。充分发挥川剧打唱这一独具特色的整体，伴着现代声乐与声响，让人物传情述意，呐喊抒情，增强艺术感染力。不仅从视觉冲击力让观众看好，在听觉审美上也力求完美统一。

调动一切艺术手段，集传统与现代优势，追求《死水微澜》剧完整的品位，忠实地体现剧本主题，表现人物命运，展示戏曲艺术魅力，为各个层面的观众认可，这就是我在这个剧的追求，但求能达到目的。（1996 年 12 月 3 日于成都）

让戏曲艺术本体在当代审美中回归

在同一题材的影视、话剧的诸多竞争者中，如何以戏曲艺术的形式，在川剧的舞台上，再现李颉人先生笔下的那段历史，诠释出清末闭关自救下"死水"一潭的农村成都平原上，以邓幺姑为代表的农村妇女，不甘受命运摆布，奋起追求个人幸福，和以罗德生为代表的袍哥力量，自发反抗列强文化侵略所掀起的"微澜"，以及在这场微澜前各色人物封闭守旧、朦胧愚昧的各种心态行为，困惑选择所展示的独具川味的风味人情，是我接受剧本人设首要考虑的问题。

写意传神、以假作真、化虚为实是传统戏曲艺术组合的重要元素，也是区别其他艺术门类的显著特征。但随着时代的发展，观众审美需求的多样化与观赏艺术的心理节奏加强，在视觉与听觉方面都有较大的需求，如今再仅仅依赖这些元素与特征，要想在竞争中独树一帜，显然是与时代有较大差异的。作为此剧的导演，我必须全面总体地把握好继承与发展、形式与内容、传统本体与当代审美之间的关系。在工作中有机地适当地磨合、化用，取舍二者长短，艺术地完整地再现剧本主题，取得当代各种层面观众对剧本的认可。为此确立了我的整体构思：我要为当代观众献上一台既有各种人物展现，又有地域特色的风情，既有思辨性又有观赏性，既是地道的川剧本体艺术，又有较为强烈的现代意识，内容形式都较为安静与活泼的演出。

在此，我要感谢剧作家与本剧的艺术指导徐棻大姐，她在其剧本中，留下了充裕的空间，假定了一种与我的总体构思较为吻合的舞台式样。使我大有将前述二者巧妙结合的用武之地。并为整个演出风格定了基调，并生发出各种假定，设想和设计。

为此，确立了简化布景、强化灯光、注重服装造型，突出人物表现的原则。意在将观众的心思目光，导向注重人物的表演，为剧中人物的悲欢离合，大起大落的命运所吸引，随着主要人物邓幺姑追求的那个要做成都人的梦，既回到那个时代去遨游，又随着这个梦的幻灭而回归到现实的开始。并为那个时代的封闭扼腕，为人物的悲惨命运而叹息。从而更深层次地揭示大波前微澜泛起的动因，与复归死水大波将临的必然。

确认上述总体构思与创作原则后，充分发挥戏曲艺术写意传神、以虚化实的长处，根据剧情变化的需要，全剧舞台只六个可移动的小平台。尤似传统戏剧中放大了的，变了形状的一桌二椅一样，随着剧情空间的变化而变化。时而设定它是川西平原的田埂土梯，时而又是天回镇上"兴顺号"内的柜台桌凳。有时让它变成赌台教堂，需要时又可变成农家院落。通过演员逼真的表演，让这些假定性的支撑桌，变成为剧情、人物所利用的活的空间环境。成为人物内心世界放大了的道具。

例如戏一开幕，就让邓幺姑立于丁字形的"田埂"上寻梦，思考中演唱于台中突出地位，然后幻化出现其内心极大的众农妇形象，伴着她如泣如诉的唱腔，众农妇从少女变成背娃下地的中年直至白发苍苍、老态龙钟的老人。把那个时代农村妇女可怜可悲的一生命运，尽现邓幺姑的眼底与观众面前。这一视觉冲击既揭示了邓幺娃不甘受命运摆弄的可视依据，又取得了现代观众对人物行为的理解，形象化地表达了主题。戏曲大写意的独特手段，通过传统的唱做以及改造后的舞蹈与这流动似的假定场景，在这里发挥了和谐统一的作用。

全剧结构力求严谨有致，连贯自如。在现代化灯光、乐队的综合运用中，借鉴影视"镜头连接"的原理与淡入淡出的手段，拉紧结构，剪裁不必要的过场，腾出时间空间，更好地展示剧情。让人物在严谨的规范中，不受时间与特定环境的限制，唯剧情需要所用来去自由。恰为传统戏曲所表现的绕场一周过程一样，空灵写意，流动空间，点到为止，不必在细节上过分追求，分散观众的欣赏。

抓好全剧的节奏，让其流畅明快，简洁洗练。本着有话则长无话则短的宗旨，根据剧情发展和人物内心节奏的变化，张弛有度快慢有序地处理好情节的起伏跌宕，微波大浪。把握唱念的松紧快慢，激昂抒情。借以营造时代氛围，推波助澜。力求避免多余的处理和老戏无人无味的拖沓。以适应现代观众欣赏戏曲艺术审美节奏的心理需求，更有利于剧情人物的集中展现。

音乐声腔是戏曲艺术有别于其他艺术门类的不可缺少的重要手段与特点，也是表现人物，烘托气氛，营造不同氛围的专利。川剧独有特色的帮打唱一体化，又是区别于其他剧种的显著标志，故事就发生在四川，运用好川剧特色一体化，伴着现代声乐与声响，突出帮腔作用，点化人物心声。让人物尽情地通过动人的声腔来传情述意，呐喊悲鸣川音川腔，对本土题材的故事是非常有特色和艺术感染力的，也满足了观众在听觉上的审美需求。

总之调动一切艺术手段，充分运用传统戏曲唱做念打功底，借助现代科技声光，在保持本体特色的根基上，尽力去拓展开掘和借鉴。经过一番化合作用后，为我所用。我要借助于《死水微澜》这个剧为载体，表达我在导演艺术上的追求。就像剧中人物邓幺姑寻梦那样，我也在探寻、追逐实现既能跟上时代步伐、适应当代观众审美的需求，又能不失去戏曲本体特色、尽现改革后的川剧艺术魅力的那个美梦。（1996年12月5日于成都）

评剧《雷雨》（明星版）的综合艺术定位

本剧早已是戏剧经典，它厚重沉凝的主题，各个不同人物的特征，以及戏剧矛盾的设置，冲突高潮一波一浪的合理形成，早给人们留下了悲剧先锋的深刻印象、经典样品。

除话剧原创演出之外，戏曲界早已有人移植搬演，都因剧本的魅力而各自发出过不同程度的光彩，成为当时颇受欢迎的"文明戏"之一。移植中不可以伤害原著的神，但为了体现剧种的特色又不能不做一些形的变化。我们现在要排练的是"明星版"的评剧《雷雨》，就必须在形神这个问题上下功夫。

此版集聚了当代评剧名家谷文月、崔莲润、刘萍、王有才、李惟全等表演艺术家，他们又是评剧界艺术流派的领军人物，不突出他们的艺术魅力与最有代表性的声腔、演唱艺术，"明星版"的定位很难成立。为此，对原著必须谨慎地调整。这是必须要下的功夫。保持评剧特色以及突显演员名家风采这个形，保护原著精华、精彩的神，使之形神兼备，交融并进。既不损伤原著，又在其基础上展现评剧的艺术风采。这就是我对本剧首要目标的设想与定位。

本剧的主题、事件、人物以及艺术风格等，由于大家都很熟悉了，在这里就不再重述。我要强调的是以下几个综合定位。

首先，剧组演员必须明白，我们共同面对的毕竟是经典剧目《雷雨》，重点还是要在人物刻画上下功夫，找到各个剧中人物的特征，再用我们评剧的表演、唱腔艺术去激活人物，再去填补话剧无法唱的局限，尽情地完美地去展现几个不同人物的特色，以期达到既是经典的人物再现，又是评剧艺术戏曲艺术功能的全面发挥，让两者的艺术价值得到充分发挥。为此就对音乐、唱腔设计提出以下要求：

1. 本剧的载体是评剧，而且是评剧不同流派风格的交替展现。这就要求我们在创作中要保持评剧唱腔本体不变，让新老观众一听就是评剧。

2. 根据演员不同的演唱风格，再依据剧中人物不同的身份、遭遇、矛盾心态，设计出人物各异，旋律多样，既体现人物不同的风采，又让流派艺术适应不同观众审美的需求。

3. 音乐方面，步子可根据剧情需要迈得大些，不必太受剧种特色局限。本剧厚重悲情的风格，就是音乐创作总体基调。我希望音乐找准切入点，该出情的地方用音乐去有力地激活演员的内心悲情，该呐喊，该沉静，该激越，甚至像鲁四的有些幽默与情趣的地方，都要去加以创作与思考。补充一点，与演员的创作默契至关重要，这两者必须紧密配合，丝丝入扣，演员发挥精彩，旋律舒展流畅，二者相得益彰，明星版才名副其实。

第二，舞台美术与灯光方面定位。原创已有成形的舞台设置，有机地与剧情内容的需要结合得较好。鉴于本剧是戏曲的风格，是以写意传神为主题的构建，可否在原有经典的基础上，去构思以虚为主、以实为辅、点到为止的手段来完成本剧的包装。以简练的设计点缀周公馆的封闭、压抑的特色，窗帘的处理，可用戏曲程式代之。不要做成真的东西。四凤的家，尤其是周萍要翻越的那扇窗户墙可做活动的，以助演员的表演，让戏活动起来。

灯光设计要做到景像合一，营造各个不同环境空间，制造剧中人物不同的心理空间和相互之间心理交锋的隔离空间。特别要注意戏曲是表演艺术为中心的艺术，全剧灯光把握中，切光注意演员的照明，做到氛围、表演两不打架，而是交相辉映。

第三，服装造型的定位。原创舞台人物的造型是成功的，不论年龄、身份都可以仿照参考。服装方面可根据戏曲特色，在不影响原型人物身份的前提下，做一些适度地调整，以利于充分发挥戏曲艺术的特色。

综上所述，各个部门的艺术定位是为保证评剧《雷雨》（明星版）的顺利排演，思想统一，方向明确，我们要做一件事，那就是全方位同心合力，打造明星版的评剧《雷雨》。让名著、名家各尽其长，各显风采。我认为这个创意非常有新意，在诸多戏曲的《雷雨》版本中，是新颖独到的一种选择。我相信通过统一认识后，全剧组会创造性地认真努力地去完成各自承担的责任，为明星版《雷雨》的成功，为当代观众多方面的审美需求，做出我们应有的贡献，让万紫千红的戏曲百花园，增添一朵亮丽的鲜花！

下面提三点排练要求：

用心创造，主动投入。

提倡思考，提倡交流，但排练场一个声音（导演）讲话。

遵纪守时，不浪费时间。

秦腔新编历史剧《曹植》的综合艺术定位

本剧是根据 2010 年西安秦腔剧院的秦腔新编历史剧《七步诗》进行的创作，对原剧本中的故事情节、人物关系进行新的梳理和凝练，力求把曹植这一鲜明人物充分地展现出来。通过对其命运跌宕的描述，完成这一历史人物的刻画和塑造。

1. 关于主题

本剧的主题就是曹植的命运悲剧。在一场同室操戈的皇权争夺中，深入浅出地反映了封建统治集团内部的残酷斗争和诗人自身处境的艰难，沉郁激愤的感情纠葛，这里有多少历史现象令人反复回味仔细探究。

2. 关于风格样式

全剧情节紧凑，跌宕起伏，饱含深情，戏不但有力度，还有抒情的一面。因此要抓住剧中每个人物的性格特点，人物关系，进行深度挖掘。在全剧结构上要进行简洁的处理，本着有戏则长、无戏则短的原则，加快叙事节奏，突出情感矛盾冲突。

3. 关于表演和舞台节奏

利用戏曲程式化表演手段，帮助演员塑造刻画人物。达到内心外化，出情动人的目的。特别要强化突出曹植这一人物的三个悲剧高潮点，精心设计人物造型动作。全剧舞台节奏应是快节奏大停顿的处理手段，要把大量时间放在刻画人物内心的痛苦冲撞与垂死挣扎中，使每一场戏的戏剧事件不但能单独成立，还能够有机相连，达到紧凑和谐，浑然一体。

4. 关于唱腔音乐

戏曲艺术唱腔音乐尤其重要，是全剧的灵魂，特别是唱腔，必须是地道的秦腔，彰显本体特点。要根据主演们的嗓音条件来定调门，设计唱腔，以行当唱腔特点来刻画人物，抒发情感。在唱法上进行创新，在节奏的处理上进行改革，以塑造人物为前提，保持秦腔的韵律和行当韵味。配器与音乐部分，一切以剧情需要为出发点，在色彩气氛的变化中可以运用不同乐器的伴奏来强化气氛，如用古琴、琵琶、小唢呐等色彩乐器，运用打击乐但必须加强音乐性，可以用些混牌子来处理，不要让观众感到是噪音，而是有节奏、旋律的听觉享受，做到既有戏曲特点又有时代之感。

5. 关于舞美灯光

运用当代的语汇揭示历史内涵，既表现该剧的悲剧意蕴，又富有秦腔新编戏的当代气息，既大气，又要使舞台切换快速灵便。强化明亮中的寒冷，把全球化的人性困惑给揭示出来，要有意义，要有美感。把握节奏。场与场之间的衔接要紧凑干净，把舞台表演空间放大，使人物表演有机地自由地展现。

6. 关于服装造型

以汉代服饰为主基调，并把传统服饰中的水袖等元素融入其中，进行改良处理。服饰造型一定要精致，强化色彩图案的合理搭配。尽量向京剧靠拢，如《曹操与杨修》《洛神赋》等作品。

综上研述是保证本剧取得演出成功的基础，我们必须按照各自的定位，对剧本统一认识，统一参与，统一规范。以推陈出新的观念，打造一台既有传统价值又有当代审美，集观赏性，艺术性，思想性于一体的好戏。为此我们共同努力吧！（2014 年 5 月 28 日）

瓯剧《东瓯王》的综合艺术定位

本剧是根据《史记》原创的历史故事剧。切入点是写西汉时期，汉景帝下令削藩，引发了既得利益者刘濞的不满，他假借清君侧、扶汉室的旗号，联络七国造反，把小国东瓯也卷入其中。东瓯王为了保全小国小民，采取了同流不合污，形从实不从的策略，保存实力等待时机，最终灭了七国之乱祸刘濞，归依汉室，保住了东瓯。此段史实从一个侧面歌颂了小国之君东瓯王的睿智与机警。他深知在强国面前无公理，一切反抗挣扎只会招致国亡家破，百姓遭殃。与其无谓牺牲，不如退求其次，以守待动，寻机反攻。既可保全小国小民安危，躲过灭顶之灾，又不失反攻之机，助汉平乱。正因东瓯王的明智选择，东瓯终于在汉平乱，诸侯纷纷灭国的背景下得以平安生存下来。可以这样说，东瓯被逼造反是生存的选择，东瓯反戈杀刘也是生存的选择。没有东瓯王就没有东瓯的生存。由此可见，本剧的主题就是歌颂西汉历史上这位小国之君，爱乡爱民之人。

鉴于历史背景与故事情节的厚重，本剧的艺术风格定位应该是历史正剧风格。但是由于东瓯王性格的机趣诙谐，剧中又不时有喜剧的元素出现，以调剂凝重的气氛，突出人物的心理以及个性，增强观赏性与趣味性。在正剧风格的统一格局下，加进喜剧的因子，构成本剧正喜结合的艺术风格。

本剧的人物定位。首先是本剧的核心人物东瓯王。史实记载他活了一百六十多岁，由此可见他一定是心态平和与世无争。不然如此高寿，从何而来？但本剧所表现的是年少君主，这是根据观众欣赏习惯而改，但不影响我们去表现他安居小国，自得其乐的闲散心态，不影响表现他与世无争的生活态度。是七国之乱，是反汉的战争，是大国的霸道卷他入了旋涡，要他不得不做出一个生死择选。要么生存要么亡国，要么安民要么灭族。这从天而降的灾难，打乱了他平静的生活，置他于夹缝求生的两难境地。此时他的潜能、睿智、机警被激发起来，选择了貌似软弱而内心坚毅的对策。既保存了实力又挽救了东瓯。由此，在东瓯王的塑造上，我们既要表现他甘居小国的平和，又要表现他善于应对变局的智谋，既要演出他周旋刘濞带上面具的伪装，又要演出他爱国爱民爱妻爱子的真情实感。多侧面地刻画一个有血有肉有情有义的活的东瓯王来，他成功戏就成功一半。

本剧的女主演阿娇是一个很重的人物。说她重要是因为有的戏剧情节离不开她。失去了她不仅戏没色彩，更主要是有的关键情节就无法连接。这个人物要平民化一些，是王妃而无王妃之架子。假设她既就是渔民出身，性格开朗活泼，精通剑术，豪放干练，与东瓯王既是夫妻更是朋友，有话直说不隐瞒私情。是东瓯王主政主内的得力助手。在危急关头泼辣大胆，勇敢无畏；在生死关口，挺身而上，为保护自己的丈夫献出了年轻的生命。这个人物活了，戏就活起来了。

刘濞，全剧对立面的首领人物，七国之乱的罪魁祸首。身为吴王，不甘居人之下，借机造反行不义。人物首先有霸气，要有气势。对人总是居高临下，不是皇帝胜似皇帝。但此人又不是一味的狂妄，他也懂得收买人心。如与东瓯王平起平坐的安排，就是做给其他诸侯看的。同时他疑心很重，心计也深，还能见风使舵，投机取巧。总之不能把这个人物简单化，要多侧面去表现他性格的特征。以上三个人物是全剧的关键，其他人物就不在此一一定位了。

音乐唱腔的定位：要地道的瓯剧唱腔本体，不能丢掉自己剧种的特色。失去它就丢掉了本剧载体的灵魂。因为这是本地观众耳熟能详的，没有他们的认可是立不住脚的。越是地方的才越是世界的。音乐部分可以大胆发挥，根据本剧历史的凝重，音乐可以作得气势大些，创造的步子也可以走得大些，不必局限于瓯剧的传统，可以向现代审美视听靠近一些，以增强本剧的气氛。

舞美灯光服装的定位：舞台要有气势，以与剧本历史厚重的内容合拍，以虚为主，以实为辅，虚实结合，为戏所用。创造一个既符合历史背景又有现代审美价值，既为演出所用，又为戏剧情节规定的场景来。灯光，一要为景增光添彩；二要制造时空流动的便利，使结构严谨；三要帮助演员营造不同的人物、身份、年龄，特征个性化起来。有区别的让主要人物、次要人物、群体角色活起来。同时既美化又适用于戏曲特征，能动起来、翻起来、方便起来。

综上所述，是为了保证本剧有统一的规范和成功的基础。为了保证艺术质量，全剧组各个部门必须统一认识，规范创作思路。我相信经大家共同努力后，一台集观赏性、艺术性、思想性的好戏必将呈现在当今戏剧舞台，为此我们共同努力吧！（2011 年 9 月 5 日）

川剧《中国公主杜兰朵》导演构思

外国人臆想的中国故事，中国人再创的外国传说。意大利歌剧《杜兰朵》的东归，尤其是落户巴蜀土地，更须在"再创"二字上努力与创新，这就是以东方时空为依托，以巴蜀大地为根基，让洋人西化、歌剧化了的中国题材中国化、戏曲化、川剧化。

面对中国的观众我们选择总体构思要在西方歌剧与东方川剧的接轨点上找突破口，这就是专注演出样式与格调的改造与丰富。为此，以下三方面尤其重要。

首先，要充分发挥戏曲的演唱功能，尤其是川剧声腔的特色。让早已深入民间、家喻户晓的川剧音乐声腔替代甚至消解西方歌剧样式的痕迹。让载歌载舞的戏曲演唱特点，磨合西方歌剧相对平静或者说相对沉闷的演唱样式。使之与歌剧和其他剧种分流，更具特色与剧种个性。

其次，在剧中人物塑造上，充分运用和发挥川剧写意传神、亦庄亦谐的特点。用冷热并用、跨引跨当的手段塑造好主人公杜兰朵与无名氏。让人物在大起大落、大悲大苦的剧情中，有传统的唱、念、做、打、舞的用武之地。使其既表现两个主要人物的冷热苦恶的内心变化，又独具戏曲舞台的审美功能。为此从设计到舞台调度处理，乃至画面组合、结构节奏的把握，都须以此为据。川剧丑角引当，在本剧中亦当得到充分发挥与运用。将老皇帝归于引当，为的是充分显示他的慈爱、随和、懒惰的个性。将太监头设计为生丑兼用矮子功扮侏儒，专突出他圆滑、伶巧的个性与弄臣的地位。通过这一老一小、一高一矮的丑引调剂，将这一包涵爱情悲苦的题材进行了结构的改造。使之严肃的主题悲中见苦，苦中潜悲，悲苦交汇，亦在亦潜。既收进了苦剧的调侃功效，别具一番幽默风韵，又充分示出川剧丑角独特的苦剧色调。

第三，追求演出形式与艺术手段运用的个性化。川剧和中国其他戏曲一样，具有自身的表演程式和独特的艺术手段。弃之不用是一种损失。导演的关键是用之及当，使之合理。面对剧中人杜兰朵设计的三道难题，即一题考臂力举巨鼎；二题考智力让公主睁开眼步下高台；第三题考武艺比试刀枪。给导演创作提供了较大的发挥空间。

魏明伦先生已经把普契尼的西洋歌剧中国化、戏曲化、川剧化了。你作为导演在舞台呈现的解读中，自然是要用中国戏曲唱念做打舞的元素，并把川剧艺术中的以物代人与以人代物，地方独特的幽默引进，再加一些现代元素，从内到外让这部西洋歌剧改头换面，以完全适应中国观众审美需求，伫立在东方的戏剧舞台。

本剧的主题与原作有所不同，归结为一个美字。什么是美？通过杜兰朵、无名氏、柳儿三个身份地位完全不同的人物在剧中的层层演绎，最后给予了肯定和否定的回答。它提示我们，美好的东西，有可能就存在于你我他的身边，而由于种种原因，人们往往忽视了它的存在而不加以珍惜。当它一旦消失，人们蓦然间回首一望，才发现它的美好、它的价值，后悔当初为何不加以珍惜，空留下声声唏嘘，残怀着无限遗憾……

《魏敬夫人》剧本修改想法

1. 总体框架结构不动。

2. 陈敏圣旨可改成限令盘獠改过，盘不服与陈争议直到揭示早有谋反之心，到杀使反唐，总之不要造成了逼反。

3. 魏的第一段唱词中要含以下内容：以战止战只解燃眉，长治久安才能一劳永逸，梁谋正在思考尚未成型。到众人呼：杀贼、杀贼时，魏止劝时要有以上话语。拜别先祖后，魏叫明留下陈政、司空心（众下）由魏提出要陈政夫妻先行探路，元光说：你不是说敌情不明很危险吗？魏说：正因危险，探路任务更要陈家军承担。到最后拿出清酒为儿媳饯别时要加上："你们还记得固始家乡的民谣吗？"陈与司空心念出原词，魏接说："对，万民乐业到白头，为了那一天，娘母用家乡酒，送儿踏征尘！"（主题歌照旧）陈、司下后，元光接着说："奶奶快给我解锁吧，解了锁我就是大人啦，就可以随父母杀敌报国啦！"魏："哎呀出兵太急，忘了此事，孙儿有如此抱负，陈家壮志有继，逝者如斯，生者当立，来来来，奶奶为儿解锁！"（元生舞，词"一开天二开地……"保留）魏与孙对唱各人二句后，魏再唱几句就够了。内容是：人生有死就有生，逝者如斯化烟尘，生者当继死者志，陈家军世世代代、祖祖孙孙杀敌为民！

4. 魏抱灵牌一段确太长需要压缩一些，最后要唱以下内容：看来要剿灭叛贼不是一蹴而就的，必须从长计议，早就思考的策略已渐成行，要以时间换空间，以仁心换民心，方可孤立贼首，争得民众，长治久安。在与司空心对话中加进：拖住盘獠，拖垮他的斗志，作一个围而不杀、聚而不歼，伺机擒贼，长治久安！

5. "推恩令"伴唱中加上山越众见女村民看榜议论，内容是：（1）獠王原来说的都是假话，大唐不是来灭我们，而是让我们共享太平的。（2）魏夫人在此死了两个儿子，还待山越如此宽厚，真让人感动。（3）不要再打了，大唐问罪的是獠王，又不是众人，凭什么还为他卖命？（4）快叫你儿子回来吧，跟着獠王造反，没出路！一老者向远处呼叫：儿啦，你快回来吧（光转二獠兵押二人上）叫："大王，他们二人要偷跑回家！"二人中的甲：大王，山下土地荒了。乙：家中老人病重，无人伺候。甲：这山上缺食少盐。二人：这仗不能打了，放我们回家吧！獠：好，我放你们回家！（杀二人）对众：谁再言回家，就与他二人一样。（自语）老婆子果然厉害，这推恩令推到我的山上来了，众：大王怎么办？獠：哼，她不出兵，我逼她出战，只要抓住把柄，就可制她。传令：尔等轮番叫阵，恶语辱骂，把她给我逼出来！（切光，画外照旧，陈林照旧）注：据此，下面獠王饮酒解闷的唱词要作相应的调整。

6.司空心抱怨婆婆下后，魏与元光意识流照旧，魏：要救，要保陈家唯一根苗，我要传令撤兵——（愣住）发家法，捧出造型。画外：家法家规××条，不可因私废公，以己误人，违者，罚——（猛省，唱：我陈家……三年来好不……眼见推恩令已博得民心，不能因小失大，自愧无能，我当自惩。）唱完后，呼：升帐……（众上）见魏高举家法，众惊：家法？元帅……魏：列祖列宗啊……（跪，说原台词……）当受家法！（众惊跪：元帅！）林：元光之误，罪在林某，不在元帅。司：儿媳教子无方，与婆婆无关。林：林猛愿领受家法。司：儿媳领受惩处！众：元帅——魏：论公论私，我魏敬首当其冲，不惩上焉能戒下，林将军执法！林：末将不敢！空儿执法！司：媳妇不愿。魏：既然如此，魏敬只好自惩了……（三鞭打照旧，众惊，司扑上，众伏地哭泣，伴唱照旧，众散去。二人相拥。报——林、兰妹同上照旧，只是在绝路台词时，魏有个思考、决断的空间。）

（后半部照旧）。

注：

1.舞美不变。

2.盘獠与獠王的称谓，作者考证后作统一规定。

3.响箭能解决吗，请团里让道具设计。

4.有些不是很重要的唱词或重复的唱词，要作一次删减的清理，让演出时间不要因为改动增长。

《苏武牧羊》导演手记

1. 苏自刎定光关早了（安排）。

2. 三场烟放早了，要画外音出来后再放。

3. 旗放得太低，挑的碎片决不要掉到转台下。

4. 蹦极不能坐人，软毛都可以。

5. 捉李陵背景的台光开早了，要你来看——才开！（安排）。

6. 单于小光区，上场兵靠椅立，都要入光。

7. 汉使到，后台的人先立好不要走动。（安排）。

8. 归汉舞女一出现就要下花雨，然后是雪。

9. 谢幕后排汉使队形（安排）。

10. 冰在苏武独白台转时就放！

11. 演员都要注意光点，潘文到得过大。

《璇玑图》导演手记

前四场无大的问题，就是写得太冗长，不简练而已。

问题出在第五场，有很多问题让人费解：1. 既然符坚囚禁在家，欲改装奔敦煌寻夫，被宋军的乞求留步，忽发联想就绣起《璇玑图》来了，这样的处理造成时空混乱，很难以夸张和意念的解释让人认同。2. 图绣成后，窦豆要送图到边关，被守军得到，图就到了符坚手里，他自认……"十几天绞尽脑汁苦思冥想，终于解得此图。"他解到的是什么？他为何要派人飞马急送给窦滔？为什么？让人百思不得其解。3. 在以上不明白的情况下，注释了苏若兰、窦滔、符坚的三重唱，唱词内容给人是只能意会，不能言传之感，尤以其中："上陈天道下悉民情中稽物理意超古"一句，让人有被忽悠的感觉。特别是符坚在这段重唱中，对图对人有情的表述，似觉弯子转得太硬，让人很难认同。他会"感

自 谈 | 097

肺腑"一念之差把错铸、犯糊涂之地步。并且立即改正错误，召窦滔回转。4. 从剧本看《璇玑图》是第四场，苏若兰从茶壶上的"可以清心也"字体得到启示，而萌生创意，这个点忽略了她亲见连年战火，民不聊生以及自身忠言招祸，夫妻分离的切身之感，这种切肤之积累，应召她情感爆发之源。本剧的价值所在，除了雷同于坚守爱情誓言的一般共同点之外，《璇玑图》的特殊价值，跟这个人物，这个剧本，这个戏不趋同一般的特色和价值。说白了图的萌生和构成，现在不到位。5. 窦滔临死写了一封带血的休自己的休书给苏若兰，此情节显得牵强，有点像迟到的忏悔，不给生者解忧，反与爱人添愁。6. 符坚与刘公公最后一段"对天下苍生怀着一片仁慈之心"对白显得多余，给人感觉不是人物在对话，而是作者在自白。

除以上的问题外，有些问题也可以考虑，例如窦滔五年不写一纸书信，为什么？是不准寄信？还是根本就没有寄？假定是寄不出，他还继续写，死后积压的几十封引一块儿摆在苏的面前，又如何？总之要有一个交代，否则对人物有损，又如苏若兰与符坚谈诗论对太多，给人审美疲劳。另外唱段布局不太合理，不要动不动就唱。还有不少枝节问题，在此不一一列举。

纵观全局，《璇玑图》萌生，形成与成型是必须着重要理清的。它与本剧中心人物是不可分割、息息相连的。它说清楚了，人物就清楚了，否则价值取向清楚，价值成立不清，使人很难认同，更不说让人去感动，去审美了。以上观后感，供作者参考。（2011 年 3 月 2 日于杭州）

《红高粱》导演手记

此稿比前稿细化了很多，戏份的构成也较成型了，但仍存在一些问题需要沟通：

1. 第一章较好，可不必做大的改动，问题出在一转二脉络不清楚，一下就转到烧酒坊杀人事件，感觉太突然。烧酒坊血案，单扁郎全家被杀，谁干的？为什么要这样做？为什么曹梦久认为是九儿干的？九儿干了吗？不是九儿又是谁干的？这情节困扰群众，分散了对人物命运的关注，是一定要说清楚的，否则，这场戏难以在观众心中成立的。

2. 二转三的布局安排不合理。九儿刚在二场大段大段地唱了，接转三她出场又是一大段唱，给人有审美疲劳感，这中间缺少了一个铺垫，应该有个过渡，可否展现一下日本兵的逼迫背景，曹梦久惨烈殉国的一个"独白"而无日本兵在场，只是对话的画面。这样既为三的大段唱做了一个过渡，又为后面交代曹的死垫了底，同时又让演员有个喘息时间。

3. 十八刀抱九儿跳入酒罐，没有什么戏又出来，还要是个大透明的酒罐，有必要吗？九月九祭酒神的铺垫不够。十八刀的原始野性是天生的还是逼出来的？剧本有较简单的交代，但不够清楚，在这点上还有些文章可做，内涵可挖，现在（包括九儿在内）总有些单调，像是一根筋！

| 他　谈 |

川剧人谈谢平安

魏明伦谈谢平安

魏明伦，1941年生，四川内江人。剧作家，杂文家，辞赋家，无党派人士。历任全国政协委员、中国戏剧家协会副主席、中国戏剧文学学会会长、四川省文联副主席、四川省作家协会副主席、成都市文联名誉主席，中国戏曲学院荣誉教授。

童年失学，九岁唱戏，业余自修文学。1956年发表习作，被"反右"株连，屡罹文祸。拨乱反正后脱颖而出。戏剧代表作《易胆大》《四姑娘》《巴山秀才》《岁岁重阳》《潘金莲》《夕照祁山》《中国公主杜兰朵》《变脸》《好女人坏女人》。多次荣获国家级奖项。剧本选场载进人教版中学语文教科书。杂文代表作《雌雄论》《毛病吟》《半遮的魅力》《致姚雪垠书》《牛棚读板桥》《威海忧思》《小鬼补白》《劝君少刺秦始皇》《多务实·快扶贫·缓称盛》等，结集《巴山鬼话》《魏明伦短文》《百部中国杂文·当代卷·魏明伦集》等。辞赋代表作《会堂赋》《盖世金牛赋》《华夏陵园诔》《牌坊赋》《饭店铭》《美酒赋》《廊桥赋》

《磨盘赋》《岳阳楼新景区记》等，结集《魏明伦新碑文》，六十余篇，各地立碑。在海内外一共出版戏剧、杂文、辞赋专著三十五种版本。2013年，成都安仁镇建成魏明伦文学馆。

由于魏氏学历极低而取得多方面文学成就，被海内外共称为"巴蜀鬼才"！

今天你们采访，要我谈谈谢平安导演与我的交往。好，就先从一张老照片说起吧。这张照片是五十五年前我与谢平安的合影。我俩当时都是二十岁出头的小伙子。珍贵的老照片，记载了尘封半个世纪的友谊和波折！

谢平安与我有许多共同点，都是从小唱戏，演员出身；都是只上过小学，学历极低；都是川南地方剧团的艺人；都是在改革开放时期从小地方走向全省、走向全国。

谢平安是梨园世家子弟。父亲是乐山"新又新"科班的小生谢文新，母亲姚艺新，也是科班的小旦，两口子都长于唱功。谢平安幼儿时期，父母离异了。母亲姚艺新漂流到内江，与琴师李万才结合。父亲谢文新与成都著名演员陈书舫结合，并随陈书舫到成都去发展。幼儿平安留在乐山，由祖母扶养，几岁他就在乐山"新又新"戏园里贩卖纸烟瓜子谋生。从某种意义上讲，谢平安身世不幸，是他父母的弃儿！川剧艺人，浪迹漂流。但像谢平安亲生父母这样各奔前程，另寻配偶，双方都丢弃幼儿的例子也还少见。苦了小孩平安娃，从小缺失父爱母爱！

我跟谢平安第一次见面是1954年。那一年，四川举办四川省川剧观摩演出大会，除成都、重庆以外，都是地市一级川剧团参加，都是地方上的名演员。每个地市剧团演三个戏，不演大戏。会演不要求演大戏，演折子戏。我记得很清楚，乐山川剧团是三个戏：刘云深的《临江宴》，李勇新、赵修新、罗群林的《梳妆夺戟》，石元秀带小演员谢平安演的《洪江渡》。我们自贡三个戏：龚建章、张新伟的《赐马斩坡》，曾怀德、竹芳、群芳的《摘红梅》，戴小屏和我这个小演员的《张明下书》。这是我第一次认识平安娃儿。我两个年纪差不多，只是差点月份。我呢，从小就显老相。在我印象中，谢平安会唱，我记得他唱《洪江渡》里那个曲牌《华秋儿》。他从小就是"老生喉咙"，但很甜，唱功很好。第二个印象，就是那些乐山演员都爱逗他，他也爱撒娇。人们都叫他平安娃儿。

那个时候谢导演大概十三岁的样子，我也是那个岁数。会演期间，在少城公园开联欢会。老一辈在公园交流，在鹤鸣茶馆谈艺。我们一群小娃儿在公园耍。我、晓艇、平安娃儿、重庆的赵书勤、内江那个陈元清，我们几个岁数差不多。我和平安娃儿稍微小一点。平安娃儿呢，跟大家一起耍的时候，显得特别孤僻。唉！岁月飞驰，距今天已是六十二年了！

我与平安第二次握手是1961年底。那个时候他已经插班进入乐山川剧团的跃字辈。1958年，乐山收了一批学生，1958年"大跃进"，川剧团学生的名字里都有跃字：王跃泉、陈跃秋、易跃环、龙跃珠、干跃飞、贺跃跳……平安娃儿就改名谢跃虹。他才华初露，饰演武生，"长靠""短打"都行，我看过他演《铁弓缘》里的王凤刚。他个子不高，五官也一般，但功夫好，气质好，表演好。印象最深是武功难度很大的《子都之死》。谢跃虹这个《子都之死》，是学的钱浩梁的京剧版本，不是川剧。我觉得乐山剧团是带有京味儿的川剧团。北京钱浩梁的《子都之死》，传给重庆京剧团的温福棠。那个时候没得电视，乐山的谢跃虹不可能跑到北京去看钱浩梁的表演，但他看了温福棠的演出。学回来了，在乐山演。三张桌子"高下"、"扎起靠子打前匍"，功夫了得！全靠苦练而成。他苦练到哪种程度呢？乐山有大佛寺、乌尤寺。他穿起厚靴子，每天早上天不亮的时候，攀登到大佛寺那上面去。跑上去，又下来，跑上去，又下来。这么苦练，这种敬业精神啊，在川剧界十分罕见。川南一带的地方剧团都风闻乐山跃字辈后起之秀谢跃虹穿高底靴登大佛岩苦学苦练的先进事迹。

他还有个特点，入党很早。少年时代就是又红又专的苗子，培养入党，算得川剧界的老布尔什维克！

平安的生母姚艺新在内江市川剧团。1961年深秋，他从乐山到内江探亲，路过自贡，转乘火车到内江。自贡剧团欢迎谢平安，请他给自贡的青少年演员介绍苦学苦练、又红又专的经验。我与平安在自贡重逢。我记得，他那时随身带了一本上海作家哈华的小说《浅野三郎》，引起我注意。啊呀，这娃和我一样，台上唱戏，台下喜欢读书。两人一谈就拢，意气相投。恰好，我老家在内江，我也要到内江探亲，就与平安结伴，一起去了内江。沿途大摆龙门阵，我讲文学，讲诗歌，他听得起劲。那几天，我两个真是打得火热，就到内江南街子照相馆照了这张合影像。我又送了他一本马少波的戏剧评论集《花雨集》。我在扉页上题了一首平仄黏连合律的七言绝句：

> 暮舞晨歌千日功，
> 穿靴踏雾上高峰。
> 酣眠大佛猛然醒，
> 惊叹梨园后起龙！

哈哈，当时我这诗写得好夸张啊！但现在看来，我五十五年前这一首赠谢平安的七绝真是预言。如今应兆，证实谢平安确实成了当代梨园中的一条蛟龙！

唉！正由于这张照片这首诗，惹出了意外的波折——平安把照片和诗退给我了！唉！他当时是被迫无奈退给我的！

谢平安的生母姚艺新是内江市川剧团的党支部委员，继父李万才也在争取入党。他成都的继母陈书舫，更是川剧界最有名的老党员，谢平安一家布尔什维克。而我呢？我姐姐、哥哥是内江小学教师，1957年"反右"时打成右派分子。我也是"反右"的打击对象，因年龄不到十八岁，戴不上右派的帽子。以右派言论受罚，下放农村劳动三年，"享受"右派待遇。我家右派"连中三元"！1961年秋天我回到自贡川剧团工作，性质是"控制使用"。谢平安的生母姚艺新、继父李万才知道我家这些根底，尤其知道我哥哥姐姐在内江的右派根底。所以，禁止平安与我深度交往，严令他站稳立场，划清界限，必须拒绝赠诗，退还照片。谢平安母命难违，党性应保。他无奈，只好托自贡市川剧团唱小丑的王守一，把合影照片和《花雨集》退还给我。唉！特殊的年头，残酷的分类，两个少年的纯洁友谊被"阶级斗争为纲"扭曲折断了。

嘿嘿，命运作弄，事物转化。十年"文革"中，曾经又红又专，争取红透专深的谢平安，被打成现行反革命，饱受非人的歧视和虐待。从此平安儿觉醒了。改革开放初期，他主动与我恢复友谊。以后不止一次向我畅谈他的觉醒，"我年轻时候又红又专，红透专深。专对了，红错了，现在醒了！"在戏曲艺人中，平安儿的觉醒比较彻底。

80年代初期，我先行一步，比平安早成名十余年。1992年，谢平安玉在璞中，鲜为人知，我请他到自贡，接过重庆老导演邹西池的活儿，重新排练我写的剧本《夕照祁山》。此剧赴蓉、赴京献演，平安的导演才华显露，戏曲界开始注意谢平安导演。1995年，我请谢平安、查丽芳联合导演我的剧本《中国公主杜兰朵》。此剧在第四届中国戏剧节上获奖，名列前茅。戏剧界广泛关注谢平安的导演艺术。口碑赞扬："继戏曲导演余笑予之后，四川又出了个导演谢平安！"我早在1985年推出的"荒诞川剧"《潘金莲》，1995年赴台湾演出时，我特邀平安儿帮忙复排此剧，偕他一起赴台湾。紧接着，他又导演徐棻大姐的川剧《死水微澜》，更获成功，声名鹊起。1997年，他又导演我写的剧本《变脸》。2011年，他再导演我写的剧本《好女人·坏女人》。我俩先后合作了五部大戏，互相学习，相得益彰，真成了城隍庙的鼓槌——配成一对！

我的"发小"谢平安导演，自学成才，大器晚成。他的导演艺术功力深厚，才华横溢，继承创造兼备，质量数量惊人。成果多多，不胜枚举。我由衷赞叹，他真是一个天才的戏曲大导演！

2010年10月，我从艺六十周年。平安从省外打电话给我："明伦，年轻的时候，你写过一首诗送我。今天，我写几句内心话回报你吧。"

我把平安亲笔题词，连同我俩少年时代的合影照片，印在我从艺六十周年画册的"同盟榜"上第一条——

> 祝贺明伦兄从艺六十周年
>
> 相识，相知，相助，结成了我俩六十春秋的友谊。你的睿智，才华，胆识，已使我获益匪浅，受用终身。你是我的挚友，更是我心中的良师！
>
> 弟 谢平安
> 2010.10.20

2014年秋风秋雨，平安不平安啊！他劳累过度，癌症转移。从天津的排练场上赶回成都治病。住院拥挤，排班站队。谢大导演在这方面是弱者，没能力打通关节，住进病房。我想法设法，运用人脉关系，把他安排进去，嘱咐医院院长，尽力抢救天才导演。唉！天才天才，天妒英才。几天以后，医院院长发来噩耗：回生乏术……

少年时代题赠谢平安的七绝，再次浮上我的心头："暮舞晨歌千日功，穿靴踏雾上高峰。酣眠大佛猛然醒，惊叹梨园后起龙！"如今，梨园这条蛟龙一去不返了，我夜不成寐，疾书挽联：

> 相交半世纪，搭档二十年。老友老庚，早同我联珠合璧；
> 诀别两行泪，悼念九回肠。来生来世，再与君并驾齐驱。

2015年7月23日

徐棻谈谢平安

徐棻，北京大学中文系，1958年毕业分配到四川省文化局，1961年调入成都市川剧院。现为国家一级编剧，终身享受国务院特殊津贴。曾为全国"三八红旗手"，四川省政协常委，四川省文联及四川省剧协副主席，成都市文化局副局长。代表作有川剧《死水微澜》《欲海狂潮》《目连之母》《尘埃落定》《麦克白夫人》《马前泼水》《红梅记》《红楼惊梦》《燕燕》《秀才外传》《王熙凤》、话剧《辛亥潮》、舞剧《远山的花朵》、京剧《千古一人》《贵妇还乡》、昆曲《十面埋伏》等。作品曾两次获得两年一度全国优秀剧本奖、"五个一工程"奖、文华大奖、文华新剧目奖及文华奖之编剧奖；三次获得曹禺戏剧文学奖及戏剧节之优秀编剧奖和优秀剧目奖；还曾获得全国地方戏曲评比展演一等奖、全国儿童剧会演一等奖、中国戏曲学会奖、巴黎中国戏曲节赛纳大奖。编剧五十五年，先后出版发行《徐棻戏曲选》《探索集》《徐棻戏剧作品选（上、下）》《徐棻剧作精选（上、下）》《徐棻剧作研究论文集萃》《徐棻新编折子戏精选》《新风徐来——徐棻剧作新选》、汉英对照六部光碟《徐棻川剧作品专辑》，以及《燕燕》《秀才外传》《王熙凤》的单行本。除了舞台剧，还创作电视剧、短篇小说、报告文学等。著有长篇历史小说《苏东坡和他的大宋朝》《成都辛亥潮》。

我跟谢平安合作了七个大戏：川剧《死水微澜》《目连之母》《天下一佛》《尘埃落定》，京剧《千古一人》《贵妇还乡》。还有一个遵义的川剧《遵义杜鹃红》，这个戏演出的时候，剧团改名为《红军妹子》。七个戏里头，知名度最高的是《死水微澜》和《尘埃落定》。

两个人的里程碑

川剧《死水微澜》对谢平安、对我来说，都是里程碑。

对谢平安来说，是个啥子里程碑呢？是有点像"凤凰涅槃"一样，像"脱胎换骨"一样。在所有人的眼睛里头，那真叫刮目相看。连他自己也说："我冲入大气层了！"1997年，在戏曲类仅有的两个文华大奖中，《死水微澜》排名第一。谢平安也生平第一次拿到了文华大奖导演奖，从此"一举成名天下知"。所以，说川剧《死水微澜》是谢平安导演生涯的里程碑，一点也不夸张。

作为编剧，我又怎么说呢？自1961年调入成都市川剧院当编剧，我就琢磨戏曲革新。你可以说我年轻不知天高地厚，也可以说我初生犊儿不怕虎。反正进了剧院每天看戏，便觉得很多戏的思想内容我不接受，铜壶滴漏似的节奏我也不喜欢。于是我想，古老的戏曲艺术，应该随着时代而前进，才能赢得新的观众。"革新"念头，由此而生。

20世纪80年代,中国戏曲迎来了一段轰轰烈烈的"探索期",涌现出不少"探索性戏曲"，我也是一个积极的"探索者"。《红楼惊梦》《田姐与庄周》《欲海狂潮》都是我这个时期的代表作，我努力探索戏曲的创新之路，还想构建一种戏曲的新形态。思之念之到1996年川剧《死水微澜》的演出，我终于把一种"戏曲新形态"呈现于舞台，那便是"无场次现代空台艺术"。当这种"新形态"得到广大观众和专家学者的认可后，川剧《死水微澜》就成了我创作道路上一个新的里程碑。

"里程碑"这个话，是戏剧界前辈刘厚生老师说的，是1996年在北京的座谈会上说的。他说，"《死水微澜》是川剧改革的里程碑。"许多人赞同厚生老师的说法，并且认为，不仅是川剧改革的里程碑，也是戏曲改革的里程碑，这个说法一直延续到现在。

所以说，《死水微澜》这个戏，是谢平安导演的里程碑，也是我编剧的一个里程碑。

选择谢平安

选择谢平安导演《死水微澜》，过程有点复杂，还有点戏剧性。

先是，田蔓莎要求我把小说《死水微澜》改成川剧。可是这个题材的电视剧、电影、话剧都得过奖了，我提不起改编的兴趣。但是，田蔓莎不依不饶。在她隔三岔五的游说下，我忽然有了灵感：把这个自然主义的作品，用浪漫主义来表现。就在酝酿改编《死水微澜》的过程中，我一直想建构的"戏曲新形态"出现了。所以你看，从那以后我的戏大多是《死水微澜》的路子，如《千古一人》《都督夫人董竹君》《天下一佛》《贵妇还乡》《尘埃落定》等，都是这条路子。这是属于我徐棻的戏路，是我摸索出来的一种新的戏曲架构，而导演谢平安就是我的"同谋"。我们通过川剧《死水微澜》，同谋了一种"戏曲新形态"。那就是：在保持戏曲的虚拟性、程式性、符号性、写意性等美学原则的基础上，吸收话剧艺术的人物性格化和在矛盾冲突中刻画人物的方法，并仿效影视镜头的"蒙太奇"来处理剧情的转换、时空的变迁。总之，我们把话剧和影视的结构法，还有西方现代派艺术的某些表现手法，都拿来"化而用之"，最终形成了《死水微澜》这种"新形态"，后来被称为"无场次现代空台艺术"。首先提出这个说法的，是评论家张羽军。大家都同意他这种概括，我也认为这概括非常准确。不过，创作这种"无场次现代空台艺术"，剧作者要考虑的，就不光是文字的表达问题，而是联系着舞台的呈现问题。所以，《死水微澜》的创作方法，当年又被剧评家章诒和称为"立体思维"。

但是，用"立体思维"创作的《死水微澜》，是戏曲中从来没有的形态，那么谁来导演呢？我无法找一个艺术修养很高的、又非常熟悉戏曲的导演，让他在二度创作中，来帮我把《死水微澜》从一个文学本，提升成一场精彩的演出。不是说中国没得人，是我们没得条件去找。田蔓莎在省川剧学校，学校不是演出单位，没得演出任务也就没得演出经费。她拿到剧本很久，都没得办法排演。于是便有女演员闻风而来，争着要这个剧本。

田蔓莎害怕我把剧本给了别人，就说，她要私人出资一万元，买下这个剧本的首演权。为此，这个聪明的女子开了个记者招待会。那是1995年，第五届中国戏剧节正在成都举行。戏剧节的记者几乎全部来到会上，还来了许多艺术家、学者专家和戏剧界的领导人。总之，参加招待会的人很多，因为这是中国戏剧界的第一次：第一次有"演员私人出资购买剧本"，算得上一条新闻。在招待会上，田蔓莎和我当众签约，她以"万元之资购买剧本"。其实，所谓"万元"那是"号称万元"。因为沸沸扬扬开个会，总不能说只有三五千呀。事前我就跟她说好了：这个戏能演出，你给我五千元稿费。若是不能演出，我一分钱都不会要你的。我想，开记者会不过是造个声势，让人知道有这个剧本，希望有人来支持而已。果然，造这个声势起了作用。第一个表示支持的，是当时的副省长徐世群，他给了五万元。可是你想，五万元咋能排个大戏？但是田蔓莎说，不管，先启动！

要启动就要有导演。省外的根本不敢想，你五万元光给稿酬和食住行都不够。而且我认为，《死水微澜》的"川剧个性"太强，需要一个十分熟悉川剧的导演，那就只有在川剧队伍里头找了。我们川剧界的导演，都是由演员转行过来，谢平安也是这样一个导演。我和蔓莎一起，把川剧界导过戏的人，翻来覆去分析了又分析，最后认定，谢平安是最佳人选。

第一，他给田蔓莎导过几个折子戏，蔓莎觉得很好。此外，我还看过他导演的几个大戏。虽然那个时候，他也属于文的排文唱、武的排武打那种导演方法。但是在他导演的戏中，还是看得出他有自己的想法，有"与众不同"的东西，这就是导演的潜能，就是有可供发掘和培养的创造力，就是他的优点。

第二，听说谢平安这个人德行好，很好合作。我想，好合作的话，就有一个好处，就是可以把我的智慧和他的智慧加起来，真正做到现在所说的"强强结合"。平安出身梨园世家，本人曾是演员，熟悉川剧传统，戏曲艺术的招数肯定比我懂得多。但是，我的文化水平和艺术修养，还有我的知识结构、眼界，这一类的东西又比他好点。所以我觉得，我们两个可以互补。

第三，我有个私人情结。平安的父亲是著名川剧小生谢文新，他和我相识于"抗美援朝"，而且演过我两个戏。1962年，成都市川剧院上演我的第一个戏，是我和羽军合写的《燕燕》。其中男主人公李维德的第一任饰演者，就是平安的父亲。他跟川剧著名旦角演员杨淑英合演《燕燕》，在春熙路人民剧场满座一个多月。就是那时候，李宗林市长看起了这个戏，后来才改成"青春版"，改成筱舫和晓艇到北京演出。同时，我跟羽军合写的另一个戏《秀才外传》也要进京演出，男主角秀才倪俊的第一任饰演者，又是谢文新。你看，我初到川剧院，平安的父亲就演了我的所谓"处女作""成名作"，这使我看到谢平安就有一种亲切感。

但是，那时候的川剧学校呢，是不愿意请平安导演这个戏的，因为另外有人想导演这个戏。但是我和蔓莎把两个人一比较，坚决要谢平安。我跟校长张庭秀说，你只有五万块钱，你还想干吗？他说，我们那个导演可以不要钱。我说，那个导演不要钱，我还是要谢平安，田蔓莎也坚决要谢平安。不过，蔓莎是学校的老师，在校长面前不便多说。于是我找到张校长，拍着胸口说，你请谢平安当导演，我来当个艺术指导，我就站在平安的身后。我说，我跟谢平安两个人一起做，我相信这个戏可以做好。张校长不好驳我的面子，再说我又是这个戏的作者，就"好嘛好嘛好嘛"了。

我们想，副省长已表示支持，别的领导只怕不好袖手旁观。果然，省文化厅和省委宣传部又先后拨各给五万元，于是有了十五万。川剧学校当然也要支持啰：老师们参加排戏的时间，全部算成"课时费"。就这样，十五万加"课时费"，我们演出了《死水微澜》。

事后，张校长也认为平安是个人才，立刻把他从乐山川剧团调到川剧学校，并且把新宿舍的三楼好房子，分了一套给他。

平安的创造

当时，平安对《死水微澜》这个戏，也和田蔓莎一样，拿到剧本就舍不得丢手。他说，大姐，我们两个一起来搞。我说，对，案头工作我们一起做。当时我住在红照壁四川人艺的宿舍，他就来我家，和我一起做了三天的案头工作。

过去，我和平安也知道彼此，也一起开过座谈会，但从来没有直接说过话。这次近距离接触，才发现他的悟性很高，理解力、想象力、执行力都很强；说话做事也干脆利落、有果断杀力。我把我的艺术观、我的创作理念、我对这个戏的艺术构思告诉他后，他竟如获至宝，全盘接受，不住点头，还接过话题去发挥，迅速变成了我的"同谋"。于是我两个很快"进入角色"，而且完全互补。我提个点子出来，他马上丰富它；他提个点子出来，我马上完善它。顺利做完案头工作后，他跟我说，大姐，我要到另外一个剧团去排戏，先和人家说好了的。反正我对服装不咋懂，服装那些，还有唱腔那些，你就先帮我弄到，我回来就排戏。我说，要得要得，你放心走，唱腔、服装这些，交给我就是。到了约定的时间，他回来排戏，我也不去干扰他，好让他尽情发挥，只是对他说，连排的时候你再喊我。

《死水微澜》顺利排练四十天后演出。其中，有两个创造完全属于谢平安。

这个戏没有布景，一道黑底幕加几个长方形的木箱子，就是舞台上的全部，所谓"空黑"。我在写剧本时就想到学校没得钱，不可能制景。而不用布景，正好实验我"空台艺术"的构想。但是，我又害怕舞台上完全没有变化。若是完全没有变化，没有层次，戏也不好看。所以我又在剧本上写了："舞台上有各种不同样式的几何模块。"我想用不具象的几何模块，拼凑出各种"情景"：说是个商店就是商店，说是个卧室就是个卧室。至于那些模块是什么几何形以及如何拼凑，我并没有细想。我和平安做案头时，重点在戏剧场面上，在情节的转换方式上。又因我一心想着"空台"，就忽略了舞美，也没有请舞美设计。等平安回来排戏时，我才发现自己对"几何模块"并没有成熟的意见。平安就说，大姐，干脆不要几何模块，开幕就是邓幺姑亮相，她随便站在哪个几何模块上都不安逸，莫名其妙的。干脆做几个长方形的木箱。木箱可以摆得像个T型台，让邓幺姑从后头走出来，就像服装展览一样。我一听，高兴极了，立刻说这个好，这个好。原来他已经发现了问题，想到了解决办法：把木箱刷成灰色，任意组合摆放，说它是啥子，它就是啥子。后来平安又说，木箱的长短按刀枪靶子做，到外地演出时，这些箱子就可以装道具，也省了另外装箱的费用。于是，木箱既是舞台装置，又装道具服装，也省了一笔钱。川校没有演出经费，这个戏居然可以到处演，平安功不可没。

还有就是，男女主人公定情的时候，我在剧本上写的是：一个类似耳帐子一样的东西伸出来，把两个人遮住。平安排戏时没有用"耳帐子"，而是用民间那种传统的、印花布的帐帘八幅，这样子可开可合，可排列组合配合舞蹈，演出更有看头。

《死水微澜》演出后，平安跟我说，大姐，我找到了一种样式，就是你的这种样式，我要把它用到其他的戏上去。接下来，他排的是川剧《变脸》。他跟我说，我把（魏）明伦的剧本给他改了改，在剧情的衔接上用了你这种方法，他没有反对。接着他又跑到西安去排《迟开的玫瑰》。他跟我说，大姐，有的地方我还是要用你的手法哈。后来，他到天津去排《华子良》，见了我也这么说。我有点忍不住了，就说，平安，这是我们的发明哦，你咋个到处去用啊，以后人家都不晓得是哪一个创造的手法啰。他说，导演没得版权，管他的哦。我想也是哦，导演的创造没得版权的嘛！我说，好嘛好嘛，你能够推广这种手法，也是好事，就算我们对戏曲艺术做的贡献。但是，也有人不高兴他这样做，说，哎哟，《死水微澜》都用过了，又拿给别人用。我说，好手法有啥不可以用呢？只要用得恰当。传统戏的表现手法都差不多，还不是大家都在用。

高度一致

我敢肯定，平安跟我的合作是愉快的。因为他以后在别的地方排戏，若遇到什么题材弄不好，他就会说，你们去找徐大姐，你们去找徐大姐。好几次都是在他的推荐下，人家的局长啊、团长啊，或者副部长啊、主演啊，就飞到成都来找我。

遵义那个川剧就是这样的。剧团先弄了个本子，改了几稿都不满意。被请去当导演的谢平安就鼓动人家来找我。人家的宣传部副部长、剧团团长和书记就来到成都，一再要求我帮他们创作那个本土题材，还动员我老伴来劝说，平安又在一旁打边鼓，我实在磨不过情面，就写了。后来，平安叫我去看戏，我就到了遵义。他说，大姐，我要提前走几天，你帮我扫个尾哈。剧团莫得钱，没有请灯光设计。你看他们的灯具能整点啥子花样，就帮他们整儿下。转身他又去给剧团说，你们请大姐帮忙弄一下灯光，象征性给点劳务费就行了。你看你看，我不是这个戏的艺术指导的嘛，他还是把我当艺术指导"安排"了！

再比如，武汉市京剧院想改编瑞士作家迪伦马特的话剧《老妇还乡》，但是对这个题材的敏感性又有很多顾虑。谢平安就跟人家说，这个戏只有徐大姐才改得好，你们去找她。他还陪同武汉市文化局和武汉市京剧院的几位领导飞来成都，帮着人家跟我讨论这个戏的改编。我原本喜欢迪伦马特的"怪诞剧"，《老妇还乡》又适合改为戏曲，加之平安巴心巴肝地推荐，我哪能不接？于是，我就把这个怪诞话剧《老妇还乡》，改编为京剧《贵妇还乡》戏改出来了，平安就导了，导了就请我去看。下午彩排结束后，剧团宴请主创人员。谁知平安扒了几口饭就要走，要到别的地方去排戏，把什么服装设计大师蓝玲、灯光设计大师周正平等一大堆人，全部丢在餐桌边，只是连声说，大姐在这儿，修改加工找大姐，大姐在这儿，找大姐，找大姐，我走了哈，再见，再见，你们找大姐！他坐夜间十点过的飞机，飞了，把彩排后的修改加工丢给了我。

这是武汉京剧院不是成都川剧院得嘛！我不是这个戏的艺术指导嘛！我只是去看戏的得嘛，是准备提两个意见就走的得嘛，结果人家不放我走了。而我，也不能不接过平安的一摊子事。因为，《贵妇还乡》毕竟是我的戏呀，我总希望它好一点呀。第二天，我和剧团先听取各方意见，接着分析哪些地方需要修改。然后，我先改剧本，改完剧本再上午下午地排戏，无偿地充当起导演来。紧张工作十天后，我半夜发作了心脏病。住在酒店只有我一个人，我赶快把速效救心丸拿出来。一倒，空瓶瓶儿！我带了个空瓶瓶儿去！而且没有带硝酸甘油，来时以为三天就回家，大意了！哎哟，我想，今天晚上过不过得去哦？还好，过一阵它自己缓解了。好在戏已排完，只等正式演出了。我没好跟剧团说发病的事，怕吓着人家，就是一定要走。我怕我死在那里，人家要负责任噻。剧团不知道咋了，都说，你看了演出再走呀。我说，不看了，不看了，你们照我弄的那样演就是了。

后来，又过了好久好久，碰到平安。他跟我说，哎，大姐，我去看了《贵妇还乡》。我说，戏怎么样嘛？他说，改得好。"围猎"有个场面，我一直没有想到好办法处理，你一下就给我解决啰。我说，你表扬我还差不多。说明我改了你的调度，你没有怄我的气，没有说我跟你改坏了，不然我就太冤了。我吓唬他说，你晓不晓得？我差点儿死在那里！他嘻嘻嘻地笑。那个样子，现在都在我眼前。我知道平安是真心表扬我，因为此前我已碰见过武汉京剧院的人，人家早就跟我说了，谢导来看过《贵妇还乡》，说你改得好。

你看，我跟平安是不是有默契？我们两个人的理念，已经从艺术追求上，从舞台呈现上，到表现手法上，都高度一致了。不信再给你举个例子。

1999年，陈巧茹想演我的新戏《目连之母》。她找文化局要经费，文化局只给了五万元。我和巧茹虽然心里不安逸，却决定"不蒸（争）包子蒸（争）口气"。我们商量：服装，除了给女主角和四小鬼做新的外，其余角色都穿传统旧衣。音乐，请好友王文训加盟，由他作曲配器并操作电脑演奏充当管弦乐队。舞美，黑底幕加一桌二椅。灯光，就由我根据现有的灯具提点要求，让灯光操作者去设法表现。可是，导演呢？一个戏"穷"到这种地步，哪个愿意来当导演？我和巧茹想来想去，也许只有谢平安肯干了。果然，平安一请就到。于是，平安当导演，我当艺术指导，我们决心通力合作，搞一个"贫困戏剧"：这个戏没有一丝一毫华丽的包装，这个戏要凭戏曲本身的艺术魅力去征服观众。

"凭戏曲本身的艺术魅力去征服观众"，《目连之母》做到了。这个戏的剧本原来就是按戏曲演出的规律创作的，给唱念做打提供了广阔的用武之地。为了充分表现这个与众不同的"目连戏"，谢平安创造了许多独具匠心的手法。比如，受屈的灵魂不是沉重的铁链加身，而是在像"呼啦圈"那样的刑具里跳进跳出。比如，庄严的菩萨用老丑应功，表演采用木偶身段；比如，戏中的小鬼不是蓬头怒目的凶神恶煞，而是卡通人物似的滑稽有趣。总之，这个出自封建、迷信、恐怖、色情等所谓"五毒俱全"而被禁演多年的"目连戏"，因新的思想内容和新的艺术形式，在成都首演时就被认为"化腐朽为神奇"了。记得那个年月正是戏曲"舞美大制作"的盛行期，有个戏因为布景太大居然在沈阳城都找不到剧场演出。由此可见，《目连之母》在许多人看来该是多么寒酸了。但是，独具慧眼的中国剧协却邀请它参加了1999年的"第六届中国戏剧节"。当时，四川剧协秘书长陈洪元正在戏剧节上。《目连之母》演出后，他高兴地跑来跟我们说，"今天，各地来的剧协秘书长聚会，都在夸奖《目连之母》，说这个戏回归了戏曲本体，连我都跟到受表扬了！"不久后的2001年，《目连之母》应邀赴香港演出，大获好评。同年，法国文化商拉圭尔先生邀请《目连之母》去巴黎，参加中法两国文化部联合举办的《龙之声文化季》，事后还要在法国巡演，还要到布鲁塞尔公演。此前，拉圭尔先生曾多次邀请我们成都市川剧院三团去西欧演出。每次邀请，他都是走"民间文化交流"这个渠道；每次邀请，他都是联系我这个退休老人；每次邀请的，又都是我编剧兼任艺术指导的剧目。所以，关于演出的事我就多少有点话语权。于是这次去西欧，我便邀请平安一起去。我认为，导演和编剧一样："读万卷书"固然重要，"行万里路"也很重要。我认为，戏曲非常需要谢平安这样的导演，我希望他的导演之路越走越好。

2014年，《尘埃落定》首演后，我跟他发了短信又通电话。我说，平安，明年我们两个再合作一部戏，凑成八个。我说，八是中国人的吉祥数字，你跟我合作第八个戏，你的病就好了。他说要得要得，你整剧本嘛。我说，我正在整我们从前讨论过的那个戏，那个你一直想排的戏。当时，那个戏的剧名还没有定下来，但是他知道我说的就是川剧《花自飘零水自流》（2016年3期《剧本》月刊发表），所以他一直兴奋地说"整嘛整嘛"。多年前，我和他讨论过这个题材，他非常喜欢我的构思，一直鼓动我写出来。他还跟某个剧团鼓吹，说"这个戏只有徐大姐能够写好"。当这个剧团到成都来和我商量排演计划时，平安也跟他们一起来了，并从头到尾热情参加。可惜，后来因其他缘故，合作未能如愿，我也就没有动笔，转身搞别的戏去了。《尘埃落定》首演后，我决定了结我俩的这个夙愿。我希望，合作这个戏能给他一些力量去和疾病抗争。谁知，剧本还没完稿，他就匆匆走了，留给我永远的遗憾。

友好妥协

1996年《死水微澜》首演后，在文化厅开座谈会。别人提的意见有的很好，对我们很有帮助；有的意见就很不靠谱，言语还很尖锐。我说，平安，我这个编剧是从"意见的刀尖"上滚过来的，是习惯了站在"被告席"上的，所以啥子意见都不怕。你这个导演受不受得了哦，遭不遭得住哦。平安说，嗨呀，不接受意见的人都是傻瓜。他说，你看人家来提意见，一不搭个名字，二不分你一分稿酬，完全出于好心，你怕个啥啊。意见提得对，你不改，你就是傻瓜。我说，虽然你从实用出发，但这个想法还是对的。有些人就是傻瓜，听到不同意见就觉得伤了自尊心，牯倒睪还要怨恨你。平安说，我不得干那种傻事。我说，对别人的意见，我不是你这种想法，我是想从意见中检验：我的主观愿望和客观效果有没有距离、距离有好远。人家的意见不可能都对，有些意见又是互相矛盾的。艺术这东西，"豆腐青菜，各有所爱"。意见千万个，我们怎么办？只有用自己的艺术构思去权衡取舍。有些意见本身是对的，但他出的点子不对。那么，就接受他的意见，不用他的点子。要修改，就自己想点子。如果一时想不出点子，就老实承认那是个缺点，等以后想出办法再改。平安说，对，你想得比我多些。你看，在接受意见上，我和他也是高度一致的。我们对别人的意见是这个态度，对彼此的意见当然也是这个态度，所以我们能够愉快合作。

也不是说，我和平安就一点分歧都没有。任何两个人，要想意见一致到严丝合缝是不可能的。就是审美趣味有点不同，也会产生分歧。我和平安在《死水微澜》的排练中，就有过分歧。我去看连排时，提出"邓幺姑要坐上罗德生的肩膀"，平安反对。而且，全体反对，蔓莎也反对。都说，女的怎么能坐在男人的肩膀上？我说，要坐。这个是浪漫主义的戏，邓幺姑一定要坐上去。谢平安说，不能坐哟。田蔓莎说，坐不上去。说着，她坐上罗德生肩头，但立刻滑下来。说，看嘛，坐不稳。她又坐上去，又滑下来。说，看嘛，坐上去又滑下来。她是跟我装怪。我跑到舞台上，对田蔓莎说，你坐上去！等她坐到肩上之后，我把她的一只脚搬过去勾住罗德生的背，说，你右脚勾着他的背，左手撑着他的手，看你还滑不滑下来。当然再不会滑下来了，她在肩头上坐得稳稳当当的了。最后我跟大家说，邓幺姑上罗德生的肩，才能把我们那个浪漫主义推到极致。大家先不忙反对，演出试一下，看看观众的反应。观众不接受就不坐，简单得很嘛。结果，演出中邓幺姑一上肩，全场鼓掌欢笑。无论到哪里演出，包括北京、上海、重庆，还有澳门，都是这样。邓幺姑一上肩，台下就鼓掌欢笑。因为人物的那个情绪呀，观众对邓幺姑和罗德生的那种感情呀，都到位了，不上肩就不能满足了，要上肩才觉得过瘾了。

"上不上肩"就是一种分歧。我和平安的所谓分歧，都是这类局部问题、细节处理问题。

我两个合作中的不同意见，大多就是"上肩"之类。上了肩固然好，不上肩也没啥。遇到这类分歧，他看我坚持，便将就了我；我看他神色凝重，便将就了他。反正局部问题和细节问题无碍大局,我们自觉地采取了友好妥协的"不争论"态度。

背靠传统,立足当今

你说,平安说过"背靠传统,立足当今"这个话?可能他是对别人说的,我没有听他说过。他在我面前用不着说,因为我们理念相同。

1996年,在我和谢平安做《死水微澜》案头工作的时候,还有那时候我跟剧组的人阐释剧本的时候,我就把自己的创作理念跟所有的人说清楚了。我说:"我们搞川剧,但不是老川剧;虽不是老川剧,但一定是川剧。"这两句话,是我1987年搞川剧《田姐与庄周》时提出的。那时,我在成都市文化局当副局长,主管各院团的艺术生产,有机会到处宣扬我的艺术观。我也不晓得别人对这种观念怎么看,反正我只顾自己说自己的,希望有人考虑有人同意。九年后搞《死水微澜》时,我进一步提出三句话。这三句话是:"追求——继承传统与发展传统的有机结合,古典美与现代美的巧妙结合,思想内容与艺术形式的完美结合。"平安完全同意这三句话,始终把这三句话贯穿在《死水微澜》的创作过程中,这三句话也就成了《死水微澜》剧组共同追求的目标。后来,我们还把这三句话印在说明书的最前面,以便观众和我们一起检验。你说,平安说过"背靠传统,立足当今",他这两句话比我那三句话要通俗易懂些,可能更容易让戏曲团体的演职员接受。我那三句话,有点太书生气了。

你说,戏曲的传统原本就"时空自由",《死水微澜》和传统有什么不同?我说,不同就在《死水微澜》的时空,比传统戏的时空还要自由。戏曲的结构,原来是以人物的上下场分场:锣鼓迎这个上来,锣鼓送那个下去。传统戏的剧本,一个戏几十场,因为它以人物的上下场分场。但《死水微澜》是"无场次"的,不分场。比如说,邓大娘在这边说:"这个世道像是要变了,像是要变了。"她这边的灯光,"啪",暗了,就算她"下场"了。她这边的灯光一暗,那边"啪",顾天成的灯亮了,他就已经上场了,就在喊"变了,变了"。这里,用不着拿锣鼓"猜乃乃乃……"上场又下场,而用灯光和台词对情节的转换进行"无缝衔接"。如果是传统演出方式,那就要一串锣鼓送邓大娘下去,再用一串锣鼓迎顾天成上来。而且上来后还要说点啥，才能和前面的戏衔接上。仅从这一点你也可以看出，传统戏的"有场次"和我的"无场次"相同又不同，也可看出传统的"时空自由"和我的"时空自由"相同又不同。这，算不算继承传统又发展了传统呢？

再说，从情节紧凑来看，传统戏也没有"无场次"紧凑，对不对？《死水微澜》的"无场次"用了"空台"，"空台"前面还有"现代"二字。这"现代"二字，主要指灯光技术的运用，用灯光制造"蒙太奇"手法。比如，罗德生跟邓幺姑两个谈论，为什么官府怕洋人、怕洋教？这时，后面原本有四个土老财。说道说道中间，后面的灯光渐弱渐暗，四个土老财就在观众的视线中悄悄隐去（下场）。不知不觉间，台上只剩邓幺姑和罗德生两人。等罗德生说，我要去"跑江湖、走四方"，邓幺姑退入暗处隐了（下场），罗德生就开始"翻龙泉、过简阳，资阳、资中到内江"。这边一个木箱箱，那边一个木箱箱，他跳上去，跳下来，再跳上去，再跳下来，灯光再一亮，他就到内江了，就在逛柳巷了，就在和妓女调情了。然后，妓女们又在"淡入淡出"之间隐了。罗德生唱着"身不由己踏归路"，转个圈，全台灯亮，他就回到了天回镇，时间就过去了一年多，邓幺姑就背着婴儿迎接他的归来。你看，这是不是传统，却又不是纯粹的传统？这里的时空，是不是比传统戏更自由？剧情，是不是比传统戏更紧凑？容量，是不是比传统戏更大？

《死水微澜》的舞台呈现方式，大家都觉得是传统的，但分明又不是原来那种传统的；都觉得是古典的，却分明又不是原来那种古典的；再看内容与形式，也是结合得很好的。所以，评论家和观众都承认：《死水微澜》达到了我那"三个追求"；也符合"是川戏，但不是老川戏；不是老川戏，但绝对是川戏"的标准。你看，平安说的"背靠传统，立足当今"，是不是和我的这些说法完全相通？

二十年过去了！没有人说《死水微澜》不是川剧。有人甚至说，《死水微澜》是川剧的经典剧目。评论家们也承认：《死水微澜》就是我构建的"戏曲新形态"。

十八年默契如初

从 1996 年的《死水微澜》，到 2014 年的《尘埃落定》，我和平安的合作历经十八年，而我们的合作状态依然没有改变。

你看，《尘埃落定》还是他做导演，我做艺术指导。那时，他和天津签约在先，要给天津导演《康熙大帝》，因此他不能参与《尘埃落定》的前期工作。他就跟我说，大姐，唱腔、舞美、服装这些，还是你先帮我搞了，我回来就排戏哈。我说，好。但是你中间要回来听音乐。因为高腔要糅进藏族音乐，这和过去那些戏还是很不同的，你要先回来听一下。他答应了。我又说，舞美你要提个方案。这次你有什么想法？他说，我想好了。我要一个"工"字形的舞台。最后，前面要升起一个小高台。我说，明白了。然后他就走了。不用多说，我们两个真的明白对方的意图。

舞美设计是我找的人，请的上海老专家赵国良。因为他给我的《十面埋伏》设计舞美，比较合乎我"无场次现代空台艺术"的需要。我对赵老师说，"工"字型舞台就会有前后两个平台，中间还有个鼻梁一样的斜坡，那就是三个表演区了。前一个平台下面，又会有一个狭长的表演区。"鼻梁"两边的空档，也可以是表演区，加起来有六个表演区了。当然，最重要的表演区，一定是前面的平台和"鼻梁"的前部。前面的平台上，最后还要升起一个小平台，估计要容纳两个人。我想，全剧结束时，导演要让傻子和卓玛在小平台上升起。我说，底幕那里需要几道绘景软幕，呈现藏族官寨的环境。你根据这个情况考虑，设计出来再讨论吧。以后，赵老师两次来成都，和我一起研究舞美方案。中途，平安也如约回来听了唱腔。

到了排戏的时候，平安回来了。我跟他说："向导演汇报各部门工作。"他还是那样嘻嘻嘻地笑。我说，《尘埃落定》的剧本是"无场次"，演出也是"空台艺术"，总之还是我们那一套，只是有了官寨等背景。因为毕竟是藏族的故事，如果没有藏族的景观，这个戏就很假，所以舞台后部还是要有点东西。

他看了舞美设计图，看了经我认可的各部门工作，提了些小意见，基本上全部接受。同时，为了配合舞台调度，他要求我对剧本作几处修改，我也一律照办。这些都说明，历经十八年，我两个在艺术上仍然心灵相通，仍然默契如故。

《尘埃落定》进入排练后，我没有去过排练场，我一如既往中途不去干扰他。直到全剧连排时，他叫我去看，我一看开场就被镇住了。我剧本上写了四句幕前曲，我想的是开幕之前唱几句，让观众对这个戏有点心理准备。谁知，平安根本不关闭大幕，他把这四句唱处理成群众场面的伴唱。在悲凉苍劲的伴唱中，"工字型"舞台上上下下站满男女老少的奴隶，他们用手里的转经筒，用自己的躯体，用热烈的眼神，在长号的"呜呜"悲鸣中，祈祷着，呐喊着，向往着，企盼着……这样的气氛使我的心颤抖起来。我立刻意识到，平安对这个戏是下了功夫的，是认真做了案头工作的。平安理解我的剧本，而且理解得很深。

每次合作，平安都能很快接受我的艺术构思，没有一点障碍，没有一点为难，没有一点抵触，立刻全心全意投入其中，对我的构思予以丰富，予以发展，予以升华。

编与导的合谋

《尘埃落定》是我十年前（2004）的本子，写出来没有得到支持，没排。然后呢，广东汉剧院拿去演了，参加少数民族会演还拿了几个奖，我以为这个戏就这么过去了。不料2013年，陈巧茹又拿到剧院去"论证"。听说，与会者十之八九不赞成排这个戏，认为《尘埃落定》没有戏。幸好有陈巧茹坚持，有院长雷音支持，有文化局主管局长汪邦军赞同，这个戏才排上日程。在排戏的过程中，还有人给我打电话，说，没得啥子戏哟，徐老师，这个戏不好看哟，莫得啥子演头哟。

但是，谢平安看了《尘埃落定》剧本，便口口声声说是个好戏。他不明白为什么有人反对，还为此发过几回脾气，说这么好的戏，为啥说没得看头？其实，说这个戏不好看也不奇怪。因为它不是爱情戏，不是宫斗戏，不是生活戏。它是一个时代大变革的戏，一个政治制度灭亡的戏，一个满载人道主义和人文关怀的戏，一个现实主义加神秘色彩的戏，一个用特殊人物——"傻子"——的眼睛，看一个愚昧而残酷的世界的戏。这样的戏，一般人是不容易懂得它的艺术含量的，也不容易想象出它有哪些好看的。但是，为什么演出之后观众会那么喜欢呢？为什么都说好看得很呢？为什么原来反对的都改而夸奖呢？为什么仅仅在成都一年就演了五轮，五轮都满座呢？那就是通过导演谢平安，通过音乐、表演、舞美等二度创作，把剧本中蕴藏在文字之下的可看性、可听性、可思性都发掘出来、都表现出来了。

戏到连排时，平安叫我去看。我跟往常一样，提了一堆意见，当然还是些局部问题、细节处理问题。因为天津的戏还没排完，连排了他就要走。听了我的意见后，他赶紧用半天时间修改了许多，再把走后的十天交给我。那十天，就由我领着两位副导演继续排戏，并帮他修改遗留的问题。

但是，这回接过他手上的活，我却不能像以往那样坦然了，我产生许多顾虑了。我心里嘀咕：今非昔比啊，现在的谢平安是著名导演了，是连续八次获得文华导演奖的大导演了。我若排得不合他的意，或者改动多了，他不答应咋办？莫把许多年的交情破坏了哈！于是我排得小心谨慎，对应该修改的地方动得不多。而且，我还郑重地写了一封信，等着他回来给他。我认为，人在看信的时候，比当面交谈要冷静些，信可以反复看，还可以想一想。我的信写得有点小心翼翼，我需要让他明白，我为什么要那么排、那么改。

记得平安是下午回来的，晚上他就来看排练。看完他没有说啥，我不知道他怎么想的。就让剧院派人，连夜把信送到他的手上。因为他第二天要来排戏，我一定要让他排戏之前看到信。对那些我已经改动的地方，希望他看了信可以认同。对我认为还需要修改的地方，要是他愿意改，他就改；要是他不愿意改，也就算了。结果第二天排戏的时候，他对我排的和改的，没有提出异议。对我信中提出还要修改的地方，他又修改了一半多。

作为导演，他这样做很不容易。作为编剧，我对此心怀感激。

你问，为什么平安愿意我当他的艺术指导？为了省事！他接的戏多，忙得不得了，他需要省事。因为每个戏排演之前，有所谓"案头工作"：先是，导演要向剧组阐述自己的艺术构思；而后，各艺术部门根据导演的构思，才能开始自己的创作。等到唱腔谱出来后，导演要一段一段地听；舞美、服装等设计出来后，导演要一遍一遍地看。这些东西可能反复修改三五次，每次都要在导演的指导下进行，一直到导演认可为止。而且，各部门之间的协调工作，也只有导演能做。你看，这么多的事，他交给我总比交给其他的人好吧？而我，也愿意做他的艺术指导。因为我对自己的戏怎么呈现在舞台上，写的时候便有很多想法。特别是，我想"构建戏曲新形态"，我怕别的人不接受、不合作，但是平安不会。可以说，我和平安是"各取所需"。只要他放心我，我信任他，事情就好办。

既然平安放心我，为什么我还要挂个"艺术指导"的名儿呢？为了取得发言权嘛。因为导演不在，很多事情我要管，唱腔啊，舞美啊，服装啊，道具啊，等等，要我拍板。我是个编剧，若没有"艺术指导"这个名义，我凭什么去拍人家的板？我一度创作者怎么可以到二度创作的领域里去说三道四？所谓"名不正，言不顺"嘛。但是作为"艺术指导"，我就有发言权了。我就可以说，这样要得、那样要不得。最后，平安回来看看，再补充补充、剪裁剪裁，花的时间和精力就少了。所以平安说："大姐，你跟别人不一样。你这个艺术指导不是挂名的。"我说，那是当然！我的事业在编剧，要这个名做啥？我要的是"发言权"！多年来，为了这个"发言权"，我心甘情愿义务劳动（这两年有点劳务费了）。其实所谓"艺术指导"，我也只是在我们川剧院里、在我自己的戏里当一当。而且，这个名义也只是在剧组之内起作用，剧组之外没人注意我是"艺术指导"。就是有人注意到了，也不晓得我做了什么。人们一说剧本，就完全说我；一说演出，就完全说平安。而我，不在乎没人知道我付出的劳动；而平安，不在乎我在他的领地上指手画脚。我两人一个心思：只求戏好。

正是这种精诚团结的"编导合谋"，最终成就了我和平安的好戏，成就了我们构建的"戏曲新形态"——无场次现代空台艺术。

拿生命熬戏

我曾到一个剧团去帮忙搞戏，恰好平安也在那里导过戏。我住在那里，人家就跟我摆龙门阵。他们就说我和谢平安，说你们两个四川人很怪。说别的某个编剧导演来了，吃饭一定要有几个人陪，喜欢点很贵的菜，走哪里要前呼后拥。你和谢平安两个来了，吃饭居然不要我们陪，点的菜也很便宜。我说："我年纪大，吃不了什么。我又吃得慢，要你们陪就耽误你们了，所以叫你们走走走。"他们说，谢平安年纪不算大,吃饭又很快,也叫我们"走走走"。他们还说,谢平安只需要我们借给一辆自行车,每天他"噔噔噔"骑到排练场去,排完戏他"噔噔噔"骑回旅馆来。到了晚上,他就做别的戏的案头去了,也用不着我们陪他聊天,或者陪他到哪里玩。他来排戏我们太轻松了:又不陪吃饭,又不陪聊天,又不陪他玩,还用不着派车子接送。我还是头一回听人家拿他跟别的导演对比,说有的导演要坐头等舱、要住五星级。谢平安完全没得这些要求,绝对的朴素。

我曾经跟人家说,平安这个导演最不贪心。我为什么这样说呢?《死水微澜》《目连之母》那年月,不说"钱"了。但是后来,他成为全国的著名导演以后,他的稿酬还是比许多导演低。不过,导演的稿酬一般又比编剧高。我跟他两个搞《贵妇还乡》时,他竟跟人家武汉市京剧院说,大姐的稿酬应该比我多一点。因为她是一度创作,是"无中生有"。他说,我们这些导演,都是在剧本的基础上去发挥。所以,大姐的报酬应该比我多点。我不知道别人怎么看他这个说法,从理论上说他这话是公平的,也是让我心里感到温暖的。谢平安的稿酬虽然比别的著名导演低,但对经济困难的剧院来说,总希望能少点就再少点。排《尘埃落定》时,陈巧茹就跟他说,谢导,少要点嘛。好,他马上就少要点,立刻把稿酬垮了下来。

平安是有名的"飞机导演"。因为他排戏太多,不断飞来飞去。无论在哪里,他总是上午排戏,中午眯一会儿,下午接着排戏。他除了抽烟,没有任何嗜好。不喝酒、不打牌、不下棋、不跳舞、不串门、不逛街,甚至不看电视剧。排戏的晚上,他也不休息,一个人待在酒店里,为另一个戏做案头工作!等到手上这个戏排得差不多,他就走了,排另一个戏去了。他总是匆匆奔走在导演的路上,他已经习惯了这种节奏:一个戏接一个戏地排。我觉得他的脑壳里除了戏,什么都没有。常听见人家说,这个谢平安有点毛病,一天到晚在天上飞,累死累活的,挣那么多钱做啥?我也怀疑起来,他是不是想多挣钱哟?他又不缺钱得嘛,我知道他不缺钱的,不要命地整钱做啥?后来我就说他:"平安,小心你的身体,钱是挣不完的。""哎呀,大姐你说,我不排戏,我做啥子嘛?!"

你能从拜金主义上去解释他吗?拜金主义拜到七十多岁的时候,上午在医院打点滴，下午还跑去排戏，能够用拜金主义解释吗？拜金主义的人都很顾命，哪一个爱钱的人不怕死？这种人都非常怕死。但是平安一直知道，自己得的是不治之症。都临到那个状态了，他还是把排戏放在第一位。所以我觉得，说戏剧是他的第二生命，好像都还轻了点，简直就是他的第一生命。不排戏，他不知道干什么。不排戏，他不知道时间怎么打发。不排戏，他不知道怎么生活。不然的话，他不会拿生命去熬戏。他始终觉得自己还可以，总觉得这个戏排完了，还可以排完那个戏。那个戏排完了，还可以再熬一个戏。他就是把他的生命拿来熬戏，熬完一个戏，再熬一个戏。他在排戏中可以忘记病的痛苦，因此他觉得他可以再熬些岁月。我希望他多熬些岁月，我还要跟他合作第八个戏。

沈铁梅谈谢平安

沈铁梅，生于重庆梨园世家，父亲是著名的京剧表演艺术家沈福存，师承川剧大师竞华，当代中国川剧领军人物，中国戏剧三度梅获得者，现任中国剧协副主席、重庆市文学艺术界联合会主席、重庆市川剧院院长。代表作品有川剧《金子》《李亚仙》《凤仪亭》，同时还有经典传统剧目《孔雀胆》《玉京寒》《枭雄夫人》《聂小倩》《三祭江》《拷红》《思凡》《阖宫欢庆》等。三度获得中国戏剧个人最高奖——梅花奖，两次获得文华表演奖，一次文华导演奖等专业奖。获得全国中青年"德艺双馨"文艺工作者、全国先进工作者等十余项国家级荣誉，荣获"重庆杰出贡献英模"等省部级荣誉三十一项，发表了《在京腔与川腔的撞击中创新》等学术论文十余篇。首批新世纪百千万人才工程国家级人选、中宣部文化名家暨"四个一批"人才，重庆市两江学者，重庆市首席专家。第十一、十二届全国人大代表。

我认识谢导和了解谢导是从《死水微澜》开始的,因为我看了《死水微澜》那个戏后非常喜欢。非常喜欢他的导演手法,他的手段,特别是整个舞台非常干净,节奏非常明快。而且他把戏曲的那种特色,体现得太好了,那种扔骰子的方式——在舞台上用人的表演来表现骰子的滚动——看了后我非常震惊!那种传统的手法在现代的运用,我觉得运用得恰到好处。我就觉得这个导演太棒了。

我在排《金子》时,曾经跟谢导有一些交流。当时做精品工程的时候,我还想请他来帮我打磨。我们当时通话起码一个多小时,谢导说,铁梅,《金子》这个戏非常好,我也很喜欢,我很想来,但是档期转不过来。我可以给你出点主意。比如,我觉得你应该考虑,这个戏在哪些地方应该沉下来,特别是在那种大段的咏唱过程当中,是不是该有一些段落沉寂下来,然后让观众能安安静静地聆听。他就是讲那种对比。这对我启发很大,我在《金子》的核心唱段,风雨雷变齐相会这一段的一些处理,借鉴了他的理念。你看这个导演不计较个人的名利,给你导不了,还要给你出主意,在背后支持你。

继《金子》以后,我经常想请他当导演,来合作。谢导开玩笑:铁梅,我是你的粉丝。我说:谢导,我才是你的粉丝,我非常敬重你。谢导和我们有个共识,就是觉得川剧有几大"记"《绣襦记》《玉簪记》等,应该把它传承下来,就是说老戏新探,用当代的眼光来传承。所以我们后面把《绣襦记》改编成《李亚仙》,然后又搞了一个《玉簪记》。

谢导一直在坚持戏曲的排导。他的戏每一出都有高潮,而且非常干净。干净是谢导最大的特点,每个戏都简洁,场与场之间都没得拖泥带水。

谢导他是一个非常爱戏的导演。他说:有些人挣钱是为了生活,我挣钱和我专业是同等的,我觉得我非常幸福,我干了一个自己很喜爱的事业。"他不是那种漫天喊价的导演,中国戏曲本身不景气,有些导演把价位抬得非常高,谢导跟我两个几乎从不是为了钱。他对我的关心,也让我非常感动。平时谢导二十几天的戏,在我们这儿随便都要待三四十天。他们都说,谢导对沈铁梅特别关爱哦。

谢导的作品太多了，经常看到这是谢平安排的，那又是谢平安排的。实际上是他太爱戏了，而且他的影响力太大了，大家都要请他排。他心肠很好，不忍心拒绝。他是一个时间计划性非常强的导演，案头工作做得非常好。我就碰到一些导演，案头工作做得不好，他可以排半年，经常让演员个人自己在排练场上凑。谢导要让演员发挥自己的创作思路，但是大结构他是绝对要把握的，大结构、时间的控制是他的，总体构思非常完整而清晰，他常说"不要搅乱我的思维"。所以他的导排效率高、时间紧凑，没得任何浪费。

在他每次的排导中，我会学到很多东西。他的理念，他对戏曲节奏的把控、对剧情的把控，最重要的是，他用我们传统戏曲的手段来翻新戏曲的艺术水平，深深吸引了我。像现在中国戏曲很多就是话剧加演唱、以歌舞演故事，很可能他们理解的歌舞，就是主演唱了以后，然后来一群演员，拿起绸子舞一下。那种歌舞演故事的概念失去了中国戏曲的特点，和我们戏曲根深蒂固的精髓和本质完全是两回事情。

戏曲在它的发展过程当中，从主流走到了边缘，大家很困惑，觉得不知道是不是我的手不好看，把手砍了；是不是脚不好看，把脚砍了。三搞两搞，戏曲也不像戏曲了，把戏曲整体想表达、想传达的文化都丧失了。当今经济全球化，文化艺术也在被克隆了，依靠复制而流行，淹没了很多有个性和特色的文化形态。这也是中国戏曲的一种悲哀。

我觉得一个戏的整理、改编、传承，它有很多因素。有表演的因素，有剧本的因素，还有导演的因素。我觉得最重要的就是，不能为了标新立异而标新立异。要去搞个新戏的话，投入很大，然后影响面、牵扯面很大。搞一个传统戏，领导也不重视。一般搞传统戏的传承，领导都不是很重视。领导是想在他的政绩当中有新的东西。谁都不愿意去做这些。

但是我觉得谢导他想做，我也想做，因为我们都是川剧人，我们爱川剧，我们觉得川剧有非常多的宝贵财富，我们相互鼓励、相互为川剧的发展和影响的扩大在努力。我和他两个在一起都是在谈，我们的传统戏能不能再延传几百年，我们觉得几百年后，它都绝对有存在的价值。但是我们每一个时代都会赋予它一些新的审美和内涵。在当今搞创作，很多人都会说，啊，你会不会有新戏，你排不排新戏，然后都去抓新创作去了，然后就忘掉了要一手抓传承、一手抓创新。传承是站在冷静的角度去传承，不是盲目传承。当时排《绣襦记》的时候，谢导就想把几大"记"陆陆续续地抢救出来，以"古戏新探"这种方式抢救下来，我就是觉得这种方式非常好。我和谢导两个本来预计继续排下去，但是遗憾由于种种原因，未能实现。为啥子非要隔断历史，去前人没走过的地方重新开垦一条道路呢？我们站在巨人的肩上为啥不可？所以我觉得谢导的这种观念我非常赞同，也是我思考的。

我们戏曲本来是有强大规律的一个主体，而且有自身非常独特的特色。我们戏曲应该自信，应该自尊、自爱。我觉得谢导是一个川剧人，他体内流淌着川剧的血，他对我们的传统非常有敬畏之心。他对川剧又有一分为二的看法，知道其中的问题。所以说，是他在实现着"把川剧优秀的东西保护下来，然后又弃其糟粕"的目标，怎样留住、传承和发扬光大这些特色，在谢导身上，我们还看得到那种真正的传承，而且在传承当中，他吸收了很多当代的东西，这使我看到了希望。谢导是一个真正的戏曲导演，谢导一直在坚持，他本身是我们川剧的财富。在全国各地我都在讲，我说我选导演永远都会选择戏曲导演，谢导是我必须首选的导演。

有些话剧导演排戏曲，排出来真的是糟蹋我们戏曲。我经常会去看一些演出，我看了以后就觉得，要呼唤培养更多的我们戏曲自己的导演。

谢导是墙内开花墙外香，我们四川对他不够了解、不够尊重、不够爱护。他在全国的影响力，可能都是百年难遇的了。

我说句良心话，我很为谢导打抱不平，我觉得我们四川真的没有把这些财富看重，没有看到他的价值。虽然谢导他去全国各地排戏，但是他是哪里人？他是吸收了哪里的营养？他排每个戏，都在传递着川剧的力量、川剧的基因，这都是无形当中在宣传川剧。

我希望能关心一下那些不可多得的人才。像这种人，他又不爱表达，也不爱去接受记者采访，然后他乐在其中，笑笑呵呵。如果遇到什么事情，他就是这么一个表情，"嘿嘿"就走了，他会笑对人生。我觉得这样的文化人，值得爱护、重视、包装。

谢平安排了那么多的戏，行内的人，知道谢平安。像别的林兆华之类大导演，更别说电影导演，行外的人都知道，对不对？所以说，我就觉得欠缺包装，他不是没得内容，是内容太丰富了。而且是其他的导演不可替代、没法比的。

我每次看到他，我就觉得这个老头太值得人敬佩了，太喜欢他了，真的是太喜欢他了。有时候看到他，就觉得他为什么会这么聪明哦，就是他的智慧，那种聪明，他把他的智慧和聪明全都放在他的艺术上。而有些人把他的智慧放在了其他的方面。我觉得老天爷派他来，就是做这个事情的，就做我们戏曲，就做我们川剧的，而且在做川剧的同时，在做大戏曲。

我觉得，你们把谢平安的资料整理出来，真是功德无量。

田蔓莎谈谢平安

田蔓莎，著名川剧表演艺术家、一级导演、一级演员。主要从事戏曲表演、导演、戏曲教育和表演研究工作。现为上海戏剧学院教授、硕导，上戏田蔓莎戏曲创新工作室主持。曾两度获得中国戏剧梅花奖、文化部文华大奖表演奖、上海戏剧白玉兰表演主角奖、文化部优秀园丁奖、国际剧协（ITI）德国中心现代音乐剧场特别奖等。曾多次代表川剧赴世界各地参加多项艺术交流活动。与柏林科学艺术研究院主任 Johannes Odenthal 博士共同主编了《活的记忆——中国戏曲在当代》一书在德国出版发行。曾应德国吉森大学 Heiner Goebbels 教授邀请，担任该校应用戏剧学院客座教授。柏林自由大学"跨文化国际研究中心"研究员。曾多次受邀赴匈牙利布达佩斯戏剧与电影大学讲学，赴富查伊拉参加 Fujairah 国际独角戏艺术节演出《情探》，意大利斯波莱托艺术节和罗马国家艺术大学"大师工作坊"邀请举办"中国戏曲表演工作坊"。表演代表作有川剧《死水微澜》《马克白夫人》《阴阳河》《武松杀嫂》等。导演代表作有歌剧《胡笳十八拍——文姬》，新人版昆曲《牡丹亭》，京剧《死水微澜》等。自导自演代表作有实验剧《一桌二椅》《谁在敲门》《录像圈》和概念川剧《情叹》等。

谢导第一次给我排戏，不是川剧《死水微澜》，而是川剧《武松杀嫂》。那是1990年的事，当时我还是省川校成人班的一个学员，在班上众多获过表演一等奖的同学中，我是个只获得过三等奖的学员，条件一般般，可是谢导并没有因此而小看我，他总是平等地对待每个学生，认真地给我们教戏和排戏。

回想我走过的艺术道路，有两个重要的转折点是与谢导分不开的。一是，在我学习川剧《武松杀嫂》之前，我的悟性是没有出来的，真正有悟性就是谢导给我排《武松杀嫂》开始。我很奇怪，谢导一做示范、一讲解，我自己就很快找到了潘金莲这个人物在"灵堂祭"之时的复杂心理情感过程和依据，特别是人物情绪的表达和对自己身体的掌控也开始自如起来。这时，我突然发现自己整个身体的情感、动作表达准确了，表演感觉也找到了，我有"顿悟"之感。比如我在表演潘金莲出场时，手抱灵牌，身披白绫、慢步出场，通过身态、步态的移动和眼睛神态的传递，观众完全可以看到和感受到这个潘金莲表里不一的复杂情绪和心理过程，感受到潘金莲的虚情假意和故作哀伤，以及极力掩饰内心真实情感的意图。谢导对潘金莲的这个出场处理非常准确和巧妙，同时，在戏中还有很多符合人物情感发展的动作造型和表演技巧的独特设计，这些都对我刻画人物起到了非常重要的帮助。从那以后，我的艺术感悟和创造角色的能力得到了很大提升，这对于一个年轻演员学生来说实在是很丰厚和难得的收获。从我演出的川剧《武松杀嫂》入选1992年在昆明举办的第三届"中国艺术节"演出，由中央电视台现场直播，到受到中国著名京剧表演艺术家关肃霜亲临现场观看两场和亲切接见鼓励之后，我在表演上仿佛开窍了，后来我在表演艺术上的一些突破，都可证明我是在谢老师的直接指导和帮助下而获得改变的。

谢导带给我的改变和收获，不仅在川剧《武松杀嫂》这个戏中尝到了甜头，在他之后为我排导的川剧《目连救母》等戏中得到了更多的发展和提升。川剧《武松杀嫂》和《目连救母》是我第一次获得梅花奖个人专场演出中最重要的两个戏，这是谢导他给我艺术上带来的第一次转变。

而真正作为我第二次艺术的转变和提升，是谢老师给我排导、由著名剧作家徐棻老师为我量身定做的川剧《死水微澜》。

谢导给我排导川剧《死水微澜》时，我觉得他不仅是在排戏，更是在用他作为一名出色的演员、导演的艺术经验和他独有的创造力，在传授和启发我和所有的演员。他给我的创作空间很大，他非常信任和鼓励我，他让我去自己琢磨和创造角色。告诉我怎么样去理解人物，怎么去编排动作。在排川剧《死水微澜》时，谢导给了我很多创作指导和引领。比如，在《死水微澜》开场帮腔"川西平原一方土，土生土长邓幺姑，朝夕慢步田间路，满怀春情望成都"这一段戏，谢导让我背身远望慢慢转身入戏，他让我自己设计这几句"帮腔"中的肢体动作和情绪表达，而我又根据谢导的要求，重点突出了"朝夕慢步田间路，满怀春情望成都"中的"步慢心急"和"望中之盼"的人物心情。在远望、转身、慢步、踢小石子、期盼中的各种动作设计与唱腔、群舞紧密结合，呈现了少女邓幺姑满怀春情望成都的内心外化之情。同时，谢导在排戏过程中，常常鼓励和要求我，在舞蹈设计余琛老师的帮助下，学习设计人物情绪的表达动作和人物塑造的方法。谢导从中挖掘和发现我的潜力和创作能力，使我在演好邓幺姑这个人物同时，还学习到了谢导很多排戏的方法，收获到了很多他导戏过程中的好经验。

记得有件很有趣和让人感慨的事。那是1995年底，我请谢老师给我排导川剧《死水微澜》。那时的戏曲导演（特别是川剧导演）排戏费用都不多，我曾问谢老师，你排一个大戏多少钱？谢导说，大概三千吧。我说，谢导，我一定要给你最多的导演费。好像我要给他好多好多导演费一样。我话这么说，其实我心里知道，我们川剧学校当时是拿不出钱给我排戏的。后来，是我们到处寻找支持才凑到了十五万作为全剧制作经费才完成了首演。当时除了必需的舞台、灯光、服装、道具等制作经费外，可供付给创造人员的费用就少得可怜了。你肯定想问，最后给了谢老师多少导演费啊？告诉你吧，只给了五千。现在来看，真是少得不能再少了，可五千却是那个时候（1995 年）谢导拿到的最高导演费用的记录了。现在说来，其实都觉得很愧对谢导和帮助过我们的所有主创、演职人员。可是，你知道吗？当时整个中国戏曲剧团新戏的制作费用都不高，编导费用也是。哪里像现在一些剧团排新戏，制作费几百万、上千万，实在吓死人了。当时我们的川剧《死水微澜》启动经费只有五万，全剧制作费用才十五万。而就是靠这十五万，靠我们的编、导、演和所有艺术家对艺术的虔诚奉献，我们在很少的费用支持下，创作演出了后来被大家好评和中国戏剧理论评论家刘厚生前辈称为的"川剧里程碑式的作品"。这其中所获得的成功，除了编剧徐棻老师和其他主创、演职人员的共同努力外，谢导对此戏的贡献是功不可没的。

谢老师在排练场上有一种强烈的艺术感染力和魅力，他一直会启发和引导着演员进入戏中角色。如：我在排川剧《死水微澜》"生离死别"那场戏时，最后大老表罗德生被官府追杀，不得不告别邓幺姑逃命天涯，而邓幺姑执意要跟着大老表一起逃走，大老表不忍幺姑一起受难，也不忍幺姑丢下傻子和孩子不管，最后在情急之下，两个袍哥拖走大老表，而幺姑死死抱住大老表的腿不放，在舞台呈现上，幺姑抱着大老表的腿在地上被拖行很远，最后倒地不省人事。我们在表演这段时，谢导演多次示范和指导，演员也多次尝试，"嘶声悲号、肠断肝裂"，邓幺姑的全情投入、不顾一切、拼命紧抓，大老表的忘情呼唤"幺姑幺姑"，在谢导精心设计和排导下，这段戏被幺姑、罗德生等剧中人物非常精彩地呈现在了舞台上。演出不仅感动了演员，更感动了场下的所有观众。每次演到这里，除了演员，场里的观众也都眼含泪水被戏中真情感动。

谢老师导演的川剧《死水微澜》，至今依然是川剧和中国戏曲舞台上具有独创性、值得研究的好作品。2009 年我把川剧《死水微澜》移植为京剧《死水微澜》时，谢导还给了我很多指导和鼓励，京剧《死水微澜》的演出，也给中国的京剧舞台增添了一道靓丽光彩。由上海青年京昆剧团青年演员和学生共同演出的京剧《死水微澜》，也被选为2010年中国京剧优秀剧目，在北京、上海展演，大获好评。这些都与谢导给我的帮助和支持是分不开的。

我觉得谢导最重要的，是他对传统戏曲艺术深厚的学习、继承、积累和把控，还有他的好学精神和博大胸怀。现在很多导演，我觉得就是传统功底和学习积累不够。包括我自己，我都觉得，我差得太远了。谢导是随口一谈，连串的戏和表演程式就出来。对我来说，我觉得我们对传统的继承完全不够。现在的我反而开始对传统戏曲要回炉从头学习，所以我带了很多川剧的书，带到上海、柏林的家里，只要有空，就会阅读有关川剧的书，包括川剧历史、身段表演、川剧音乐等，现在我还在补川剧基本功的课。

像谢老师这样有深厚戏曲功力和排出众多好戏的戏曲导演，目前在中国不太多。很多导演不完全懂戏曲，所以排出来的戏，没有戏韵。可以这样说，如果一些话剧导演没有技术导演或助手帮忙设计和排练，他们很难独立完成一台戏曲作品的创作排演。我觉得谢老师最了不起的是，他排戏根本不需要任何技术导演，包括很多舞蹈编排都是他一个人完成，作为一个戏曲导演来说，说他是中国最好的戏曲导演当之无愧。为啥子？因为他具备深厚的传统功底，又具备非常丰富的舞台经验，同时，他还具有当代意识。我看过一些导演排的戏曲作品，说实话，从戏曲的角度来看，他们在音乐节奏、身体节奏、戏曲舞台呈现的样式等方面来看，我还是认为，这些导演排的戏都不如谢老师。我一直在说，谢老师就是我们戏曲导演学习的榜样。

当然在我们上戏戏曲学院，也有戏曲导演班，还有戏曲导演高级研究班，我在负责这个高级研究班的课程设置和教学工作。我一直在邀请谢老师来讲课，之前我邀请谢老师来学校讲过一次课，后来，我也一直在邀请他，但是他确实很忙。我还是一直在预约，希望他能够抽时间再来上海给我们学生讲课。现在我依然发出非常诚挚的邀请，随时随地只要谢导你有时间你就告诉我，我把飞机票给你订好，然后邀请你过来啊。

谢导是一个重情重义而不计得失的人。他喜欢帮助年轻人，他喜欢做自己喜欢的戏。我常说，我是一个很幸运的人，我除了得到很多老师给我的教导帮助外，我还有幸得到了谢老师给我很多直接的艺术启示。2006年在我离开成都到上海戏剧学院工作以后，每次谢老师到上海排戏，只要有时间，他都会抽空与我见面谈戏。如果我回到成都川校的家时，只要谢老师在成都，我每次都会从七楼我的家，跑到三楼谢导的家，我想听老师谈戏。每次见面，谢导总是会叫朱阿姨给我泡茶，拿好吃的给我，让我感到好温暖。谢老师除了谈戏，还是谈戏，仿佛，除了戏没有其他感兴趣的话题了。还有就是谢老师说话时的"哈哈"声，常常伴随着他的艺术观点送进我的耳朵，他真是很能感染人，让人能够感受到他的热情和率真，这就是一生对戏如此痴迷和挚爱的谢导。

任庭芳谈谢平安

任庭芳，四川纳溪区人，川剧名丑，国家一级演员。中国戏剧家协会会员，原四川省川剧院副院长，四川省优秀专家，四川省川剧研究学会丑角专业委员会主任，享受国务院专家特殊津贴。从事川剧表演艺术五十余年，1998年荣获四川省十佳演员，国家非物质文化遗产传承人，主演的大型川剧《变脸》获得国家舞台艺术精品工程，并荣获文华大奖、文华表演奖，同时荣获上海白玉兰奖。1999年被自贡市川剧团特聘为客座导演，由他执导的大型川剧《易胆大》荣获首届中国川剧节金奖；《人迹秋霜》荣获第十一届中国人口文化奖戏曲银奖、最佳导演奖。参与并导演大型川剧《鸣凤》《风雨女人路》，获重庆市舞台艺术精品工程。

作为一个演员，演了一辈子戏，能遇上一个比较好的戏，是不容易的；而又遇到适合自己演出的这个好戏就更不容易了。我有幸遇上了《变脸》这个戏。别人在问我的时候，我始终有那么两点：第一，我碰上了一个好剧本；第二，碰上了一个好导演，就是谢平安。

谢平安跟我从小就在一起,有几十年的交情了。他演武生,我也演武生。当时,他在乐山,我在省上,我们之间有一种神交。小的时候,我的父亲在乐山"新又新"待过,当时我很小,就在那时,谢平安就一直在"新又新"。他是在剧团滚大的,我觉得他演武生,是一个大武生,他当导演,是个大导演,是我们当今戏曲界首屈一指的导演,恐怕以后难得有人超得过他。

为什么?我觉得他有两大优势。

第一,他有深厚的传统功底。他演了很多戏,看了很多戏,导了很多戏。我记得他好像有一个小本子,我不知道你们拿到没拿到,他把很多川剧的、各种戏曲的一些处理,特殊的处理,都记在他的小本子上。可以说,他是把一生奉献给川戏的。

第二,他有现代的意识。他把传统功底和现代意识相融合,而不是说把现代的和传统的割裂开。现在我们有些戏,要不要吸收,要吸收,不是不吸收。但是这种吸收,不是囫囵吞枣地一下把它搬过来。而是要它化合、运用到我们的戏曲当中去,成为一种化合的东西。因此,谢平安导的戏,既有非常戏曲的韵味,又有浓厚的现代味道,既有非常浓郁的传统韵味儿,又有现代的意识和现代的观念。

他说了一句话就叫作"背靠传统,立足当代",首先我们就要懂得什么是传统。我觉得,他把传统硬是吃透了的。我举个例,传统戏曲的假定性、虚拟性、写意性、时空超越性、程式性,他在戏中把握得非常好。从《变脸》来看,因为我主演这个戏嘛,接触的太多了,他确定了舞台的假定梯步平台,你说它是码头也可以,你说它是街道也可以;他弄一个伞出来,既可以理解成这个东西,又可以理解为那个东西;后景上弄几个杠杠出来,他就代表一个监狱,时空灵活,虚拟写意运用很充分,而这又是传统古老的程式要求。他是通过他的舞台调度、舞台处理,给观众展现演员表演的环境。有了舞台的假定性才可能说到舞台的虚拟性,有了这个虚拟性,才可能用我们的程式去表现环境中发生的事情、去刻画人物性格。

空间的不固定性的处理,那是非常绝妙的、非常精到的。比如第二场,它是一个梯步平台,人物和其他布景稍加变化,平台不变,但平台的功能就自然发生变化。划船上来，它就是码头；赶场的人上台，它就是街道石梯；插个篙杆，它可能就是码头。如果没有舞台虚拟产生的假定性，划船出来，就要弄个码头，太实舞美太实就不行，浪费财力物力人力不说，根本上就有违戏曲最精华的本质特点。假作真时真亦假，真作假时假亦真，观众他是吃得透这个东西的，他是懂得起的。这个剧，他的场景一会儿船上，一会儿船下，一会儿岸上，一会儿水中，如果没有这种虚拟性和假定性，那么这场戏他是很难处理的。他就一根篙杆插在后面，这就是一个船，这就是一个写意性象征性，他又不去拘泥于这个船的大小，他更多的是从人物表现、塑造人物出发，丢开了船的面积，牢牢以突出人、表现人为中心，这样他就借用了传统又突破了传统，排出来的戏，始终都具有非常浓郁的戏曲韵味。

道具上也充满着各种虚拟写意的可能，比如第二场一江风那段戏，划船就用了传统那种桡片，这是艺术加工过的船桨，观众非常明白，也相信，看起也很美观。如果你用个真船桨在那里划，那么就跟我们的表演发生了极大的冲突，观众反而不信了，观众的审美感受上就会产生一种矛盾。

有一段"水上漂"（川剧《变脸》中主要人物名）上场的那一段处理，按现实表现，应该把"水上漂"双手捆起来，这一捆，捆得越结实，那么它就越失去戏曲的写意性，越妨碍了演员的表演。导演处理把它夸张了、变化了，一根绳子吊在脖子上，套在两只手上，这就叫绑起了，绑也绑得美美的。一根绳子套在腰上，拉上场后，用了系列戏曲程式，比如说这个挫步、跪步等表演，又具有浓郁戏曲舞蹈之美，加上搭起绳子的若干个造型，他实际上在传统程式的基础上进行了发展，既真实又美，既能够表现水上漂的感情，又运用了传统程式。

说立足现代，比如他对舞台的处理，他在舞台到乐池之间那个地方，搭了一个延伸平台，接到观众下面去，他打破了四堵墙，台上和台下观众融为一体。第一次水上漂上场，他就是从观众当中上来的，随剧情的发展又可直接走到舞台下面，走到观众中去了。还有几场就根本是从观众席当中上去的，他就直接融入观众里面去了，让观众也好像变成了戏里的"看客"演员。平台伸出来后，把几个主要的戏的场景全部拉在平台上，面对观众，就直接和观众近距离交流，就像电影里面的特写镜头一样，使这个舞台富于变化，居然有电影镜头的推拉效果在里头。如果没有这个平台，有些两个人的戏，离观众席远了，他的冲击力就没有那么强。他打破了舞台空间的束缚，观众和演员隔得非常之近，给观众造成了一种非常强烈的感受。有几场近场戏，通过回忆给狗娃摆水上漂家事的时候，语言非常动情，运用了话剧的一种处理章法，又让观众看得非常真切。这些处理，真的非常现代，大大发展了传统，丰富了传统，建立了新的传统。

所以说他是一个了不起的大导演。不像我们现在有些导演，他总想改造戏曲。戏曲要不要改造？要提高、要创新、要改造。那你得先把戏曲吃透，戏曲的美学观念是不能改变的，戏曲有很多处理法则、舞台法则是不能改变的，改变了它就不是戏曲了。戏曲是要用唱、念、做、打来塑造人物，它要美，它是从生活中来，它和生活又是有距离的，距离有多大，是什么样的距离，这就考究导演的水平了。所以，我始终说，谢平安这位导演之所以了不起、之所以好，他就是把戏曲的传统美学观念和现代的观念相融合，而且融合、化合的很好。因此它才成为一个不得了的大导演。因此，我有幸演了他排的一个戏，对我来说也有很大很大的启发。

还有就是所谓大制作和小制作的问题。我们那个戏，可能就花了三四万块钱，水上漂的服装基本上是从原来的戏装选来用的。我也并不是主张不做服装，服装造型是很重要的。好戏不在于大制作与小制作，好戏在于有一个好的剧本和一个好的导演，演员能够很好地完成它，我就觉得它会成为一个好戏。当然还有音乐舞美这些，只要这几个方面组合好的话，它就会成为一个非常非常好的戏。

戏曲界导演我不敢说能否有人超越平安导演，反正我觉得难。为什么叫难呢，原因有两个：第一，现在的导演没有他那种深厚的传统功底；第二，他把这种传统的功底融入现代审美观念当中去。现在很多人可能有现代审美观念，但是传统功底太难像谢导那样深厚了，因为他是演员出身，也不是一般的演员，本身是个非常优秀的演员。还有你不知道他私下读了多少书。从他的戏看来，不能完全说他是凭他的经验排出来的，他看了很多书，有他很多理论，而且他是充分地、灵活地运用了这些理论。他爱看大片，还有其他好些艺术门类，从中汲取营养。

谢平安导演艺术的风格，我概括，就是简洁、明快、规整、激情。

简洁是他的舞台处理非常简洁，没有拖泥带水的。

明快是节奏感相当强，他的戏，都是一气呵成。

规整是他非常讲究法度程式，从大到小，从静到动，都非常美，调度极为有序，画面感强烈，画面美，动作美，动态美。

你看《变脸》开场，那个是闹市，我想，如果是话剧处理的话，多少人一下哄起来，走过去、走过来、卖海椒的、卖膏药的、卖布的等等，谢平安的处理是一堆一个造型，一个造型一个画面，这就叫作写意性，这就是戏曲的处理章法。观众一看就知道这是一个市场，又留给观众联想、欣赏的空间。戏曲它是啥子，它就是要与观众一起共同创造。虚拟性很强，又给观众交代得非常清楚。这种群众场面的处理，在谢平安的作品中还有很多，各不相同，既有剧种各自的特色，又遵循着戏曲共同的规律，非常非常多。你比如说《华子良》监狱场面的处理那是相当漂亮的。

他的规整还在于他特别重视程式，充分运用有程式，并且创造新程式。比如《华子良》里，那双鞋子的运用，近乎特技，既表现了华子良装疯那种状态，又表现华子良的一种机智，属于戏曲程式，但它是变了的、现代的、发展了的程式。谢平安是演员出身，他有演员的功力，他才创造得出这样的程式。其他导演没这个功力，你就不得行，你就做不出来。

再说激情，谢平安排戏是很有激情的。一个是他在排练场上的激情，以此来带领演员的创造；二个是他善于把他的激情与剧中人物的激情契合起来，变成舞台上的激情，去打动和震撼观众；三个是不放过任何可能的细节设计去表达人物内心深处细致而深厚的感情。

又以《变脸》为例，比如水上漂发现狗娃子是女的，场景一下整到伸缩台上去，哈哈一笑，抓到一个碗一跸，格老子，眼睛瞎了，"啪！"这个碗就跸在地下，水上漂的失望之强烈，给观众的冲击也非常非常强烈。还有最后抓铁链的那段，狗娃抓到铁链，想把铁链扯断、扯断、扯断，水上漂把狗娃抓到，轰，一下冲到舞台上，把铁链"哗"举起来，慢慢再蹲下去，把狗娃、水上漂当时那种感情表现得淋漓致尽，对观众的冲击力也是非常非常大。再举一个《望娘滩》的例子，一根风带，把母子的那种难割难舍的真情表现得淋漓尽致，这些都是冲击力非常非常的强。所以说他的戏，我觉得很富于激情。

细节设计上的感情戏，例子就太多了。谢平安这个导演就是能粗能细，能收能放。大格局他收，大原则大结构，他是不得让步的；细节他要抠，抠又不是全都是他自己去抠，细抠当中又有粗放，他提出抠的要求，放手让演员去创造、去发挥、去抠，他自己当然也有时参与进来一起抠。这样排出来的戏，不丰满都不可能。

比如水上漂跟狗娃两个非常融洽地在那儿摆家常的时候，用了几个小动作，一个就是擦洋火，擦开，摆着摆着，忘了点烟，烧到手一抖，这是我们一起商量交流设计的，都是为了表现水上漂回忆往事时触动了他心里头的那个结，是难过、悲凉的一种反映。烟杆、抽烟是很重要的细节，是贯穿着全剧的，都用了很多小动作，表达不同的心情、感情。

水上漂误以狗娃为男孩，就特别地体现水上漂的幸福感，有系列的细节设计；水上漂认出狗娃是女孩，就特别地体现水上漂的巨大失望、失落，甚至绝望和愤怒，有系列的细节设计；水上漂心情稍微平静后，撵不撵狗娃，感情与理智的纠结，也很复杂，这段尤其设计了很多的细节来完成表达；监狱冲上平台那段，女孩的超常勇气和勇敢，震撼水上漂的感情，扭转水上漂的观念，"我教你变脸啊"，也是情感丰沛而复杂的大转大合的一段，有系列的细节来完成表达。你看，就水上漂与狗娃的情感纠缠，基本上就形成了一个非常清楚的、节奏鲜明的、起伏跌宕的起、承、转、合过程，自始至终紧紧抓住观众的心，形成完美的戏曲舞台艺术效果。

谢平安呀，他一生都交给了戏曲事业，其他任何嗜好没有。我跟他开玩笑说，平安，你吃饭都吃不来。为啥子，三碗饭一刨，就整戏去了，食而不知其味。除戏之外，他唯一的嗜好就是抽烟。对他来说，戏比天大，别个给他取了个外号，叫"壮丑丑"，就是川剧锣鼓的"壮丑丑"，就说，他一心就只晓得"壮丑丑"，不会打牌，不会煮饭，他面都煮不好的。他生活上要求非常低，非常非常低。他出去排戏，排完买盒饭，回去宾馆，睡午觉，午觉睡起来，才把那盒饭吃了。一心是为了戏曲事业，他一天想到的就是戏，其他莫得啥子想的了。对生活要求很低，对艺术要求很高。

他有时脾气非好，有时脾气又非爆。他爱发脾气，你们是晓得的，他为什么发脾气，他是希望达到更好他才可能安心。演职员不认真，影响戏质量，是他发脾气的唯一导火线。

他后来出川排的戏太多，不晓得的以为谢平安钻到钱眼眼头去了，不分白天黑夜地赚钱。对谢平安，钱是啥子哦？你把钱拿给他，除了戏，我看他都花不来。更何况，戏挤得他哪里有花钱的时间哦。他爱戏，戏爱他，他有情有义又多情多义，还不完的情义债，命都可以不要，还爱钱哦，说来笑话。

晓艇谈谢平安

晓艇，成都市川剧院国家一级演员，国务院政府特殊津贴专家。从事川剧艺术六十多年，1984年首届中国戏剧梅花奖得主，成为川剧第一朵"梅花"。2008年被评为国家级非物质文化遗产项目川剧代表性传承人。曾和谢平安合作川剧《玉簪记》及同台演出。

谢平安是改革开放以后戏曲导演中一个了不起的人物。他不仅从感性到理性，对一个剧目分析、精研、把握，而且又以理性指导感性，通过排导，在舞台上把剧情、人物立起来，呈现在观众眼前，并受到观众的欢迎。这跟他几十年的川剧艺术实践经验的积累是分不开的。他是用川剧的乳汁培养了好多戏，又把很多新的戏剧理念带回了川剧。

他所导的戏，川剧以及其它剧种有着各自的特点和导演表现。特别其他剧种仔细一看，每个戏中都融入了不同程度的川剧元素。川剧独到的一面使别的剧种的戏更为丰满，更有戏曲戏剧的表现力。同时谢导在排川剧时，也融入了来自别的剧种和别的艺术种类的新知识、新表现力，而且用得丝丝入扣，这是他所导的剧会显得更好看、更有吸引力、比传统剧更胜一筹的根本原因。这就是他独特的导演艺术！

我印象特别深的是他早些年给浙江一个剧种导演的《杀狗记》全本。这个戏是中国戏曲名剧，各大剧种都在演。川剧常演的《杀狗惊妻》，就是其中一折。谢导给浙江排导的很有新意，除表演处理丰富、舞台效果好外，杀狗的处理更是富于表现力，不是男主人杀狗，在表演处理中，是狗主动去扑刀挡女主人而被杀，从而惊醒女主人明白事理：狗尚且护主，为何自己不孝？从此醒悟认罪，痛改前非，家庭和谐展现出来。这样立意就高多了，更吸引人了。

他排的京剧《华子良》是现代戏，现代戏用戏曲真不好表现，要吸引观众是很难的。但谢导的导演处理是那么好，他充分调动群众演员，使整个舞台动起来为角色服务。狱警、群众、士兵、狱友变换排形（时空转换），场面转换、灯光、舞美，都为之服务，不妨碍角色表演，群众不仅不是光穿角（站两边不动）、光陪衬，在剧中活跃起来，融入主要角色的塑造中，为整个戏增色不少，这样的处理相当的好，这也是谢导的特色导演手法吧。

另外，值得一提的是谢导给重庆市川剧院导排了两个大戏《玉簪记》《绣襦记》。这两个戏都是传统经典戏了，在他的导演下提高升华。剧中他坚持保留了原有的几折，《绣襦记》中的《刺目》，《玉簪记》中的《逼侄赴科》《秋江》。为此有人不解：不如传统，何必再排？谢导一席话说得很清楚，也很精辟："既然请我做导演，那我当然要有我的意图和想法。我要对此戏负责，对观众负责。如果已得到观众、专家的喜欢肯定，为什么要去动它、改它。是经典剧目就要保留下去。它只能给整个戏添彩、增光。"所以他在这两个大戏中，保留了观众喜欢的经典段落，一字一腔都未改，并使之融入整个戏中，融合得紧密。而其他剧词表演均有不同展现，但一点不觉得生硬，成为观众喜欢的保留剧目。这一点我真的太佩服他了。

京剧人谈谢平安

尚长荣谈谢平安

尚长荣，京剧艺术家，京剧大师尚小云之第三子。1940 年出生于北京，中国戏剧梅花奖首批获得者，国家级非物质文化遗产首批传承人。全国政协第八、九、十届委员。现为中国文联荣誉委员，中国戏剧家协会名誉主席、上海戏剧家协会名誉主席，中国戏曲学院教授，上海戏剧学院教授，上海京剧院领衔主演、艺术指导。尚长荣自幼受家庭艺术氛围熏陶，五岁登台出演，在六十多年的舞台实践中，形成了自己独特的花脸表演艺术风格。

我与谢导是因《廉吏于成龙》而相识，也因这部戏成了无话不谈的好朋友。

提起谢平安，戏曲院团没有不知道的。但他平时非常忙，常常是"神龙见首不见尾"，见上一面非常难。记得在筹划、创排《廉吏于成龙》时，上海京剧院的领导、艺术骨干都在想到底请谁来执导这出戏，想来想去，大家一致决定：邀请谢导！

大概是 2002 年的春天吧，我通过戴英禄先生找到了谢导。因为我跟英禄兄很熟，他不仅是文化部的领导，而且是国家京剧院的著名编剧，同时又是京剧《贞观盛事》的第一作者。我问英禄兄有没有谢导的手机号，他说谢导人在南方，但他不用手机，没法立即联系上。后来英禄兄辗转多人才打听到谢导所住的旅馆。

我用长途电话打到那个旅馆的房间，结果房里没人。我只好用墨笔写了封留言，传真到那个旅馆的商务中心，再传到总台。留言写的什么呢？我说，谢导演，英禄先生有事要找您，希望晚上您能在房间等电话。我当时没敢打我们上海京剧院的旗号，我怕他太忙了，也怕他不接这个电话。那时候，全国戏曲院团都想请谢导排戏，他实在太忙了。按照预定的时间，晚上我终于打通了电话。我问，您是谢导演吗？他用四川话说，我是谢平安。我说，我是戴英禄的朋友，我叫尚长荣。他说，哦！您是长荣先生呀！我说，我很想去拜访您，很想请您来指导我们上海京剧院创排的新剧。他连说好好好，但就是太忙了。我说至于时间咱们再约。就这样，第一个电话，终于跟谢导"挂上钩"了。

2002 年的夏天，谢导在绍兴给小百花越剧团排《木兰后传》。时任上海市文广局局长刘文国、京剧院院长孙重亮和我三个人一起到宁波出差。我是去领"三度梅"的，也就是梅花大奖。我们三个人一到绍兴就到处打听小百花越剧团在哪儿。大概是下午一点多钟，我们到越剧团跟传达室说明来意，工作人员说谢导正在给演职员做导演阐述，让我们先到团长办公室等候。到了团长办公室，一个人都没有，我们也不敢贸然到排练场打搅人家的正常排练，就在那个小办公室等了一个钟头。后来我打趣说，刘、关、张三人为请诸葛亮，三顾茅庐，冒的是大雪，而孙、刘、尚三人，则是冒着四十度的高温到绍兴邀请谢平安。一个钟头之后，在团长办公室我们终于见了面，那也是我们第一次跟谢平安导演正式见面。再下来的见面，就是在上海京剧院岳阳路的会议室了。我们把谢导接到上海参加初稿的论证，那时候的剧本，应该说还在初级阶段。

说起《廉吏于成龙》，这个戏并非是我主动请战要求排的。记得是 2002 年年初，电视台在播十九集电视连续剧《一代廉吏于成龙》，这个戏是在中纪委的支持和指导之下拍的，我看了一两集。当时就有不少朋友"鼓动"我排演这个戏。上海有位资深的新闻摄影记者陈莹老师，是位老太太。她退休之后，在家休养，出来不方便，每天给我打好几个电话，建议我必须要演这个戏。她说，如果我不演这个戏，作为戏曲演员就是失职。我说，我已经六十多岁了，应该退出一线退出舞台了。她却认为这个戏我非演不可，上海京剧院有两个人最"对工"，第一个是周信芳，第二个就是尚长荣了。我说，这实在是太抬举我了，只想推掉。陈老师就每天七八个电话与我联系。后来，我被"鼓动"得对这个人物也越发有了兴趣，陆续搜集了包括《清史稿》在内的一些于成龙的个人资料，正巧赶上我们院著名编剧黎中城先生也计划要写于成龙，于是这个戏就顺理成章地列入了上海京剧院的新创剧目计划，这个戏就这样上马了。

有四位编剧参与了这个剧本的创作：天津的梁波、北京的戴英禄，上海则是黎中城和王涌石两位。这四位以前也合作过，他们都是好朋友，之前的合作也很默契，都是劲儿往一处想的，所以根本不争哪点是你写的，哪点是我写的，大家都有创作冲动，动笔很快，创作欲望也都很强。同时，我们也买断了山西籍作家王永泰先生长篇小说《清官于成龙》的改编和移植版权，从中汲取了很多营养。各方面条件都具备了，初稿一出来，谢导也终于来了。

于成龙是古代的先贤，著名的廉吏，他的故事很丰富，但时间跨度大，事件也很零散，电视剧十九集，一段一段的相对好办。但要在两个半小时之内完成一个戏，把于成龙的为官爱民体现出来是有难度的。

于成龙出身书香门第，年轻的时候，卖过白菜，卖过豆腐，又在方山县安国寺苦读诗书。从四十五岁出仕为官到六十二岁死于两江总督的任上，于公这一生，秉性刚直，爱民如子，是能吏，更是廉吏。十多年的官场生涯，他遇到过许多诬陷和坎坷，但总能巧妙地化解，他是一位很有能力，很值得后人钦佩、学习的布衣高官。为了深入生活，我们曾两进吕梁，两进安国寺，两访于公的故里，也见到了于成龙的十几代孙和他的后人，也到他出生的地方去了。

就剧本结构而言，初期阶段有点散，没有尖锐冲突的矛盾，也没有很动人的情节，大家都觉得太平淡了。但当时我们已经陷进去了，一提于成龙，回味于成龙的许多情节，我们都会掉眼泪，已经陷得拔不出来了。但我们也不知应该如何把这个戏组织得更集中，既能表现他的"廉"，又能表现他的"能"，又能揭示我们中华民族古代先贤的一颗善良的心。当时我们也没辙了。

多亏了谢平安导演！谢导一锤定音，他说，中国戏曲清官戏很多，各个剧种、风格的清官戏都很多，这出《廉吏于成龙》跟其他戏不同的地方在于，这出戏是以于成龙的人格魅力为核心的，它就像一条红线，一颗一颗的把珠子也就是故事情节串成一个作品。他说这出戏是在一个"劝"字上下功夫，要用"劝"字来打磨这个戏，劝后人用于成龙这样的情操去做人、做事、做官。谢导这一个字，值千金哪！

于成龙就是一个布衣高官，他受命于困难之中，哪儿有难事，就把他往哪儿调，哪儿把他调去，他就把事情捋平，捋平又调走了，从一个七品芝麻官一直做到一品大员。他没有官场中那种溜须拍马、行贿受贿的恶习，全都没有。他也受过诬陷，也罢过官，别人问于成龙为什么不辩白？他说当时辩白也没用，"水清方显两般鱼"，所以说这个人物的胸怀是很大的。

当然，塑造这个人物难度也可想而知。作为花脸演员，我之前饰演的魏徵难度就比较大，他不像李逵，也不是楚霸王，不像廉颇，更不像包公，他是个有独立个性的历史人物。于成龙就更难了，传统戏里几乎没有于成龙，只在全本《连环套·行围射猎》上场前有四个朝官，其中一个朝官有句词"下官于成龙"，其他戏里再没出现过。

我曾经有一个梦想，就是在我六十岁退休之前排一出清朝戏，不要宫廷斗争，要新颖、别致一点，结果始终都没有合适的剧本。等来等去终于等到了这个机遇，不是我找于成龙，而是于成龙这个机遇把我抓住了。作为一个演员，能够参与这样的创作，出演这样的人物角色是很高兴的，对于六十二岁的我来说，是一个全新的挑战。

塑造这个人物首先得在造型上下功夫。如果按《连环套》那样用明妆、黑蟒、纱帽，有的戏迷朋友建议我索性按老戏的扮相来。我说那是第二个包老爷呀，于成龙应该塑造得更加有血有肉，活灵活现。打磨一个戏得调动各个方面的积极因素，不仅要组织矛盾和情节，表演方面的唱、念、做、舞等等都得调动，要全面而丰富。当时我想能不能来个"俊扮"，粘个胡子，就像清朝的林则徐。因为我特别爱看几个清朝的戏，赵丹的《林则徐》、李默然的《甲午风云》、北京人艺的《茶馆》，都非常非常喜欢。这个戏还没开排前，我就悄悄请化妆师到我家来，谁都不知道，化上妆，粘上胡子，没敢惊动服装师，穿了件唐装，戴了顶清代的"凉帽"，再粘上胡子眉毛，照了几张照片"试妆"。一看有点意思，就立刻把照片给谢导寄去了，谢导看完表示认可。其实一开始我挺害怕的，因为我比较胖，就怕扮上于成龙不像清官，倒像个和珅，那就坏了，形象立不住这戏也就立不住了。结果，谢导认为不错，大家也都觉得行，信心一下子就增强了。

在一件艺术作品创作的过程中，这些细节都是未知数，一个剧组里，没有大腕，没有明星，大家都是从零开始，编、导、演、唱腔设计也都是从零开始的。正是因为于成龙这位先贤的人格魅力才把我们所有的人都凝聚在了一起，我们也都中了魔似的投入其中。

这个戏一经上演观众们非常欢迎，干部们也非常爱看，得奖也是最多的，谢导功不可没！最重要的就是他提出的一个"劝"字，这个"劝"奠定了这出戏的基础，是这出戏的核心价值以及这出戏的魂，谢导的一个字，值千金哪！

记得这出戏首演是在 2002 年 12 月 12 号、13 号。排练期间，谢导也是几次来上海。他很忙，事情很多，先来的十天是做导演阐述，然后跟主要演员谈角色的定位，跟舞美、音乐、唱腔、服装各个工种细致地交流了意见。

其中有一场是于成龙抽闷烟的戏。原来是面冲观众的，后来谢导建议在台中间背冲观众，当时我觉得我看不着观众，观众也看不着我呀。谢导说背冲观众，逆光打过来，吐的这几口烟也是戏，这个烟就可以代表于成龙当时烦闷的心情！于成龙处理不了这些案子，康亲王那儿也不行，后来他想干脆不干了，但不干也不行，他自己对不住自己的良心，所以当矛盾都交织在一起的时候，是最出戏的。谢导说这个戏就在这个烟上，我脸冲里，拿着书，戴着一副清代的眼镜，看着书，抽着烟，这个造型就是于成龙。最烦闷的时候，背后的戏要比前脸的戏更感人，更有展现力。后来我看那张照片，果然妙，我也是很愿意接受这个"背后戏"。

在塑造人物上，谢导提醒我，于成龙在对待各种人应该有各种不同的态度，不同的内心。他对我的指导和要求我是非常佩服的。跟谢导一起合作，不仅能得到他的支持，更有他的指导，他一丝不苟执着地导戏、指导演员，他的导演作风一直影响着我们整个剧组，即便我们跟谢导有不同意见，他也是"从容纳谏"，愉快、默契，大家都是商量着来。

第一场演完之后我们希望谢导再多看几场戏，我说你坐在台底下我们心里才踏实，起码我的心里会觉得有知音、有底气。排这出戏时，其实我很想找机会跟谢导一块喝点酒，因为于成龙很有海量，我也很喜欢四川的酒，但谢导只抽烟不喝酒。随着排戏的慢慢接触，我们经常一块吃饭、逗哏，他会激发所有演员的艺术灵感，我们整个的排练氛围也都很愉快。

谢平安导演是戏曲界德艺双馨的艺术家，是我们十多年的老朋友，他的才华与人格魅力令我们钦佩、敬重，他更为戏曲界留下了许多的经典。

十多年过去了，我常常在想，如果不是谢导，《廉吏于成龙》会有这样的高度吗？于成龙会有那样的"魂"吗？

张火丁谈谢平安

张火丁，国家一级演员，中国戏曲学院教授，文化部青联委员，国家京剧院青衣演员，中国京剧程派艺术研究会理事，著名京剧程派艺术家赵荣琛的关门弟子，属程派第三代传人。代表剧目有《荒山泪》《锁麟囊》《红鬃烈马》《春闺梦》《秋江》《北国红菇娘》《绝路问苍天》《江姐》等。获文化部授予"优秀青年专家""杰出青年""高级专家"称号。首演的京剧程派《江姐》，拍成京剧电影，荣获国粹传承大奖，这也是京剧程派现代戏首次上银幕；

荣获第十七届中国戏剧梅花奖，"五个一工程"表演奖，第二届中国京剧之星，文化部青年京剧展演荣誉奖。

2001年，我和谢导首次合作现代京剧《江姐》。我非常高兴今年再度和谢导合作《梁祝》。《梁祝》这个戏，我们2005年首次演出过，这次是复排，我觉得这个戏还有提高的空间，我想应该把谢导请来。这次谢导来就是给我们画龙点睛，进一步升华。十三年过去了，虽然谢导年事已高，但是，他的工作状态一如既往。进了排练场，他很快就进入导演的最佳状态。十三年前，那时他还年轻。十三年过去了，我觉得他精神状态仍然特别好。在排练场每天他先给你走一遍，问你，你看怎么样？然后如果有什么问题，我们再交流、再沟通。就这点，我觉得我感受挺深的。这是一般导演做不到的。

因为谢导是演员出身，他导演的最大的特点是，大粗大细。"粗"是说他给予演员最大的发挥空间，与演员的交流很充分，尊重演员的创造，作为大导演，他当然很有自己的主意，他更多的是帮你提升。"细"是说他到了排练场后，每个演员的调度、位置，包括一些动作，他已经编排好了。这是演员出身这个特殊身份，使谢导的工作可以细到这种程度。排《江姐》的时候我感受就很深了，有些动作，他提前都给我准备好了。他就讲，我在这里给你设计一个动作，这个时候需要捋一下头发，然后下一次你拿梳子的时候，需要这样一个动作，他提前给你设计好了。作为演员，我们遇上这样的导演，是很幸福的，他会提前帮你想很多。

谢导是作为一个川剧导演出来的。他排京剧时，怎样发挥京剧的特点呢，我觉得谢导排戏一点也不武断。他自己经常强调的，不要我是导演，我想怎样就得这样。不是的。他既尊重演员，更尊重剧种的特点。他是根据剧种的特点、演员的特点，根据剧情的需要，强调首先把握人物，我觉得作为导演，这是他最重要的特点。

谢导是一位值得我尊敬的长者，在工作中呢，谢导严肃认真，一丝不苟，在生活中呢，谢导平易近人，生活很简朴。谢导为人正直。在我的印象中，谢导脑子里好像什么都没有，都是戏。我和他聊天的时候，他聊的也都是戏。

这么多年来，谢导在这个戏曲舞台上，辛勤地工作着，排出了太多太多的好戏，为中国戏曲事业做出了很大的贡献。

王平谈谢平安

王平，著名京剧表演艺术家，国家一级演员，中国戏剧梅花奖二度梅得主，中国文化艺术政府奖——文华表演奖得主，天津市人大常委，中国戏剧家协会会员，天津戏剧家协会理事，文化部优秀专家，天津市非物质文化遗产项目代表性传承人。享受国务院特殊津贴。自幼随父学戏，先后得到费世延、厉慧良、张世麟、王世续、王金璐、叶蓬、丁振春等先生的热心教授和指导。1987年进入中国戏曲学院进修深造。2000年拜在京剧表演艺术家谭元寿先生门下。2007年毕业于中国戏曲学院第四届京剧优秀青年演员研究生班。创作剧目有现代京剧《华子良》、新编历史剧《护国将军》、新编历史故事京剧《康熙大帝》，均获多项国家级大奖。常演剧目有《野猪林》《定军山·阳平关》《连环套》《长坂坡·汉津口》《八大锤》《艳阳楼》《四郎探母》《打金砖》《观阵》《击鼓骂曹》等。荣获第十五届中国戏剧梅花奖、第二十二届中国戏剧梅花奖二度梅、全国中青年京剧电视大赛最佳表演奖、天津第四届戏剧节优秀主演奖、第三届中国京剧艺术节优秀表演奖、文化部第十届文华表演奖、第十四届上海白玉兰奖主角（榜首）等奖项。荣获2002、2004年度天津市劳动模范、天津市第三届中青年"德艺双馨"文艺工作者、2002年度天津市宣传系统优秀共产党员、2006年天津市宣传系统2003-2006年度优秀共产党员、2007年全国"五一劳动奖章"及天津市最具影响力劳动模范提名奖、2010年全国劳动模范等荣誉。

听到谢导辞世的噩耗，我刚演完他的导演作品《康熙大帝》。猛然之间，我有些恍惚，不敢相信谢导离开他热爱的这个世界，离开了他情之所系、奋斗一生的排练场和舞台。但又知道这是确切的消息，因为就在两个月前我看望过病中的他，当时他虽是平和达观，和我谈笑依旧，询问医生才知病魔缠身，已难回天。谢导走了，我心头突然闪现他导演的现代京剧《华子良》中的词句：情切切唱一支忠魂曲，意绵绵难诉说战友情谊。

2000 年，谢平安这个名字，在全国应该说非常叫响。我院创排现代京剧《华子良》，请他执导，从此认识，从此结下不解的情缘。我很骄傲认识这么大一个导演，但是我更骄傲的是，我们又是多年合作的老朋友、伙伴。他是导演，又是演员。所以我们沟通起来是非常舒服、也能够很顺畅地形成艺术的共鸣共振。

《华子良》是天津京剧院打翻身仗的一个戏。为什么这么说，在此之前，天津京剧院应该说是处于低谷的状态。演员都各自为战，主演都是不合作，其他的演职员一看到主演这个状态，那么合作更达不到统一。所以说比较动荡，大家心都没在一起。再加上那时候京剧也是不太景气，内外因叠加，导致天津京剧院的发展是滞后的。

投排《华子良》，我觉得为天津京剧院打了一剂强心针，这个戏使我们京剧院精神面貌起到巨大变化。《华子良》在 2001 年 9 月获得中共中央宣传部精神文明建设"五个一工程"奖，12 月获第三届中国京剧艺术节金奖及 12 项单项奖；2002 年 7 月在文化部主办的第十届文华奖评选中荣获文华大奖，我荣获文华表演奖，谢导获文华导演奖，续正泰老师获文华音乐创作奖；2003 年 7 月，荣获上海戏剧大奖；2003 年 11 月，入选首届国家舞台艺术精品工程十大精品剧目；2005 年 7 月，由中国现代戏研究会举办了现代京剧《华子良》艺术成就暨戏曲现代戏表演艺术学术研讨会，《华子良》被授予突出贡献剧目称号；2003 年 8 月，《华子良》由天津电影厂拍摄为戏曲故事片后，荣获第九届电影华表奖优秀戏曲片奖，2012 年荣获第二届全国优秀保留剧目大奖。《华子良》填补了我市诸多奖项空白。正是在谢导倾注心血的执导下，《华子良》才具备了高水准的舞台呈现。

应该说，《华子良》一剧作为舞台艺术精品，它的形成过程使我院演职员经历了全面的历练。全院上下在精品意识确立的基础上，院领导班子进行了一丝不苟的科学管理，剧组全体成员不分黑白天、没有节假日，持之以恒地全力投入，演员特别是各主演间不讲名次的团结协作。期间，该剧做了三次重大修改，先后更换了老板娘、成岗、成瑶、双枪老太婆等主要角色及众多其他角色。拍成戏曲电影片，因为镜头需要，又更换了一批演员。乐队也由民乐队改换成西洋管弦乐队。二十多位国家一级演员、演奏员加盟《华子良》剧组，这部剧凝聚了剧组内外、全院上下同志们的心。杨乃彭、邓沐玮、李经文等梅花奖获得者不分名次、不分活头大小，发挥"一棵菜"的精神，甘当配角，对此，众多京剧同行充满羡慕地感叹：只有天津，才能把那么多角儿"绑"在一起。

所以说，谢导是一个当之无愧的好导演，同时他不光是导演，我认为他还是一个心理学家，还是一个有思想、有组织能力，能给大家做各种思想工作的艺术生产组织家，他还具备强大的凝聚力。

这个戏刚开始排练时，大家并没有很看好执导地方戏居多的谢导，因为京剧是国粹，好像总有一种老大的感觉。谢导又非常低调，接人待物上，我没有看他穿过名牌的服装，也没有看他摆什么大牌的导演架子。同时，吃也不是很讲究，住也无所谓，生活上也非常简朴。一见面，觉得他很瘦小，同时又不张扬。但是到了排练场，谢导一下就把我们震住了。他突然有一种放射力，有一种威力，甚至是一种霸气出来。他说排练场只有一个人说了算，这是谢导的一个宗旨。但他又不霸道，谁对戏有意见和建议都可在排练间隙提，最好是做出来。对好的建议他总是很愉快地接受。

从《华子良》开始在排练场排戏，大家就感到不投入都不行。那个时候就是已经忘掉谁是主演，谁是配角，谁是群众演员。除了华子良是从头到尾贯穿主线的主要角色，没有任何一个角色是苍白的，只要每个在台上出现的演员，都有规范的形体动作、准确的地点。京剧院从来没有这么排过戏，以前都是攒戏，大家要演了，说一说，过一过，就完了。

谢导来了之后，一下就把我们这种随意的、自由发挥的排练习惯和自以为是的理念改变了。所以这个戏只要是一排起来，我们就感觉到不是一个戏的问题，是整个团队的精神面貌，使我们有了一种很大的变化。

天津京剧院是1956年建院的，有很多京剧表演艺术家都出自我们院，所以我们眼光还是比较高，有一种傲气。傲气归傲气，但是在这个处于低谷的时候，你当演员再有本事，你都是单打独斗，没有形成一个团体的集体的力量。我们有一个老局长方伯敬，在看完首演后就给大家说了一句通俗易懂的话：一个剧院有戏才有戏，没戏就没戏。这话你听着很一般，但仔细一想，是很有道理的。在《华子良》投排之前，京剧院可以说是一盘散沙。没有领导关心，他们也不愿意来。为什么呢，哪位角儿都是大腕，都是挺有个性的，再就是主演之间不合作。天津京剧院在全国是有影响，因为我们前面有厉慧良、张世麟、丁至云、杨荣环、李荣威、赵慧秋等享誉全国的京剧表演艺术家。所以说呢，江山打下来了，守住这个江山很难。这个责任我觉得就肩负到我们这一代演员的身上。

《华子良》的出现，我觉得为天津京剧院提升了一个层次，使我们所有演员认识到一点：只有团结起来，凝聚起来，大家共同想做一件事情，这个院团才能够振兴，才能拉得出去、打得响，才能证实天津京剧院是一个有历史性的、一个有影响的、一个全国能叫得响的院团。所以通过这戏之后，我想对其他后面很多戏，都是这种观念、这种思想统领，直到现在。这一步，谢平安导演起到了至关重要的作用，使这个院团有了新的变化，非常重要。

排演《华子良》的过程中，我觉得和谢导有共同语言，第一最重要的是，我们两个都认真为艺术而付出。我为了排这个戏，在院里吃住了四十天，为什么这么做？因为在《红岩》原著中，华子良只是个闪光的配角，篇幅不多，提供的资料有限，而华子良的环境及其内心却又极为复杂，用传统戏中关于惊疯的表演来演华子良的装疯也远远不够。在整出戏里，我绝大部分时间都要以疯子的形象出现在舞台上。我曾经到精神病医院去观察各种疯人的神态，回家后一种一种地对着镜子模仿。有文疯子、武疯子，有静静的疯子，还有胡言乱语的疯子。如此等等，我越看自己学的样子越可怕，这些丑陋的怪状怎么能搬上舞台去表现一个英雄人物呢。怎么办？我反复琢磨、反复推敲，终于思路大开。只有一个办法，那就是把困难和挑战视为机遇，把可参照的艺术形象的缺乏视为创作空间的扩大，创造性地运用京剧程式，努力求得京剧形式美与现代人物的时代感的统一。谢导给我很多启发，他建议我要化用传统的东西，可以用它的程式，但是不要用它的模式。他提出用一种新的理念去创作，我不给你规定，但是有些个特定的这些环境，我给你讲，这边需要一个什么东西，这边需要什么感情，这边需要什么。在他这种启发下我不动都不行，我不去思考都不行。这么严肃、这么投入的一个导演，他的眼光这么高，我不能败下阵来。后来才知道，谢导他同时又是一个演员，他还给我看过光盘，他还演过戏的，那我就刮目相看了。因为我们跟其他有的导演也合作过，能够跟你说、给你讲，但是就是做不出来，这样对我们演员就欠那么一点点，能够给我们做出点形体的东西，或者是有一种你自己体会的动作，谢导这样的导演我们觉得更直接一些。所以谢导他不光能说，他还能做，好多东西他是帮着一块弄，还能做出来。再一看那些他演过的戏，文武两唱。这样能演戏能导戏的导演现在很难找了。因为他能够体会到演员在台上的处境，这样我们交流起来就非常的融洽。

谢导留给我最深的印象是，他是一个对艺术全身心投入的好导演。对戏他绝不敷衍了事，戏要排不好，他自己都是过不去的。不管多累，他一到排练场，总是活力十足。他对艺术的追求是炙热的。

我和谢导合作了三个戏了，除了《华子良》，还有《护国将军》《康熙大帝》。

《康熙大帝》灵感来源于中国著名演员陈道明主演的同名电视剧。但仅用两小时全面演绎康熙六十年的执政生涯，显然不可能。因此，经过对历史的研读，主创人员最终选取了康熙皇帝平定噶尔丹叛乱的历史事件为主要内容，以收复台湾为该剧的背景，以平定噶尔丹为主线。接排该剧是谢导当年对我的一个承诺，再排一台与《华子良》有着巨大反差的戏。因为我心里一直有饰演英雄的情结和梦想。在他的指导下，我在剧中注重发挥自身文武老生的优势，运用武技绝活，还原了康熙"马上皇帝"的风采。剧中几段动作性很强的段落，例如"翻身、枪花儿、出手儿、亮相"特别下了功夫；而那段"耍辫"更是活用和继承了我院前辈大家厉慧良在《火烧望海楼》中的"绝活"。

对于这个戏，谢导有个独特的切入点。他要求我饰演的康熙，不是那种非常苍白、非常古板的一个皇帝，非常的作状，要演他人性化的一面，演出他的威，同时要演出他的仁。不光有外表，还要有内心。我觉得谢导最大的一个特点就是每出戏、每个人物，必须要有区别，同时必须要有思想，要认真去投入去揣摩的。

《护国将军》写的是蔡锷将军，也很难把握啊，在谢导的指导下，为了生动刻画蔡锷面对多方势力时内心的矛盾冲突，复杂心态，我在唱念做中都进行了新的尝试。

这三个人物是我跟谢导一路走过来。我通过演这几个角色之后呢，再演传统戏都不一样了，有了人物层次，有了新的理解。比如演杨延昭、赵云、高宠时，就有了不同以往的体会。

我就觉得和谢导合作非常充实，同时也非常踏实，他能调动我很多东西。他对中国戏曲近乎宗教式的创作，对氍毹无限的热情让我感动终生。作为一个演员，能遇到这么一个懂你的导演是幸运的。失去谢导，对我来说，是不幸的。知音不在，我感到很落寞。

纪念谢平安导演，借用《华子良》中的一句台词：

　　您永远活在我们心里——
　　情切切唱一支忠魂曲，
　　意绵绵难诉说战友情谊，
　　怀念你。

张寿和谈谢平安

张寿和，国家一级演员，毕业于天津市戏曲学校，后分配到天津京剧院工作。先后任天津市京剧团演员、一团副团长、实验团团长、天津京剧院副院长、滨湖剧院法人、天津京剧院党委书记等职务。

惊闻谢平安导演辞世的噩耗，天津京剧院的演职员工都很悲痛。当天天津电视台正在直播《康熙大帝》的演出，王平院长谢幕后听说这个消息，长叹不已，悲伤之情溢于言表。因为王平院长还有重要演出不能离津，就由我代表天津京剧院全体演职员工及王平院长在第一时间来成都吊唁，同时对师娘及谢导家人表示诚挚的慰问。

谢导对于天津京剧院跨越式发展是起到关键作用的。2000年，我院发展遭遇瓶颈，谢导接下现代京剧《华子良》排演工作，以其高超的导演艺术创作了这台屡获大奖、成为典范的现代京剧，我院打了一场漂亮的翻身仗，使天津京剧院的品牌更为叫响。

接着谢导又为我院创排了《妈祖》《护国将军》等剧，也是连获好评及国家级奖项，更加奠定了我院在全国京剧界的地位。

2014年，谢导大病初愈，他抱着为我院再排一出好戏的愿望，接排了《康熙大帝》。该剧倾注了谢导的心血，首演即赢得观众、专家的好评。

谢导平易近人、和蔼可亲，和我院众多演职员结下了深厚友谊，对谢导的辞世我们无比痛心。

我们认为纪念谢导最好的方式，就是把他的导演作品演下去，《华子良》现在已经演出五百多场，其他剧目我院也将演出好，多演出。

最后，请师娘和谢导的家人一定节哀顺变，保重身体。

昆曲人谈谢平安

谷好好谈谢平安

谷好好，女，国家一级演员，上海戏曲艺术中心党委书记、总裁，上海昆剧团团长、党总支副书记，艺术硕士。上海市戏剧家协会副主席，上海市青年文艺家联合会副会长。中国文化艺术政府奖——文华表演奖、中国戏剧梅花奖、上海白玉兰戏剧表演艺术主角奖获得者，上海市十大杰出青年等荣誉获得者。上海市非物质文化遗产项目代表性传承人。2002年首届中国戏曲演唱大赛中获红梅大奖。2007年获全国昆剧优秀青年展演十佳演员奖、主演的昆曲《白蛇传》荣获法国塞纳大奖。2009年荣获第四届中国昆剧艺术节优秀表演奖。谷好好曾获首届上海文化新人、上海市"三八"红旗手、上海市新长征突击手称号，是上海市第八届、第九届、第十届党代会代表。工刀马旦、武旦，师承昆剧表演艺术家王芝泉。代表作有《挡马》《扈家庄》《借扇》《昭君出塞》《金山寺》《请神降妖》《目连救母》《八仙过海》等，以及新编昆剧《一片桃花红》《白蛇后传》《红泥关》《雷峰塔》，锡剧音乐剧《青蛇》，京剧《生死界》《白蛇传》《宝莲灯》等。

我此时此刻比较难过，因为对谢导的情感很浓。上海昆剧团全体，从老艺术家到我们这一代中青年，以及我们的下一代这些年轻的昆曲传承人，都十分爱戴他。所以，听说谢导辞世这个消息之后，我们都非常悲痛。

我们单位这两天都在演出，所以我们是昨天半夜赶到成都的。今天我是来磕三个头，给老师敬三炷香，之后我可能又要赶去机场再飞回上海赶演出。这说明什么？这说明我们无法言表和无法抗拒的，跟老师的一份情。

其实我也是他的学生。老师在上海给我排过《目连救母》，我当时很感动。

他到上昆剧团排的第一个戏，是给昆曲的表演艺术家们计镇华、梁谷音、刘异龙、张铭荣排的《邯郸梦》。在那个期间，他观察我练功，就把我叫去了。其实当时我在昆剧团演折子戏的时候，他就来看过我演出。排《邯郸梦》的时候，老师就主动来跟我说："好好，你可以试一试，把《目连救母》捡起来排排看。"我说："老师，昆曲以前是有《目连救母》，可是后来失传了。"我说我们没有本子。

谢导排完《邯郸梦》回到四川，就用手写剧本，把川剧的本子拿来他自己手写，寄到上海给我。我从来没有想到过，这么一个大导演，还记得这件事，还手写剧本寄来。后来他专门飞到上海，花了七天的时间，给我排了这一出折子戏。这种帮助和关怀，这种回忆，让我此生难忘。很多地方都请他，他时间很紧张，请不到他。但是他居然可以为我排一个《目连救母》折子戏。这对我的人生是多大的影响！这七天里，他在上海昆剧团，我们一起排练，非常开心。

他的一个口头禅就是"神经病"。其实我们都知道，这表示他喜欢我们。我们说，谢导这样好吧，那样好吧，他总是回答"神经病"，其实这里面是满满的爱意。我们现在都特别想念老师，特别想听到老师叫我们这三个字。

这两天，我们上海昆剧团的微信、微博传疯了，都说这样一个可爱的老头、这样可亲的"神经病"口头禅，没有了。我们想听到老师这么亲切地叫我们。我们非常悲痛，我觉得这不仅是谢导全家的损失和悲痛，这是中国戏曲的悲痛和损失。

我就是凭着《目连救母》这折戏，拿下了上海戏剧白玉兰主角奖。评委、专家们对于这部戏，从川剧移植到昆曲都非常认可。这个戏也成了我们昆曲经典折子戏当中的一折。将来，我还要把这个戏修改提高，再传承给下一代。一定要把这个戏传下去，把谢导对我们的情分、对昆曲的情分，传下去。

最值得回忆的，就是我当团长之后排的第一台大戏。当时我主抓创作，排什么？我们想到了昆曲的《铁冠图》。这在昆曲七个院团都是没有排过的。在昆曲舞台上，以前是个颇难的禁戏，谁也不敢动。我们第一时间联系了谢导，问谢导你能不能来带领我们上昆的中青年一代试一下。我们都三十几岁了，已经学了二十七年的昆曲，正期待一部作品来证明，也希望能在全国打响。

谢导来了，带着师娘来了。那时我们都已经知道他生病了，我们都非常小心。但是谢导来到上海，没给我们提任何要求，没有麻烦我们一点点。他给我们留下的经典镜头就是：一辆脚踏车，一台 VCD 机器。因为他晚上要做案头。他总是踩一辆自行车，他说我不要车接送，我自己可以自行车踩到昆剧团。他说只有一个小小的要求，房间里要有冰箱，因为他要放中药。每天中午他跟我们一起吃盒饭，没有任何一点特殊需求。他越是这样，我们越想对他好。他就是这样一个朴素、可爱、幽默又认真的老头、大导演。他给我们导戏，我们感到非常轻松。

其实我们排这个《景阳钟》（《铁冠图》改本名字）真的很难啊，但是谢导第一时间就抓住了要点，谢导紧紧抓住"以史为鉴"四个字，尊重昆曲，尊重历史，这多符合当下社会对戏曲传统文化发展的主要精神啊。而谢导早就成竹在胸了。

谢导很忙，圈里都知道，让谢导排完一个戏再回来修改比较难，因为他时间很紧张。但是为了《景阳钟》，谢导三次来上海，排完了我们去演出，再修改，他再来，回去，再修改，再来，三度来上海。

尽管《景阳钟》是很难的一部戏，但有谢导在，一切在他手里都举重若轻。在排练场上，大家都觉得排谢导的戏是最轻松的。他从群众、锣鼓、舞台、灯光，全部想好了。我们花了二十几天时间就把一台戏拿下了。结果从一出很难演的禁戏，他一路带着我们把它送上了昆曲艺术节的榜首、到文华优秀剧目奖、再带到精品工程，他一路把我们这个"孩子"带大。

这台戏获得了"国家舞台艺术精品工程剧目"，让上海昆剧团拥有了第三台精品工程剧目。我们第一台剧是《班昭》，第二台是《长生殿》，第三台圆我们三连冠梦想，这就是谢导排的《景阳钟变》（现更名为《景阳钟》）。这部戏成功地带着上海昆剧团的中青年一代发展，我们这一代人拥有了这样的戏，表示中青年一代接班了，接下了老艺术家们的班，上海昆曲后继有人了，让上海昆曲有了更好的明天，它的历史意义也是不容置疑的，是无可代替的。

所以这种情分，上海昆剧人永生难忘，我们永远怀念我们的大导演，我们的小老头，我们亲爱的老师——谢导，谢谢！

林为林谈谢平安

林为林，国家一级演员，首批国家专业技术二级岗，是享受国务院特殊津贴专家，著名昆剧导、表演艺术家。原浙江昆剧团团长，现任浙江音乐学院昆曲艺术中心主任，全国昆剧研究会副主任，浙江省戏剧家协会副主席、浙江省传统文化促进会会长、浙江省戏剧促进会副主任，台湾"国立"艺术大学客座教授，香港城市中文大学驻校艺术家、香港演艺学院荣誉院士等。浙江省第十二次党代会代表，第七届、第十一届、第十二届人大代表。获浙江省首届德艺双馨中青年艺术家、浙江省有突出贡献中青年专家荣誉称号。文化部首届政府文华表演奖，中国戏剧二度梅花奖获得者，上海白玉兰主角奖获得者。中宣部"四个一批人才"，国家级昆曲项目非物质文化遗产传承人。

这个昆曲呢，是百戏之祖、百剧之母，是我们国家最古老的剧种之一。浙江也可以说是新中国昆曲的发祥地。

我们浙江昆剧团，曾经在20世纪50年代是一出《十五贯》救活了昆曲这个剧种的剧团。

谢导呢，我们是久仰他了。他给我们排了三个戏。一个是《徐九斤升官记》，一个是《琥珀匙》，一个是《乔小青》。说实话，开始我们请他来导昆曲的时候，心里也有点忐忑。因为谢导虽然在别的剧种排了很多戏、得了很多奖，但他对于昆曲了解的程度，我们还是担心。而且第一个戏呢又是《徐九斤升官记》。京剧《徐九斤升官记》，湖北京剧团又演过，是个经典名著，把它移植到昆曲来，昆曲又是以小生、小旦、小花脸三小戏为主的。

《十五贯》中的角色由我团昆曲表演艺术家、著名丑角王传淞饰演，很出名。我们剧团的几代丑角演员都是非常出彩的。排《徐九斤升官记》是文化部昆曲扶持工程项目当中的一项重要任务，把兄弟剧种好的题材移植到昆曲中来。虽然是百戏之母，也要向人家学习好的、已经成熟的丑角题材的好作品。所以我们选择了这个《徐九斤升官记》。

平安导演来了以后，确确实实对我们帮助很大。他非常了解传统，而且非常了解昆曲。来之前功课做得非常的细。可以这样说，他来了二十天，这二十天非常顺畅地就把这个戏拿下来了。这说明他对这个传统的了解、对昆曲的了解很深。虽然他是第一次到我们剧团，但他看过了我们剧团大量的资料，大量的图片、影像资料、文字资料。他完全了解昆曲的表演特点，他载歌载舞，他的音乐性跟舞蹈性，唱、念、做、打有机地融合在一起。这个是我们昆曲表演最大的一个特点。谢导完全尊重昆曲逢歌必舞的艺术风格及表演特征。比如说有一段戏，《徐九斤升官记》他把那个椅子功审时度势的用起来，徐九斤边坐在椅子上面，边颠椅子，就是把道具跟身法、跟他的水袖、包括眼神有机地融合在一起，非常符合昆曲的情境再现。包括后面排了两个闺门旦的戏《乔小青》跟《琥珀匙》，都是长水袖、载歌载舞的表演，包括它一些场面，完全符合昆曲表演特色，符合传统戏所流传下来那种演出样式、表演风格，同时使我们昆曲艺术在继承的同时得到了发展。一个戏的成功，往往成功的是演员，出彩的是演员，但是当代戏曲艺术的导演，功能太重要了。但他永远躲在幕后，把剧种、把演员推到一线，发扬光大。这才是好导演，谢平安导演做到了这一点。

谢导在我们团导排的另外两个戏叫《琥珀匙》《乔小青》，都是闺门旦的戏。大家闺秀的戏，因为我们有一次合作，我们非常信任他。每一次合作都非常圆满，非常成功。像《乔小青》这个戏，说实话，刚开始排的时候，我们的剧本还不是很顺畅，还在斟酌阶段，但是谢导来了两次，第一次来修改剧本，从文学稿剧本，到排练稿，他进行了周密的删改。什么地方要，什么地方不要，什么地方还需要补充，他一一跟编剧进行沟通。后来《琥珀匙》《乔小青》两个戏都参加了全国的昆曲会演，也参加了我们浙江省的会演，都荣获了很好的评价，也获得了很高的奖项。所以我们浙昆人很感恩谢导对我们的帮助，近几年来给我们排了三部好的作品。

我们剧团来过很多导演，我们自己也去导，我本身也是学导演的，这几年也排了不少戏。但是我觉得谢导从导演的风格上来讲的话，他有一个非常好的规范。排戏排到后一阶段的时候，他就要三合成：演员、灯光、舞美。其他的舞美人员都要来看戏，让大家在最后一个阶段都进入这个戏中，能够深入了解剧情，知道我们演员哪里换场，灯光切换点在哪里、衔接在哪里，包括灯光的切换快慢程度。这就是老导演。他的作品能够获得那么多的荣誉、获得那么多人的欣赏，确确实实是靠他在实际工作当中积累的丰富经验。

我跟谢导私下也很要好，他是演员出身的导演，他在舞台上的调度、节奏，包括舞台环境、音乐的轻重缓急，他一目了然。他说，他看到文学本就有立体的画面出来，他立马就知道哪些要、哪些不要。所以我觉得谢导确实是我们当代的最伟大的戏曲导演大家。这个评价是从我们心底里认可的。

谢导的为人非常好。我们喜欢叫他"小老头"。他个子不高，很谦和，到剧团来排戏，虽是大导演，却从来不找剧团任何麻烦，他只要一辆自行车，住在宾馆里。一般来说，两顿饭要吃吧，一顿是接风，一顿是送行。不要。他说你千万不要跟我吃饭，你吃饭浪费我的时间，也打扰你们的工作进程。你只要给我简单的饭、一辆自行车、足矣。每一天早上八点半，他第一个到排练厅，四点半结束以后，排好了，大家走了，他才走。这给我留下了非常深刻的印象，一个艺术大家，他作品那么辉煌，他的人品那么高尚。

所以他的过世，对我们中国戏曲界是一个重大的损失。他的作品的流传，对我们导演、戏曲表演艺术的学术来讲，是一笔非常丰富的宝贵的遗产。所以我们永远纪念他、永远怀念他！

王明强谈谢平安

王明强，浙江昆剧团副团长，国家一级演奏员，著名昆剧鼓师。1978年进入浙江昆剧团，曾为浙昆"传、世、盛、秀、万、代"六代演员担任司鼓。负责创作策划、制作剧目有《公孙子都》《红泥关》《乔小青》《十面埋伏》《琥珀匙》《徐九经升官记》等等。其剧目中荣获国家舞台艺术十大精品工程、文华大奖、法国塞纳大奖、中国戏曲学会奖、中国昆剧节优秀剧目奖等。收集整理了昆曲吹打曲牌，并被录制成唱片，浙江电视台曾专题播映"司鼓——王明强"。先后在中国昆剧节及省戏剧节等赛事上获优秀演奏员奖，多次赴中国香港、中国台湾、中国澳门、泰国、日本、韩国、瑞典、法国、英国等地演出、讲学，享有盛誉。现为中国戏剧家协会会员，浙江省戏剧家协会理事，浙江省司鼓专业委员会会长。

谢平安导演是我们非常尊重的一个导演。在我们所接触到的导演当中，他给我们留下的印象是那么可爱、可亲、和蔼，排戏当中又很严厉。

他在浙江各个省属院团，各大院团，排了很多的戏。特别是我们浙江昆剧团，前后为我们排了三出大戏，分别是《徐九经升官记》，这是从京剧移植改编的；第二本是《乔小青》，是我们昆曲传统剧目改编的；第三本是《琥珀匙》。

谢导第一次跟我们浙江昆剧团接触时，当时我们很担心，会不会偏离我们昆曲的风格特色呢？但是，戏排出来以后，所有的人都认为这就是昆曲。所以说谢导不仅在其他地方剧种很有建树，在我们昆曲上，也是如此。

我已经三次去过他家里，有时到乐山，或者到成都。上次我们在福建碰面，在北京我们又碰面。跟谢导认识这十几年，就我个人来讲，与他的友谊，不仅仅是院团关系、师生关系，更是一种忘年交的关系。

他每到我们的团，大家都反映他不像其他导演。他到了我们团，他跟我只有一个要求，提供一辆自行车，他每天就踩着自行车到我们团里来排练，排完了，他从来不要求我们院团请他吃饭，我每次要请他吃饭，他都是说：不用，我还有下一个戏要做案头。他从来不提任何的要求，包括费用，他很为我们院团考虑，很为我们院团着想。不像一些导演，到一个地方排戏，目的性很多。谢导太纯粹了，他就是为艺术而生的人。他这一生为我们中国戏曲奠定了本体化的基础，为传统戏曲做出了很大贡献。

在全国院团当中，他的作品屡获国家精品工程文化大奖，获奖不计其数。

他的为人，在全国院团当中，都起到一个表率作用，不提任何要求，不增加院团负担，对我们院团来讲，碰到谢平安这样的导演，是一个院团的幸福。

现在能够导昆曲的导演越来越少。谢平安导演是能导演昆曲的导演中的一个。他是我们中国昆曲界的一个伟大的戏曲导演。

我来之前，我们团的演职员，都哭着打电话给我说，希望谢导在天堂也要创作，创作出好多作品，谢导一路走好，我们都怀念他，他永远活在我们的心中，并请我代表他们向谢导磕三个头，烧三炷香，献上一个花圈。所以我这次来，是代表着我们浙江昆剧团所有的演职员，来为谢导送行。

孙晓燕谈谢平安

孙晓燕，浙江昆剧团一级导演、一级演员。代表作品有：话剧《雷锋》；昆剧实验剧《红鞋子》；情景诗剧《我有一个梦想》；婺剧《孙膑与庞涓》《橘红满山香》《天府祭》《樊梨花与薛丁山》等；绍剧《火种》；越剧《风雨节妇亭》《银屏》；瓯剧《东瓯王》(谢平安导演合作)；昆剧《乔小青》《琥珀匙》(与谢平安导演合作)等。个人和作品曾获：浙江省第十、十一、十二、十三届戏剧节剧目大奖及优秀导演奖；杭州市三、五届"西湖之春"艺术节新剧目调演优秀导演奖；其中和谢平安导演合作的昆剧《乔小青》获第五届中国昆剧艺术节优秀剧目大奖等。

在我们团的人心中，谢导是一个非常非常受人尊敬的大导演，他也是一个可以无私地把自己所有的舞台经验传授给学生们的好老师，他又是一个非常慈祥的、可爱的、快乐的老男孩。

我难受的是，就是他去的时候我没去看他。

其实我是非常幸运的，因为从2006年在上海戏剧学院导演系回来后，第一个戏跟的就是谢导，也就是我们这个《徐九经升官记》。从剧本的分析到人物的挖掘，从舞美到灯光一直到最后的呈现，这个戏的整个过程，我是完整地跟下来的。当时，对谢导有一种敬畏，因为他是大导演，自己又刚刚从学校出来。但是在这个过程当中，谢导对我在无形当中的一种帮带、开导，让我悟到很多东西。比如说他教你舞台上怎么运用道具，就是把道具运用起来让它也成为我们舞台上的一种表演；还有如身段表演如何更多姿多彩；他也告诉你，场与场之间怎么前后呼应、怎么过场，包括舞蹈怎样为戏服务、不要光以舞蹈为舞蹈这么去做。他点点滴滴地在无形当中一直教导我，让我受益匪浅。

而且，有时候在排练的过程中，他也不是一定要你去问他，他才会告诉你。

他有时候会告诉你，哎，这个东西为什么我会这么处理。我在学校里学习得更多的是理论，在实践中还没有完全经历过。他让我在学校学的理论一下走到了实践当中。本来我是当演员的，但在我的导演生涯中，我觉得他是我的恩师，是他把我引进了导演的天堂。所以我对谢导是特别地尊敬。

后面我们也跟排了他好几个戏，一个是《乔小青》，一个是《琥珀匙》，还有温州瓯剧团的《东瓯王》。所有的过程当中他教会了我很多。不光是舞台上的，跟谢导在一起，还会学到很多他的为人。作为导演，他有很强的自律，比如他拍戏不会迟到。在他排戏的时间里，让大家不会觉得很累，他的时间把握特别好，早上九点到十一点半，下午两点到五点半。他让我们大家觉得排戏的过程是一种享受，而不是觉得很辛苦、很累的。当然辛苦是辛苦，但是他让我们觉得跟他在一起合作是一种快乐，很享受，完全冲淡了那些辛苦。

为什么说他是一个老小孩，因为他除了排练的时候非常严谨、非常执着以外，生活当中是非常可。有时他会生气，我想这个大家也知道，他生起气来就会说"神经病"，然后我们大家一哄他，他就哈哈一笑。他在人心目中是一种很温暖的印象。导演是他的一种职业，谢导留给我们更多的，是他的敬业、他的为人、他的大度……我不知道该怎么去形容他，他像一个老师，又像一个父亲，又像一个朋友，所以我们大家都特怀念他。

我昨天下午睡觉时做了一个梦，因为我们团里打电话说，明天四川要过来采访一下关于谢导以前的一些事情，然后下午睡午觉的时候，就梦到了谢导。他走后，一直都没有梦到他。然后我就特奇怪，我说，谢导你不是走了吗？他嘿嘿一笑，我说可是他们明天要来采访我，我说你已经走了，他们让我说你以前，我说，可是你都没有走啊。他说没关系，明天你就采访好了。我就说，谢导你的身体怎么了啊，他说了一句，我自己忽视了、轻视了。其实在我心里头觉得他没有走，他真的是我的良师益友。我排戏碰见问题，我就给他打电话，有时候想到他，也会给他打电话。因为他一直在全国各地忙嘛。可能在我的感觉当中，还没有他走了的那种感觉，也许他就是去排戏了，他可能到更远的地方去排戏了。没有觉得他走了。看到他每一张照片，你就会觉得他很活灵活现地在那里出现。

谢导每一次在我们这里排戏，因为我是全程跟的，有时候排完他会把所有的案头，就是他亲手写的一些案头交过来，说：大小姐——他叫我大小姐——大小姐，交给你了。有时候我们要复排，他不在的话，他会打电话来感谢。他特别尊重别人，让我们觉得很温暖，特别温暖。

　　有时候给谢导打电话，我就问，谢导你在排什么戏啊。然后他说，哎，我在排什么戏。我说，哎，有没有你的那个笔记啊，我想看一下。他说可以可以，我给你寄过来。他就真的寄过来了。他里面画了很多东西嘛，两个手该这样子，他就会画两个手，我也在学他，可是我一直画不好。他就说你慢慢去悟。包括他写的一些怎么处理场景啊、音乐啊、身段啊，他都写得很细致。我一点没有觉得他有哪怕一点点，好像我的东西全部都被你们偷去了，一点点这个意思都没有。他就是把所有的东西都给你。他一直说我特别喜欢学，我就是属于蛮钻的一个学生。其实，他也真的有时候不是把你当学生的，他是把你当同行那样子的，他一直说，我们以后就要靠你们的了，渐渐的你们必须要接上来。他心头装的是这个民族的戏曲事业，他不是在找当老师、当导师的感觉，他心头没有什么你的、我的、他的这些概念。你可以想见谢导这个心胸，那是装不出来的。他是把你当同道。本来我说我真的很想去看他排那个《红高粱》，我不知道这个剧排成戏曲会是什么样子，他说我把这个发给你，你可以去看这个，大概就可以知道整个戏是个什么样的过程。

徐延芬谈谢平安

　　徐延芬，女，国家一级演员。1978年进入浙江昆剧团（五年制学员毕业），师承著名昆剧表演艺术家周传瑛、张娴，正旦、老旦、刺杀旦都能应行。主演过的剧目有《折柳阳关》《长生殿》《红梨记·亭会》《玉簪记》《渔家乐》《游园·惊梦》《吕布与貂蝉》等等。

1997年全国昆曲汤显祖杯大奖赛浙江赛区获一等奖。2002年浙江昆曲中青年演（奏）员大赛获演员表演一等奖。曾多次出访日本、中国澳门、中国台湾等国家和地区。

　　我认识谢导是2007年，那时我们团第一次排《徐九斤升官记》，请谢导来导。主演是一个上海的演员。因为是第一次与谢导合作，我们也没有接触过大导演，只是久闻谢平安大名，并不知道谢导是什么样的性格和导演风格。

　　在排练的过程中很惊讶地感觉到，首先他非常和善、平易近人，没有架子；第二呢，就是他很干脆，排完戏就走人了，从不会有其他事来麻烦剧团的人。在排练的过程中，他非常尊重演员的二度创作。谢导对我来说，是我的一个启蒙老师。

　　说到这里，我有点激动。我们之前排的都是传统大戏，但是《徐九斤升官记》是新创剧目，跟我们过去老戏的演法可能有所不同。当时有一点顾虑，我怕自己演不好女主角"李倩娘"。没想到谢导在排练之前，帮我们主要演员都设计好了，身段啊、表演啊，他都帮你组合好、设计好了，这是我没有想到的。因为之前我们排戏要么就是按传统来，要么就是自己设计动作。但是他导演功课全都做完了，演员感觉到排他的戏非常非常没有负担，没有心理压力，他在现场就帮你解决掉了你原先有的那种困惑。你不知道如何表达的一些东西，他已经完全帮演员想到了、解决掉了，所以演员就很轻松。他稍微给你一指点，你一做就完成了。或者你稍微哪个地方有点不顺的时候，你就告诉他，导演我这里不是很顺，他就帮你想办法。我觉得他很尊重人，因为他非常认可我们自身所具有的东西，他允许你的创作、尊重你的创作。

　　这部戏排完以后，我又排了很多大戏，但是我觉得让我受益最深的呢，还是谢平安导演。我本来以为不会掉眼泪，可说起他还是很难受。我觉得他有时候像父亲，又像老师，艺术道路上的良师。不排戏的时候，他抽着根烟，你觉得和他相处就像和父亲之间的感觉。我性格比较外向，在排练厅有时候比较喜欢搞笑，他有时候就会带点爱称的口气这样叫我：你这个疯婆子！我听了心里蛮高兴的，觉得很亲切、很温暖的。

2012年，他来排《乔小青》，还特别记挂我。他说，我怎么没有看见疯婆子呢？我怎么没看见徐延芬啊？剧场合成的时候，我看到他，他跟我说，你是一个很有气场的演员，应该排一个属于自己的大戏。开始我没有这个想法，经他这么一点，就萌发了再排一个戏，作为自己这么多年艺术生涯的一个总结的想法。

后来决定演《琥珀匙》，我去跟团长商量请哪个导演来，最后决定，还是请谢平安导演来。这时，他已经动过手术了。我们知道他动过手术，担心会不会影响他的身体恢复，毕竟这么大强度的排练劳动。去阜阳找他谈，他正好在给赵志刚排戏，他说今年不接戏了。因为他已经给我们团排了两出戏了，跟我们团有深厚的感情，我们全团都很尊重他、也很喜欢他。我们团来过很多大导演，但是口碑一致最好的就是谢平安导演。我们很服他，非常敬佩他，认为他才是真正的德艺双馨的好导演。他不仅在艺术上造诣很深，品德也非常高尚，不是所有人都能做得到的。我们想到他可能会拒绝，也是抱着试试看的态度，去找他商量，看他可不可以在年底之前，或者2013年年初开始的时候来给我们排这个《琥珀匙》。当时他就说，本来我也是要回去过年了，但是我跟浙昆（浙江省昆曲剧团）也是有非常深厚的友谊，感情也很好，那我就接下来吧。这部戏在过年之前这段时间帮我们排完，2013年1月23号就公演了。

当时我们排这个戏的时候还担心他的身体吃不消，因为他已经开过刀了。但是他在排练厅，从来不叫累也不叫苦。其实我们知道他很累的，师娘告诉我们他排完戏回来倒头就睡了。他还有一点就是从来不叫我们团里的司机送。我们团里有这样的规矩，凡是导演来排戏，中午、晚上，一定是有司机接送的。他从来不要司机接送，就要一个小自行车，自己骑回去，骑回去大概五到十分钟的样子。他就自己骑回去，从来不麻烦我们。这么有名的一个大导演，又不要人接送，又不要人陪他吃晚饭，就师娘自己拿个电饭煲在旅馆里，煮一点菜，煮一点饭。我们其实心里面蛮感动、蛮心疼的，不知道怎么能让他吃好一点，但是他就是不愿意嘛。每天五点钟他就说：好，今天排练结束，下班。他就这样，非常干脆的。从来没有要组织上给他解决什么，要提什么要求，从来不的。谢导艺术上太好了，我们不用讲多了，但是生活中这种点点滴滴，想起来有的时候蛮心酸的，一想就很难受。

那天早上起来的时候，我睡觉比较晚，睡到中午起来打开微信一看，就是他去世的消息，眼泪就忍不住掉下来，就像自己的亲人去世一样，一想就很难受，到现在想起来还是很难受。

他对我的帮助真的很大，可能其他演员感觉不到，因为我和他一起排过两个戏了，2007年第一次，2013年又一次，还有中间一个小插曲。当时，排这个戏中间的时候，有一段是要演员自己唱的，我当时就跟导演说，这个两分钟的唱能不能做成幕后唱，就是二场和三场黑幕的时候画外唱，不要演员自己唱。他考虑了可能十几秒钟，他就说，疯婆子既然你觉得这样好，那我就同意。我当时就觉得这个导演真的非常非常尊重演员。当时怕他会拒绝，但是他没有拒绝，他就思考了一下就说好，就同意了。还有一个事，当时女主演在现场演的时候，有一段有五分钟的唱，我说能不能让演员在现场自己作画，画一朵梅花，边画边唱。他当时没有马上答应，他问为什么，我估计他当时已经设计好这场该怎么演了。我知道谢导有这个习惯，就是之前他功课都给你做好。我提出来以后他想了一会儿说，那你明天拿个画板在排练厅画一下给我看看。我说行，第二天我就在画板上草草地画了一下，因为我也不会画画。他说好，可以，疯婆子我同意了。我觉得他真的是我所遇到过很多大导演里面，很能走入演员的心里面去的、跟演员非常有默契的导演，他会让演员觉得在他手里演戏，会非常自如，非常放松，会发挥得很好。

杨崑谈谢平安

杨崑，浙江昆剧团国家一级演员，工旦行。中国戏剧家协会会员，上海戏剧学院在读 MFA 硕士。师从王奉梅、龚世葵、张娴先生，并问艺于华文漪、张静娴等昆曲表演艺术家。擅演剧目有《牡丹亭》《西园记》《狮吼记》《长生殿》《铁冠图》《贩马记》《张协状元》《范蠡与西施》及《题曲》《楼会》《活捉》《断桥》等。荣获文化部第十届文华表演奖、全国昆曲优秀青年演员展演十佳演员和十佳论文奖、浙江省首届金桂奖等奖项。

记得我是在二十多岁的时候认识谢导的，那是在永嘉昆曲剧团，谢导给我们排《张协状元》，我当时是从浙昆被借到永昆，参加《张协状元》剧组的。《张协状元》是一个南戏，这次排练又是在南戏的故乡永嘉，因此这是一个非常有意义的排练。

我那时二十七岁的样子，但是昆剧人二十七岁真的非常年轻。当时我可以说在表演上完全是一张白纸。我说谢导我什么都不会的，怕给你带来麻烦。他那么一个大导演，他见到我的时候就安慰我，不怕呀，他说谁都不是一生出来什么都会的，都是慢慢地学。他说，娟娟不怕，我每天给你摆龙门阵。真的每天就是摆龙门阵练戏，那个时候他给我摆龙门阵其实就是叫我做小品。就是每个演员把每个角色的身份演给他看，然后他用一些特定的戏曲程式，给我规整了。我把之前学过的传统的昆曲的一些剧目的人物，都展示给他看，然后他在这个基础上就告诉我，这个这个好，这个可以拿到我们这个戏里面来，咱们就可以在《张协状元》里面用传统的东西、传统的程式、传统的表演手法去演。

谢导他非常的认真，比如说啊，像我们年轻的，可能表演稚嫩一些的，不太会塑造人物的，他就会给你全盘地设计、定制一个适合你的人物的形象，一种特定的表现形式，他都是手把手教的。谢导每次在我们单位排戏的时候，我都会在边上学习，真的能够学到很多的知识。但如果你是一个表演很娴熟、对人物很有把握驾驭能力的演员，他又会让你完全放开，让你自己去演、自己去创造角色。

　　谢导是非常尊重传统的这么一个大导演。比如说《张协状元》，六个人演十二个角色，其中有一个人是演四个角色，刚刚演的是这个角色，一会儿在同一出戏里又演那个角色。人一会儿是演员演角色，一会儿又可以当道具，比方说那些门，它也是人做的，一会儿是门，一会儿又是桌子，一会儿又是椅子。这些都是非常古老的传统的程式的表演，《张协状元》这个戏里面把这些方法用得淋漓尽致。

　　谢导可以按照每一个团的条件，包括演员的条件，比如说演员也就那么几个人吧，六个人他就能组成一台戏。他的舞台也不用借助太多外在包装来呈现，他就是无所谓这些包装。灯光、舞美、化服道这些外部手段，用得非常精到准确，他决不滥用，他就是抓住戏剧的本体，还原戏剧的本体，他就是把演员的表演完全地、充分地发挥。可以说他排了这么多的戏，我学习了好多好多他排的这些剧目，每个剧种他真的都有自己的风格和特色。

　　谢导排的这出《张协状元》参加了首届的中国昆曲节，当时整个昆曲界都震惊了，这出剧被誉为这次昆曲节杀出的一匹黑马。可是谢导那个时候不见了，拿奖的现场竟然不来领受荣誉。他的宗旨就是排好一个戏，他就是让演员"生"、导演"死"。他的意思就是他把这一台戏做好了以后，非常流畅，非常美，非常好看，而观众在戏里看不出导演的痕迹，觉察不出导演的艺术手法。谢导不但排出来的戏达到了这种效果，他做人也是这样，戏成功了，他没有站在领奖台上，他老早已经到另外一个剧团排练去了。

　　所以我觉得这个导演才是我们中国戏曲的一大瑰宝。

　　谢导对于艺术非常严格而且严谨，但在生活中他要求不高，是一个极简主义的人，非常简单。在永昆这么一个地方，当时条件非常的差，甚至还不能称其为一个团，谢导居然接受了这个任务，然后去排练。谢导是一个非常朴实的大导演。他在生活上非常朴素，他真的到每个团都是只要一个自行车就可以了。当时他发烧到三十九度，还是默默地坚持排戏，不让任何人知道。我是怎么知道的呢，我是到他住的地方去请教，因为刚刚第一天排练嘛，我想我是一个年轻演员，真的在表演方面还很稚嫩，所以去请教谢导。当时他头上就敷着一块白毛巾，还在做案头。我说谢导你怎么回事情啊，他说他发烧了。我说你发烧了那你应该休息啊。但是谢导没有，他的时间太宝贵了。他不休息，就做他的案头。就把所有的时间都花在排练、花在对演员的调教上，他像父辈一样，呵护关心演员们。他不会占用演员太多的时间，因为他把所有的工作都做得非常的细致，他就是那么的舍己。我觉得谢导是一个我非常尊敬的长者，在我的艺术生涯中给我巨大能量的这么一个导演。

我觉得我这一辈子一个《张协状元》就够了，因为真的好幸运。《张协状元》对永昆而言，是一出戏救活一个剧团，救活了昆曲的一个品种。同时也让我的艺术生涯、让我的艺术生命力有了新的开始。从那个时候开始，我就告诉自己要有一种责任，然后像一股新生的血液一样注入我的身体里面，让我有了使命感。就是有像谢导那样对于艺术兢兢业业的这么一种精神。我觉得我学到了谢导的精神。

我非常地想念他，非常非常地想念谢导。希望他在天国不要这么忙了。我真的非常想谢导能够再给我排一个戏，可是我不忍心，我真的不想看到他那么的辛苦、那么的累。

鲍晨谈谢平安

鲍晨，国家二级演员。2000 年毕业于浙江艺术学校"96 昆剧班"，同年进入浙江昆剧团工作，是浙江昆剧团"万字辈"优秀青年演员。工老生，师承著名昆曲表演艺术家计镇华、张世铮、陆永昌、陶伟明。他扮相清秀刚正，嗓音苍劲洪亮，表演注重内心体验，情真意切，富有激情，是一位深得观众喜爱的青年演员。代表剧目有《十五贯》《烂柯山》《蝴蝶梦》《扫松》《云阳法场》《寄子》《打子》《望乡》《搜山打车》等。2004 年获浙江省昆剧、京剧青年演员大赛表演银奖；2007 年获全国昆剧青年演员大奖赛表演奖；2009 年获浙江省昆剧演员、演奏员大赛表演银奖；2012 年获的第五届中国昆剧艺术节表演奖。

我最早认识谢导，是谢导到我们浙江昆剧团来排《徐九经升官记》的时候。我在里面扮演并肩王。后来给我们创排《乔小青》，我在里面扮演唯一一个老生，叫舅父。最后一个戏是《琥珀匙》，我演女主角的父亲。三个戏里主要的老生都是我扮演的。

谢导刚来的时候，我们是青年演员，他都叫不出我们的名字，当时我演并肩王，他就叫"哎，并肩王，并肩王"。然后呢，后面的第二个戏，第三个戏，他就知道我叫鲍晨，他的四川话发音，就叫我小袍、小袍，他就这样叫我。

我们单位请谢导来排的戏，都是青年演员参加的多，相对来说，他会比较辛苦。他对我们年轻人很有耐心，也非常的关心。因为他当时已经是一个很有名的导演，我们当时很紧张，很担心，哎呀，他会不会对我们没有耐心。因为我们当时经验也很不足，这大概是七八年前的事情了。结果他很有耐心，和蔼可亲，大家都觉得，谢导这个人原来这么好。给你抠戏的时候，你不到位，他一点都不急，不会说你，他会很有耐心地给你讲解这个角色。他从来不会对我们发火。有一次，我印象很深，我们的团长，给他看了一部我们年轻人演的《临川梦影》，我是演一折《邯郸记》里面的《云阳法场》。谢导把这个碟片拿回去看，第二天突然看到我，就叫我："哎，小鲍，你过来过来过来。"把我叫到边上去，"我昨天看了你的录像"他说。我说，"真的啊？谢导，你看了我们这个戏了啊？"他说："对。"他给我提出了很多的意见，这个戏要怎么修改，该怎么弄，他跟我讲了很多很多。哎呀，我当时就觉得非常的感动。这是工作以外的事情，他完全可以不用来跟我讲，但他看了以后很激动，他说"哎呀，你这个戏，后面应该怎么唱，怎么唱"，给我提出来很多中肯的意见，我非常受益。

通过这三个戏，他也看出我的进步，他说："小鲍，你现在进步了，你现在嗓子也好了，很像你的老师计镇华。"现在还有什么缺点，私下里都会跟我们谈。

他作为导演，我们说："哎呀，谢导，来来来，我们一起吃饭去。"他就说"不要不要不要"，他一排完戏，马上就走了。我们想要跟他一起吃顿饭，他都没时间。平时排练，他整个人的状态很投入。特别是到了《琥珀匙》的时候，他当时已经检查出来癌症了，大家都很关心他，很小心，有时他要做示范，我们就说："谢导，你说好了，你坐吧，不要动，你能说的，就尽量说。"怕他身体不行。他说"没事，没事"，然后就拼命地做。哎呀，每天排得满头大汗，真的，我们很感动的。

曾杰谈谢平安

曾杰，毕业于浙江艺术学校，2000年进入浙江昆剧团工作。2009年举办浙江省文化厅"6+1新松计划"个人专场。拜昆剧巾生魁首汪世瑜为师。2013年浙江省第十二届戏剧节，著名导演谢平安指导排演昆剧新编大戏《琥珀匙》饰花非絮一角，荣获戏剧节优秀表演奖。2013年12月，《西园记·夜祭》主演张继华。

我作为一个浙昆剧团的青年演员，《琥珀匙》是第一个真正的创排的大戏，在这之前，我基本上以传统戏为主。

谢导一来，给我的第一印象就是蛮平易近人的，他不多话，不像有的导演，跟整个社会一样，有点浮躁，脾气很暴那种。他不是那种，他一坐下来会有一种威严在身上，就是他人在那儿，我们就不会懒懒散散，或者不守纪律。我以前是一个很爱迟到的人，但是谢导每次提前十分钟甚至更早，他肯定是先到。通过谢导，也让我认识自己有多不足。

对我来说，新编戏里第一次真真正正有导演这么给排戏是谢导。谢导他说得最多的是以人物为核心，然后能够把舞台上面的能够利用到的东西全部利用到，为表现人物服务。我以前学传统戏比较多，会被框架、程式化的东西给框牢，谢导会用一些激发的方式，让你明白这个人物的基调、整个感情的层次怎么样递进，然后包括舞台上的调度各方面。在跟谢导排《琥珀匙》的过程中，最大的感慨就是，以前我更讲究的是程式，老师教的一招一式。通过谢导呢，我更加明确人物的个性很重要。

平时排练，谢导会经常给我们示范，他老是会说一句我印象最深的话是：昆曲我不是特别在行，我希望你们有想法就跟我说，然后形体啊、身段啊，你们完全可以自由发挥。当然最后他会帮我们定夺。我觉得这样的排戏方式，就像一个团队合作，大家把各自特长发挥到最好，全部发挥出来。谢导在排这个戏的时候，我自己也有一些想法，然后从谢导那里得到肯定，在舞台上的感觉就更好。

我感觉在他面前就是小孩，因为我本身学戏也慢，我是属于慢性、慢节奏的演员，我要一步一步走，可能接受起来比较难。但是谢导呢，也不会说，哎呀，你怎么这么笨啊之类的话，反而会用另外一种激励的方式。有些导演他会给你排戏，但是他不会说所以然，不会说为什么要这么做，让你怎么做就怎么去做。而谢导他更多的会教你去怎么做、怎么去演，要给你讲方法，讲原因，这是最关键的，因为对我们青年演员来说，现在需要的就是导演来给我们指导。

在生活中，我觉得谢导很平易近人，对我们演员也是关怀有加。我举个例子，通常都是应该我们给导演加水，因为他们经常在那边忙，会忙不过来。有一次，我记得很清楚就有一个情景，就是谢导他去外面加水，我因为谢导给我排戏的有个地方我还想不通，我还在琢磨，谢导竟然帮我把我的水杯也加满了水。这件事我真的不敢想象，也很震动。我实际生活里面也这样为朋友接水，但谢导是一个我们尊敬的大导演。一个越有成就、越伟大的人，他越低调、越平和、越没有架子，我算是真的看到、遇到了，我觉得谢导就是这样的人。他给我的感觉，说句没大没小的话，更多的我觉得他是朋友。

沈矿谈谢平安

沈矿，先后毕业于上海戏曲学校昆剧演员班，上海戏剧学院戏曲舞蹈分院大专班，上海戏剧学院影视编导本科班。多次参加中国文化部、上海市剧协、上海市文联、上海戏剧学院举办的各类导演培训班。师承昆剧表演艺术家计镇华、甘明智、周启明老师。后又跟随著名导演谢平安、曹其敬、张曼君等学习导演专业。主要导演作品有昆剧《龙凤衫》《血手记》《钗钗记》《景阳钟》《白兔记》《南柯记》《牡丹亭》《义侠记》《雷峰塔》等，淮剧《莲子》《李三娘》，京剧《徐光启与利玛窦》，秦腔《曹植》，豫剧《宝贝》《屠夫状元》。曾获文华优秀剧目奖，中国戏曲学会奖，精品工程剧目，昆剧节优秀剧目奖榜首，中国电影学会奖，上海市优秀新剧目奖，上海市小戏小品二等奖和三等奖，上海市小剧目创作奖和演出奖等。连续六届担任上海市白玉兰展演晚会导演。现为上海昆剧团二级导演，中国戏曲导演学会会员，中国剧协会员，上海戏剧协会会员，上海艺联会员。

2014年10月25日凌晨，恩师谢平安先生永远地离开了我们。听闻消息，我立即赶赴成都参加他的葬礼，悲痛之情难以言喻。

一晃而过，竟有三年之久。但对先生的思念，却随着时间的流逝愈加强烈起来。

戏，是恩师一生的执念。他把热情倾注给了戏曲，把生命献给了舞台。我仍记得多年前，先生病重却坚持工作，他对我说："哪怕要死，我也要死在排练场上。"先生可谓为戏而生、为戏而死。

我与先生结缘，也是因为一部戏——《张协状元》。2000年，先生在首届昆剧节上为永嘉昆剧团排了一出《张协状元》。在演员配备与设施等各方都不足的情况下，先生以他的智慧及综合运用舞台手法，把这部戏排导得淋漓尽致。观看此剧后，我五体投地，敬佩之至。他突破了昆曲原有的形式，添入了跳进、跳出的手段，让整部戏显得奇特无比。一时间，我备受震撼，从此在心中播下了拜师的种子。

机缘巧合，因一部《邯郸梦》，我与先生相识。2002年，先生被上海昆剧团邀请，担任昆曲《邯郸梦》的导演。我的老师计镇华把我引荐给了先生，在这部戏中担任先生的助手，跟着先生学习怎样导戏。先生要求我多动脑筋，更要勤动笔头，做好记录。在《邯郸梦》进剧场合成前，我在排练时把每一场戏都一一详细记录下来，从文本的一度修改，到二度舞台呈现，收获颇丰。先生要求演员的表演和唱腔必须有机融合，并且对舞美、灯光进行准确把握，使得全剧节奏快速流畅，让人赏心悦目。

在戏之外，先生身教重于言教，教我如何做人。排这出戏前，先生对我说："沈矿，我是川剧出身，以前也跟着许多京剧老师学习了一些剧目。我知道昆曲这门艺术，是有自己严谨和规范的表演体系，在排练过程中，如果我有犯规（违犯昆剧常规之处）之处，你一定给我指出。"当时先生已经是业内声名显赫的大导演了，连续五年荣居文华奖榜首，但先生竟对我这样的小辈说出这样的话，可见先生之谦和与严谨。通过这部戏，我愈加钦佩先生的戏与人。自此，我与先生结下了很深的缘。

与先生的师徒缘起，还得追溯到与先生合作的第二出戏。2009年，时任上海昆剧团副团长、梅花奖获得者谷好好邀请先生来上昆排折子戏《目连救母》。无论前期工作还是后期排练，先生排戏都是有条不紊的。在先生详细的前期案头工作基础上，这出戏一个星期就大致成型。在这出戏的排练中，我感到先生对我的要求愈发严格了，先生让我多提问、多思考、多示范，他要求我无论是在人物造型还是在节奏处理上，都要把控和掌握好细节。这出戏的特点就是，强化人物造型，强化舞台道具的合理运用。只有多方面高要求，才能达到技术性和观赏性的有机结合。排这出戏，先生真正像教学生一样教我如何排戏。因这出戏是参加上海市新剧目会演而受到时长限制，我征求先生的意见，想在原有的基础上进行压缩。而先生是这样回复我的："你尽管做，做完了把演出小盘寄给我，我再提一些建议。"先生对小辈的宽厚由此可见一斑。压缩后的小戏，获得了当年的新剧目会演一等奖，先生很是满意与开心，也正是因为这出戏，先生接纳了我这个学生。

《莲子》是我跟先生学的第三个戏。这出戏，先生教了我十六个字："背靠传统、立足现代、与时俱进、展望未来。"正是这十六个字指正了我此后的创作生涯。当时，江苏省涟水县淮剧团请先生排一出淮剧《莲子》，因时间紧迫，先生带着我一起去排戏。先生给戏搭了一个框架后，放心地把剩下的事交给我，让我有灵活发挥的余地。先生叮嘱我一定要想办法调动所有演员的创造力，活用戏曲程式手段来塑造与刻画人物；要把握好群众场面，对大家严格要求，必须讲究一招一式的规范。遵从先生的要求，我下了很大功夫。通过全剧组共同努力，这出戏最终还是有所斩获——来自上海淮剧团的女主角邢娜，凭借这出戏获得上海白玉兰主角奖。回想起在涟水的两个月艰苦排练生活，我受益良多，因为艰苦之下的成长换来了先生难得的一句表扬"你进步了"。与先生的这次合作，我得到的远远超出这出戏获奖本身。先生教导我，作为戏曲导演要了解戏曲是什么、戏曲演员需要什么，要了解锣鼓、要了解音乐、要了解技艺的安排，这才是一名合格称职的戏曲导演。

我的创作理念恪守恩师的教诲。先生始终强调"有戏则长，无戏则短"的创作原则，有戏出情的地方他决不放过，但是无戏之处一定要迅速地一笔带过。先生做戏不落俗套，排任何剧种都不重复一个同样的模式。他在一些大的理念和方向上牢牢把控，始终做到主题鲜明，风格突出，人物特性极强等特点。

在艺德艺品上，先生时常告诫我："专业上你要高调，但私底下，我们为人要低调、谦虚、谨慎。"先生所言的高调是指导演的重要性，是剧组的核心，必须严格按照导演的要求完成创作。但私下为人要谦虚谨慎，处理好整个创作团队的关系，学会凝聚团队战斗力。先生的这些话始终留在我的心里，影响着我的为人处世。

我跟先生学的第四出戏，是我们上海昆剧团的《景阳钟》。这部戏前后共修改调整了六稿，前两稿有先生坐镇，后四稿便交与我执行。经过全剧组共同努力，该剧囊括了戏曲类所有大奖，为上海昆剧团赢得了荣誉。通过这出戏我看到老师极其智慧的一面，在《景阳钟》修改讨论会上，他选择性地听取专家的意见，根据自己的判断进行调整。他告诉我，好的导演一定要学会接受和坚持，如果是好的建议一定要采纳，反之则不接受，更不能妥协。一定要坚持自己的观点，相信自己的判断能力。做戏要多实践、多锻炼，更要加强理论知识的学习，学会思考。在后四稿的修改中，我有疑惑之处便求教先生，先生总是鼓励我放下包袱，大胆去做，勇敢向前。他说："你演员出身，有传统的积淀，相信你不会有偏差的。"不负先生所望，《景阳钟》最终大获成功。

先生对我的关心爱护，众人皆看在眼里。我本想行个拜师仪式，可是先生不让，他说："我们不用讲究这个形式。我们有共同的兴趣爱好，那就是排戏。你是一个有才华，有追求、爱上进、人品好的孩子。在老师的眼里，你早就是我的徒弟了。"一日为师，终身为父，先生对我的情谊，我此生难忘，无以为报。

最难忘的是我跟先生学的最后一部戏。那是在 2014 年下半年，先生从北京打来电话，要我代替他排秦腔《曹植》。到北京后，我发现先生身体状况非常差，身形消瘦，见到他的那一刻，我忍不住哭了。先生早年患癌，当时已经病重，却始终瞒着我，怕我担心。先生还劝慰我："我没事，哭什么哭啊！人哪，要珍惜自己所拥有的，要努力去奋斗勇攀高峰。"

先生的一生都奉献给了戏曲艺术。尽管医生反复交代，要多休息，不要操劳，先生仍把他的一切精力都给了戏曲。先生重情重义重承诺，爱才识才荐才。他唤我赴京，实则留有一个心愿待我助他完成。先生说："西安秦腔三意社一个叫张涛的小生，今年四十五岁了，是个好演员，就是没有好的机会。我欠他一部戏，希望通过这个戏，帮他拿到梅花奖。老师身体不行了，手底下还有三部戏在做。你要帮我去完成。"先生在身体极度糟糕的情况下，坚持给我一一分析第一稿《曹植》的不如意之处。先生百般交代"记住了，你一定要做好，你是代表我"。虽然排这个戏历经百般困难，但最终不负先生所愿，2015 年张涛凭着这个戏拿到了梅花奖。只是可惜老师没能亲眼看到这一幕，就离我们而去了。

每次谈到老师，我都感到酸楚。我有今天的成就离不开老师的扶持和帮助。我时常想，如果老师尚还健在，身体安康，应该还能继续地指正教导我，让我能有机会更深地感悟艺术。尽管我自己在不断地深造学习，但恩师教给我的东西是课堂上学不到的。他让我明白，导演艺术是干出来的艺术，只有通过不断实践并进行理论升华，才能将戏做出规格和高度。先生对艺术的执着与热爱，以及做人的准则令我一生受益。

但愿我能不断创作出不负师恩的作品，以慰恩师在天之灵！

越剧人谈谢平安

赵志刚谈谢平安

赵志刚，当代越剧表演艺术家，文化部优秀专家，国家一级演员，中国戏剧家协会理事，浙江省政协委员，浙江省戏剧家协会副主席，杭州市文联副主席、戏剧家协会主席。曾任上海市政协第十、十一届委员，上海越剧院一团团长、副院长、艺术总监。早年入上海越剧院学馆，初习老生，后工小生。赵志刚师承尹派，有"越剧王子"美誉。2010年在杭州成立赵氏工坊，任艺术总监。主演《何文秀》《浪荡子》《早年》《沙漠王子》《血染深宫》《双枪陆文龙》《状元打更》《疯人院之恋》《王子复仇记》《杨乃武与小白菜》、新版《红楼梦》《第一次的亲密接触》《被隔离的春天》《家》《千古情怨》《赵氏孤儿》《蔡斋残梦》《蝶海情僧》《山水黄公望》《倩女幽魂》、杂剧《永不消逝的电波》等剧目。先后获得上海市青年演员会演红花奖，江浙沪越剧青年演员电视大奖赛一等奖，上海市劳动模范，上海市青年艺术十佳，第三届上海白玉兰戏剧表演艺术主角奖，中国戏剧梅花奖，第十一届文华表演奖等。

我跟谢平安导演合作的第一个戏是《杨乃武与小白菜》，第二个戏是《倩女幽魂》，过程中和谢导结下了很深的友谊。谢导是一个好导演，但是更像是我的哥哥，确实在我的演艺道路上，扮演了一个很重要的角色。

杨乃武这部戏，让我的很多观众、老师、同行们，对我刮目相看。因为越剧的小生，大家有一个固定的模式，风流倜傥，以文戏为主。之前我们也有尝试，比如说我去演《双枪陆文龙》，一个男演员，男小生。如何突破创新，改变自己，这是一个我一直在追寻的命题。《杨乃武与小白菜》这个戏，就是因为有谢平安导演的参与，彻底改变了我的表演方式，大家都认为这是赵志刚改变非常大的一个戏，文戏武唱。三大宪大堂、余杭县公堂等几场公堂戏的呈现，特别精彩。两个相会，一个密室相会，一个姐弟相会，这几块文戏武戏的处理，在越剧舞台上就是变成一道亮丽的风景。

艺术上，我对谢导是非常佩服，因为他是非常尊重戏曲规律的一个导演。但他又不只是尊重戏曲规律，他在传统戏曲的基础上不断创新和变革，是一个勇于挑战自我的导演，我觉得这点特别难能可贵。《杨乃武与小白菜》也好，包括后来的《倩女幽魂》，在这两部戏中，都能看到他不断在创新、在求变的一个过程。

我排演《杨乃武与小白菜》这个角色时，跟谢导曾经约定，一起排一个越剧的《兰陵王》。当时他对这个设想很看好，《兰陵王》要把包括西藏的神秘主义元素都加进去，开场海报他都设计好了，一半是英俊的兰陵王的脸，一半是一个可憎的面具，他说海报就是这个样子。第一场开场就在一个追光下，一个女人产下兰陵王的刹那间。舞台的呈现上他都有很仔细的设想。但是由于后来剧本的原因，这个剧没有合作成功，我觉得这是一个永远的遗憾。

我和我太太陈湜落户杭州以后，《倩女幽魂》是我们呈现的又一部全新的大戏。我们当时第一想到的就是谢平安导演，因为我们拿到剧本的时候感到相当难，照越剧去改，跟我们呈现的那种东西肯定有不太相同的地方。所以这部剧需要有更多的改变，而能够做这方面改变的，我们认为最适合的是谢平安导演。所以呢，尽管他非常的繁忙，我们也真是很过意不去，那么繁忙还去打扰他，但是又非常渴求跟他合作。所以当《倩女幽魂》剧组请到谢导和我们合作的时候，我们包括很多越剧观众都非常兴奋。我很多年都是在做创新剧、现代剧，这部剧又让我看到了特别越剧的、特别戏曲的、特别有传统的韵味，但它又是有创新精神的一部戏，这是谢导最拿手的地方。这部剧的合作也让我和谢导有了第二次亲密接触，有了更进一步的合作。

本来我们今后还想有更多的合作，可惜谢导真的是离开了我们。当我听到噩耗的时候，泪流满面，心里特别的痛。

戏之外，谢导是特别善良的人，而且对人特别宽厚。但对自己，又是一个特别"吝啬"的人。我用"吝啬"两个字，是指他对自己的生活，我是觉得他生活质量很低，没有很好去享受生活，享受人生，他把他的一切都放在艺术上舞台上，放在作品上，所以我心里很难过，真的很难过。在生活中，他是特别随便的一个人，我们经常会问他："谢导你要吃什么吗？你需要什么吗？""什么都不需要。"说"不要"，这是他的两个口头禅之一，还有一个就是"神经病"，那是他跟你是一个亲近的距离，他才会说。我们经常会说谢导给你准备些好吃的东西，"不要！"他是最简单的一种生存状态，但却是以最大的一个量去付出，所以我们觉得他透支蛮厉害的。一个艺术家，舞台就是他的唯一，我觉得他真是一个戏比天大的艺术家，让我们特别感动。所以他的去世，我觉得对中国戏曲界，乃至世界戏曲舞台都是巨大损失，对我们演员来说更是巨大损失。本来我还希望与谢平安导演能再一次有很好的合作，确实也是一直在期待中。

生活中，谢导很喜欢听我讲笑话，碰到一起，我叫他"哥"，他也叫我"哥"，因为在一个故事里有一个"哥"的故事，一讲到这个，电话里我叫他"哥"，他就哈哈哈大笑，是一个很风趣、很热爱生活的一个人。只是我觉得特别遗憾的是，他没有善待自己的身体，没有善待家庭，他把他的一切都给了舞台，给了艺术。

本来他也跟我说，现在排戏少了，接下来的时间要多一点休息，出去走走看看。他一直这样说。当时我觉得，他是从来没有想过让自己享受生活的这么一个人。每次到了一个地方,他除了排戏,就是看录像,除了看录像就是看剧本,要不就是跟演员沟通,要不就是在排练场,要不就是在宾馆里面做案头。他除了这几样东西,可能没有其他追求。所以,让我们特别不舍的就是这一点,没有让他在有生之年好好享受生活。

我们希望他能够哪怕是多活十年,那他可以为中国戏曲又添上更多光彩,我们也有机会去跟他合作进行创作。因为跟他进行艺术创作的过程是特别愉悦的过程。他是一个好导演,又是一个好演员。谢导他除了会跟你导戏,他还会教戏,他把教戏的这个过程融入导戏的这个过程,作为一个演员来说,谢导总是让很多青年人感动。你想的很多东西,他可能早给你设想好了,人物所需的东西,他脑子里可能早给你设想好了,所以他的整个思维的空间,可能全是戏。这个月是《杨乃武与小白菜》这个戏,下个月可能又是另外一个戏。太奔波、太拼命了。

他是一个特别重情重义的艺术家。并不是说他不想休息,他很想休息,很想有自己的空间。但是当艺术家们捧着一个剧本,当地主管文化的领导们捧着一个剧本,我们这个剧组要推这个剧本,要推这个艺术家,谢导无论如何帮帮我们,帮我们这个忙。他一定不会说我不帮,他一定会接下来,哪怕再苦再累,他也会接,自己的空间全部被挤干净。我非常感慨,他是我的一个榜样,是从事艺术的我们所要学习的,真的。

每当想到谢导去世了,心里很酸、很难过。我没能去成都参加他的追悼会,但是每个人的心里都会为谢导祈祷,希望他能够带更多的作品去天国,那么多艺术家在天国等着他。他留给我们那么多宝贵的财富,不光是戏剧作品,艺德人品,他的精神对我们的鼓励支持,我们都会一如既往地把他作为一个动力。在我们的戏剧创作上,我尊敬爱戴的导演,会鼓励我们在今后的艺术道路上,创作更多更好的艺术作品。

陈湜谈谢平安

陈湜，优秀青年演员，毕业于上海市戏曲学校，工花旦。师承傅派、吕派。第十五届上海市白玉兰戏曲表演艺术新人配角奖；浙江省第九届戏剧节优秀表演奖；上海市戏剧家协会突出贡献奖；2009年度上海市"粉墨之星"称号，第二十三届上海市白玉兰戏剧表演艺术奖主角奖。代表剧目有《桃李梅》《梅龙镇》《浪荡子》《西厢记》《杨乃武与小白菜》《梁山伯与祝英台》等。

　　刚接触谢导的时候我还年轻，刚从学校毕业，当时他正好来我们越剧院上课，给一批中年演员排《杨乃武与小白菜》，赵志刚主演的。那时候小白菜是我的师姐张咏梅，我是B角。

　　从排练到演戏，我觉得谢导总是给青年很大空间，他不但是导戏，简直就是在教戏。每个动作他从头都给你设计好。刚毕业的青年演员，自己没有足够的创造能力，遇到他这样的导演是非常棒的，他既是导演，也是导师，他可以把你从一个演员的启蒙阶段，很快提升，达到一个高度。我在下面看戏觉得非常羡慕，我什么时候能演那个小白菜，那就太好了，谢导给我导戏那多好。

　　那以后，我就觉得我和谢导能有再一次的合作，那该有多好。这个机会是我和赵志刚从上越剧院到杭州成立赵氏工坊之后，有一个《倩女幽魂》的剧本，我马上就想到了谢导，我想，哎呀，总算有这个机会能和谢导再次合作了！因为这个戏当时可以说是为我量身定做的，我就和赵志刚提出，我一定要请谢导。后来赵志刚说好，去试试看。这么大的导演，全国排了一百多个剧目，一直在忙，他说尝试一下。结果当时谢导在温州排戏，赵志刚跑到温州，去见谢导。我们离开了越剧院成立了赵氏工坊，当时那个班底，各方面都是挺薄弱的。没有当时在上海越剧院那样的环境，排练也是在浙江富阳，稿酬也不是特别高。谢导非常重情义，他听了我们的情况后毫不迟疑地接下了这个戏，接着跟着我们到浙江富阳去排戏。

我记得讨论剧本的时候，还是在我们家的客厅饭桌上，当时谢导就是在那个位置。当时的情景还是历历在目，他的爱人陪着他来的，一直就坐在我们的沙发上看电视。我觉得挺感动的，这样一个大导演，长途跋涉地跑到这里来给我们排戏。

谢导是一个非常慈祥的老人，我私底下也叫他谢爸爸，我觉得他在富阳的生活和一个大导演的光环特别地联系不上，原因是生活特别简单。平时我们陪他吃饭什么的，他总是说，"哎，随便随便。"问他吃什么，这个"不要"，那个"不要"。非常简朴简单的一个老人，大导演的光环和他的生活是挂不上钩的。如果他能再多活几年的话，我觉得应该会有更多更好的舞台作品呈现，我们这一代的青年演员正在成长起来，需要这样的导演，给我们导几部这样的好作品，我们在艺术的道路上才会更有些成就吧。

谢导在排练场我觉得他和其他导演风格不同。其他导演从打磨本子啊，从对台词啊，周期挺长的。我接受能力挺快的，也就是说，我挺喜欢谢导的排练风格。因为他的排戏时间很紧，他排戏就是一气呵成，从排戏到结束，他只用一个月不到的时间，一般都是两个月。所以我觉得我非常能接受这样的创作状态。他的反应也特别快，需要演员马上就要到位，进入角色，我觉得这样既节约时间，而且又有工作效率。

《倩女幽魂》以后，我期待与谢导有再次的合作，可惜已经成为永远的一个念想了，所以我非常希望在天堂的谢导能过得幸福。

希望我在以后的艺术道路上，能有谢导给我们的那种艺术精神，我会追随他的脚步，追随我的艺术梦想。

豫剧曲剧人谈谢平安

丁建英谈谢平安

丁建英，豫剧表演、导演艺术家，主攻小生，现任河南豫剧院副院长，河南豫剧院二团团长，国家一级演员、导演。主演的剧目有《血战金沙滩》《山歌》《孝庄皇太后》《大明魂》《打金砖》《魂断上河图》《红菊》《苏武牧羊》《武松打虎》等，多次荣获河南省戏剧大赛金奖和文华表演奖。执导的《天山人家》荣获第十届中国艺术节文化部文华导演奖，《苏武牧羊》《红高粱》荣获文华导演奖，中国第二届豫剧节剧目奖。拜著名导演艺术家、素有"戏曲鬼才"之称的谢平安先生为师。执导三门峡市豫剧团的《红高粱》，获河南省第十二届戏剧大赛演出一等奖、文华导演奖；与恩师谢平安共同导演的豫剧《苏武牧羊》分别获第二届中国豫剧节剧目一等奖、文华导演奖、中共河南省委宣传部第九届精神文明建设"五个一工程"优秀作品奖。2012年9月，执导的豫剧《苏武牧羊》荣获中宣部第十二届"五个一工程"奖。2013年，就任豫剧院副院长、二团团长，同年荣获国家文化部第十四届艺术节文华导演奖，2013年10月，由丁建英导演、新疆建设兵团豫剧团演出的现代豫剧《天山人家》入选第十届中国艺术节，在名家云集的激烈角逐中，丁建英一举荣获文华导演奖。2016年4月28日，执导豫剧《苏武牧羊》电影荣获第二十三届北京大学生电影节戏曲类金奖。

在天津

我和老师最早是1998年认识的，当时我还在河南省豫剧一团工作，一团把老师请去排《大明魂》，我演的是男一号祖冲之，老师也是第一次到河南排戏，那时候河南的戏曲创作比较封闭，比较传统。也就是说和全国戏曲创作还没有接上轨。记得老师当时去排完那个戏之后，在河南引起了很大的轰动，也让河南戏曲人的思维忽然开朗，戏原来还可以这么排，还可以这么做。应该是《大明魂》的创排，给了河南戏曲界一个很大的冲击，也可以说给河南戏曲创作打开了一扇窗，一下就把河南戏曲创作和全国较先进的戏曲省份拉近了很多。第一次和老师合作，就留下了这么个非常深刻的印象。

也是从那时开始，河南戏曲艺术的发展与全国有了齐头并进的趋势。特别是这几年河南连续出了很多好剧目。我想说的是，这与老师的引领和辛勤耕耘是分不开的。目前，像豫剧院一团的《大明魂》《孝庄皇太后》《魏敬夫人》，二团的《苏武牧羊》，三团的《刘青霞》，省京剧院的《嫦娥》，省曲剧团的《张仲景》和平顶山市豫剧团的《李清照》等，各地市院团有老师的很多作品。这一点，真是让我们河南戏曲界对谢导感激不尽。

在天津我和广东粤剧院欧凯明院长一起聊天，聊老师的导演风格和对戏曲的敬业精神。可以说谢导为中国戏曲的艺术创作，做出了不可磨灭的贡献。我们深感有关部门，真的该对谢平安老师的导演作品，好好研究总结一下的时候了，非常有必要，这么多年一年排好几部戏呀。

老师的思路非常清晰。到什么地方，排什么样的戏，什么风格等，门儿清得很。不像有的导演，编排一段就停下来了，为什么呢？因为不知道下面该怎么排了，还要现场构思很混乱。谢导绝对不会这样做，他在进排练场之前已把排练的案头工作做得非常充分了。一般想着两天排一场戏，谁知他一上午或一下午就能排一场戏。框架先搭起来，然后再细排，再调整。别的不说，就案头准备工作，我感觉就值得我们进行系统化的研究，这一点我感觉太有必要了。

从2010年我正式拜师之后，就感觉老师在刻意地给我压担子。老师的创作理念与风格呈现非常非常的棒，当然我也深知自己还相差甚远，学的还远不到位，还要继续努力。这些年我和老师学习合作的剧目中有的我是做演员，像1998年的《大明魂》，2004年的《孝庄皇太后》等，有的是跟老师合作的导演剧目，像《苏武牧羊》《红高粱》《天山人家》《南越宫词》等。

说到《苏武牧羊》那个戏当时创作的情况，我记得从开始评估到剧本创作，就经历了五年多，我介入之后又论证改写了八稿，剧本完成之后，真正决定排练是在2010年，当时就想这么大题材的剧目让谁来做导演，第一时间我们就想到了非谢导莫属。方案确定后我和编剧张芳就去拜见谢导，并进行了各个方面的细致沟通，包括排练计划等。应该说当时那个戏在灯、服、道、化、美、表、音各个环节的表现上，导演都非常有想法，在创排时融入了很多姊妹艺术的元素在里边，给这台原创剧目大增光彩。

我记得当这个戏在准备彩排之时，卢展工书记来到了我们河南，卢书记对我们河南文艺界非常关爱，他当时去我们省直几个院团去搞调研，我们正在排练《苏武牧羊》，他和几位领导共同观看了我们的排练片段，看完他就说《苏武牧羊》是个好戏呀，苏武那富贵不能淫、威武不能屈的精神，代表着我们中华民族的一种气节，你们一定要在此基础上精雕细琢，争取排出一部精品剧目来。他还让李副省长对我们的剧组多关注支持。李省长介入后要求我们重新调整，并给我们提出新的更高的创作目标，从主创班子到参演的演员，必须是全国一流的创作队伍。全剧的主要演员在全省进行了重新挑选，排练过程中我和谢导还有其他主创以及李树建团长等人多次到李省长办公室做具体汇报，省长亲自过问每项工作的进展情况，并对将来剧目的呈现、走向、思想高度都做了周密细致的部署与前所未有的高标准严要求，要求我们一定要把《苏武牧羊》打造成一部划时代的精品力作，勇夺第一，所以说当时以老师为首的剧组全体演职员的压力可想而知。

现在回头想想，确实感觉老师在《苏武牧羊》这个戏上下的功夫、投入的时间和精力远远超过其他剧目。排练时的每个细节、每一场的切合转换和人物的调度处理等，他都做了很细致的功课。记得在剧中最难排的是苏武牧羊和李陵开打的两场戏，羊怎么艺术化处理，李凌和众敌兵怎么展开开打场面等，在谢导的聪慧带领下，我们创作班子迎难而上，攻坚克难。最终《苏武牧羊》搬上舞台与观众见面时深受观众欢迎与爱戴，有专家评论说《苏武牧羊》的舞台呈现，给人以恢宏大气、磅薄厚重之感，令人震撼。

《红高粱》是 2012 年给河南三门峡市剧团排的。这个戏是根据莫言的小说、张艺谋导演巩俐主演的电影《红高粱》改编的舞台版。舞台版的《红高粱》和电影完全不一样，是另一种风格样式，《红高粱》那个戏做得美轮美奂非常好看。《天山人家》是 2013 年给新疆建设兵团豫剧团排的。就以上几个剧目在导演风格上，每个戏的风格样式是绝对不一样的。你看《红高粱》和《天山人家》，同样是现代戏，但在表现手法上是完全不同的。像《苏武牧羊》《红高粱》《天山人家》《南越宫词》等每个戏都有自己的风格，也就是说一戏一风格吧。这个好做法也让我印象特别的深刻，也特别值得我们研究和学习。

再就是这么多年老师的敬业精神真的让人敬佩，他除了戏还是戏，没什么爱好。不懂得享受生活。你劝他不要太累一定注意休息，他总是说，与人家约好了不能失信于人呀。给我的印象他每天除了睡觉，睁开眼就是跟演员排练，看剧本做案头，看光盘，我真的感觉老师的一生就是为戏而生的一生。

还有印象特别深刻的是生活中的他，是那么低调那么谦和。这么多年他无论到了什么地方排戏，他都不给院团找任何麻烦，从来不让别人照顾，也不让车接送。每到一地他就要一辆自行车，自我出行。全国各地院团都知道他就这么点要求，这么大一艺术家从不和院团提任何要求。老师这种作风也是我们晚辈应学习的榜样。同时，他在每个院团排完戏之后，都会交上一帮好朋友，院团演职人员都愿意和他交流沟通，他也从来没什么大导演的架子，更让人很佩服的是他记忆力超好，每个演员的名字他基本都记得，特别是他排过的戏无论放下多长时间，再复排的时候你一但做错，他马上就能想起来并加以纠正，这一点太了不得了，真是神奇。

还有，老师在传授导演技能方面，他老人家从不保守，他教导我应该怎么去梳理剧本，怎么提升主题，怎么做好排练案头，他要求我不仅知道，而且要说出来写出来，还要把案头提前做好画好，详细的画在剧本上之后呢，他还亲自给我讲，为什么要这样做等等，所以我想说老师慈爱宽厚的胸怀让学生敬佩不已，我也很荣幸拥有这么一位中国戏曲界的导演恩师。

对老师目前的身体状况该怎么说呢，从开排《苏武牧羊》之后，2010年的时候吧，就知道了老师在带病工作，就很替他担心。我们俩之间基本上是隔三岔五的我就要给他打个电话，师父在哪里呢？在干什么呢？身体怎样了？他总是回答，身体很好不要挂念啊。昨天晚上我来到天津看见他身体一下子消瘦了那么多，不知咋了让我猛一揪心。我问他怎么瘦了，他说没事儿这几天吃得少，过几天就好了，我真的感觉老师的身体状况不是太好。

《康熙大帝》现场排练时，我坐在老师旁边，根本没心思去看舞台看排练，我一直在观察老师，看到他明显瘦弱的身体，心里有一种说不出的滋味，前几天打电话我还说，排完这个戏您调整一下吧。他说好的，等排练完了天津京剧院的剧目，下半年我就休息休息。目前师父的身体状况呢，我确实确实替他担心。病情也知道一些，是师娘告诉我的。

在成都

我此时此刻的心情，不知道该怎么说。昨晚凌晨得知恩师走了，我一晚没睡着今早第一时间赶了过来，我不知道该怎么去表达我此时的心情，我也不知道该说些什么。

首先我想说他对中国戏曲界做出的贡献，他高超的导演艺术，为全国不同的剧种，排出了众多的精品力作，使众多的院团受益，还有不少濒临绝境的院团因他去排了一部戏，而使该团队起死回生、重续辉煌。在几十年的导演生涯中，老师给中国戏曲界留下的导演作品有一百六十多部之多，多次获得国家级众多的各项大奖，像什么文华导演奖、国家精品工程奖中宣部"五个一工程"奖等等，全部囊括。这就是对一位杰出的、伟大的导演最好的总结！

老师对弟子的教诲终生难忘，恩师在导演艺术上对我的指教绝不吝啬。也让我真的知道什么叫口传心授。我跟老师学习、合作的几部戏，从一开始的案头怎么做、调度怎么走、戏的风格样式、戏的走向等，他是精心传授，一个过场戏，他都给我讲得非常非常清楚，包括一个非常微妙的调度调整等等，都会耐心细致得给我教导，可以说他既恩师，也是一位慈祥的父亲。真的，这一切的一切都将让我终生难忘。

今天老师的离世，让同行失去了一位良师益友，让子女失去了一位好慈父，让学生我失去了举世无双的好恩师，更让我们中国戏曲界失去了一位杰出的王牌导演。

在此，我想对恩师说，愿您一路走好。也愿您能好好休息休息，因为您一生为戏忙碌，从不会享受生活。请您放心，学生会牢记恩师对我的教导与教诲，倍加努力，迎接挑战，把老师的导演艺术发扬光大，完成您的未了愿望。

常松谈谢平安

常松，1990 年参加工作，毕业于中央党校（经济管理），本科学历。1983 年 9 月至 1990 年 6 月于新乡文化艺术学校学习；1990 年 7 月毕业后分配入河南省豫剧一团工作；1995 年起，在省豫剧一团先后担任业务主任、演员队长；2003 年 10 月担任省豫剧一团青年艺术团团长；2005 年 3 月河南省委党校经济管理毕业(函授大专)；2007 年 11 月中央党校经济管理毕业（函授本科）；2007 年 7 月任省豫剧一团行政副团长；2010 年 8 月调任河南省曲剧团业务副团长；2012 年 11 月任河南省曲剧团、河南省曲剧艺术保护传承中心书记；2016 年 6 月任河南省曲剧艺术保护传承中心主任、副书记。

我和谢导是 1998 年认识的。我原先是在河南省豫剧一团（现河南豫剧院一团）工作，谢导最早到河南排戏，应该说就是 1998 年，到河南省豫剧一团。谢导那时候是全国知名的大导演。刚开始，我听说来了这么一个大导演，心里想，应该范儿非常大。但是呢，一部戏下来，通过我和谢导的接触，发现他不是我想象的那样。谢导人特别低调，这是第一个感觉。第二，他特别特别的随和。第三，特别知道培养人。他经常抽出时间来与演员交流。不是像有的导演来了以后，下面的人我不跟你说那么多。谢导不是这样，你想问他点什么事情，艺术上的什么感受，或者什么想法，谢导都不辞劳苦，很认真地和你交流，从来没有说我时间很紧张啊之类的话。不管谁来，他都会热情地接待。

有一次我和谢导说："你来了将近一个月了，我想请你吃饭，仅代表我个人啊，不代表单位。"他说："这样吧，咱也不上街吃饭，咱也不进什么高档饭店，我就到你们家去，你们两口子给我随便做点你们河南饭就行了，最主要我们聊聊天。"我就特感动。

谢导不像有的人，到一个单位排戏，讲很多条件，出行啊，吃住啊。谢导不讲究这个。我记得最清楚的一件事，谢导到我们那里去排戏，他说："你们团里别派车接送我，每天从住的宾馆到排练场，我就要一辆自行车，我自己骑着车子去排戏。然后每天排练完戏你们也甭管我，我骑着自行车回到住的地方。"

还有，我们觉得谢导好不容易来河南一次，想在排戏空闲期间，安排他出去转转，游山玩水，放松一下。他说不用，我有这一辆自行车，只要有时间的情况下，我自己都转了，还能锻炼身体。

和谢导认识这些年，他身上这些很小的事情，这些生活中的点点滴滴，一直在影响我。

1998 年以来，谢导在河南排了很多部戏。河南戏剧大赛也好，或是别的院团创排新剧目也好，我只要听到哪个戏是谢平安导演，是谢老师排的戏，我必须去看。因为每一次看，每一台戏感受都不一样，每一次都能给我启发。关于谢导与河南戏曲院团的合作，我是这样认为的：谢导给河南戏曲创作注入了大量的新鲜血液，河南省级院团的戏曲创作，我感觉上了一个档次，往前迈进了一大步，对河南的戏曲院团创作发展，谢导起到了重要的作用。

2010 年，我到河南省曲剧团工作，团里边也想打造一部戏，我们就请谢导执导了《医圣传奇》这个戏。曲剧是河南第二大剧种，大家都想请一个好的导演，哪个导演能胜任？哪个导演能把这个戏做得最好？我首先表态，我说请谢平安导演！因为我对谢老师太了解了，来河南排了这么多戏，包括在豫剧团排的那么多戏，我太了解他了。

我们班子一拍即合，六月份，我跟业务副团长杨帅学，我们俩一块儿专门到成都去请谢导。当时谢导说他确实没时间，我就说："谢导，你看帅学这么真诚，真的希望你能去，这是第一。第二，我们团确确实实想要排一部好戏，大家都相信你。第三，我与老师您也算是老朋友了，你看我到曲剧团几年了，不管怎么说，你得想办法抽出一点时间给我们曲剧排一部戏。"

谢导当时身体不好，我们就等，到谢导养好了身体，去给我们排了《医圣传奇》这个戏。我还想着，接下来我们要是碰到有好的剧本，还想把谢导请过去，去给我们排戏。但是这样的机会不会再有了，他老人家走了。

作为一个学生，作为一个晚辈，我希望我的老师、我尊敬的长者一路走好！我这会儿心里有点不好受。就到这儿吧。祝愿老师一路走好！

杨帅学谈谢平安

杨帅学，著名曲剧表演艺术家，国家一级演员，主攻丑行、须生。河南省曲剧团副团长，河南省戏剧家协会副主席，中国戏剧家协会理事，中国戏曲表演学会理事，中华慈善艺术团演员，中国人民解放军河南陆军预备役高炮师文工团中校演员。河南省新长征突击手标兵。2003 年获得第二十届中国戏剧梅花奖，河南曲剧梅花奖第一人；2010 年 10 月获第四届黄河戏剧表演一等奖；2013 年领衔主演导演谢平安先生执导的大型原创曲剧《医圣传奇》，饰演张仲景，获省宣传部"五个一工程"奖和省第十三届戏剧大赛表演一等奖；2014 年主演的语言童话曲剧《老鼠嫁女》参加国际戏剧艺术节，荣获最佳表演、最佳服装设计、最佳化妆造型三项大奖。

　　谢平安导演的名气不用说了，在全国都是非常知名的。我是河南省曲剧团一名丑角演员。很早以前，他也很关注我，我也跟他联系过几回。他说他很早的时候就看过我演的《阿 Q 与孔乙己》，我演的是阿 Q，他很关注这个戏。

　　有一次，我们见面的时候，他就说："帅学，你是好演员，我一定要给你排一部戏。"作为演员来说，我也有这个心愿，总想着，有那么一天，成熟了以后，找个剧本，有这样的机会了，能让谢导演给我排一个戏。

　　结果呢，就在去年（2013），我们团就征集了《张仲景》这个剧本。这个剧本呢，实际上在这里还要感谢常松书记，常松书记是从一团调到我们团的，谢导演与他在一团排戏的时候就建立了很深厚的感情。在常书记的推荐下，我们两个就带着这个剧本到四川谢导演家，请谢导演能不能抽出时间来给我们排这个戏。

　　到了以后，才知道他的时间安排得非常满。当然，去了以后他一看是我，他也很喜欢我这个演员，原来都有这方面的沟通，他就把别人的戏往前提了提，中间还有个好像是张火丁老师的戏，又往后推了推，中间给我们空出了将近一个月的时间，到河南省曲剧团给我们排这部戏。

　　说实话，以前谢导演排戏，我们也没有去看过。在一团排戏时，我们去那里看了一两天。就是通过这一次我们排戏的接触，给我的感觉就是，他老人家是非常平易近人，非常认真，非常敬业，并不是像别的大导演一样。我也接触过有个别的导演，要求的规格非常高，接待啊、吃住啊，要求都非常高。谢导演在这个方面不是很讲究，不提要求，也不让接送他，能给他安排一个适合的房间住就可以了。吃的方面也不让管他，说自己很随意。所以这是让我们所有演员非常感动的，让我们河南省曲剧团班子非常感动的。

　　这部戏在舞台上演出完了以后谢幕，谢导给我留了一席话，他说："帅学，你是一个丑角演员，你演这么个须生很成功。老师说一句心里话，你一定不要低估你自己，你一定要相信你自己，这个戏是非常好的一部戏，你一定要抓住不要放。在河南，我排了这么多戏，但这个戏呢，我还是很喜欢的。给你这个丑角排了这一部戏，我还是第一次。在我心目中，我对这个戏的期望值还是挺高的，你一定要抓住不要放。"

今年参加戏剧大赛，我就代表班子给谢导演说，我们要加工提高，您老人家能不能过来给我们再修整一下。他说："我已经不行了，我在这儿疗养，你的戏排完了以后，又排了个戏，排了半截就没排下去，回到四川我就开始疗养了。从现在开始我就任何戏都不接了，我也没办法，你得理解我。"后来他就派他的学生丁建英，但是建英要去江苏排戏，后来没办法，他就又推荐了中国戏剧学院的李永志导演，也是他的学生，他认可他的学生，就由他把这个戏完成了。

后来有人说，也有很多网上、微信上发，说谢导演是因为给河南曲剧团排了个戏，排了以后回去就住院了。说谢导演是在河南，排这个《医圣传奇》累病的、累倒的。我给他们回复说，我也是这样认为的。所以说我作为演员，我在这里感谢老人家！一天三晌不停地排，把时间抓那么紧，为了给帅学排一个戏，为了给河南省曲剧团排这么一个戏，确确实实是累倒了。当时我就说："谢导演，你咳嗽成这个样子，速度能不能放慢一点？能不能不赶那么紧？"他说："时间就是金钱，我在这儿耽误你一天，你就要多花多少钱。"非常感动，非常感人，所以不管谢导演这一次的病倒，是不是因为排这个戏，但是跟这个戏有原因，因为他排这个戏抓的时间太紧，这个戏本身就是挤出的时间为我们排，排完了以后，又去新疆排，回来了以后还有张火丁老师的那个戏，我不知道他是咋调整那个时间的。

我非常感动，也非常感谢谢老师，在百忙中，能在这个身体不舒服的情况下（其实他那个时候，身体都已经不行了），为我们河南曲剧团把这个戏完整地排出来。我只能说："谢导演，老人家，祝福您一路走好！祝福您在天堂一切都好！祝福您在那边能过得好！谢谢您！谢导演老人家，杨帅学谢谢您！！！"

王惠谈谢平安

王惠，河南省著名豫剧旦行女演员，国家一级演员，常派传人。中国戏剧家协会会员，河南省戏协副主席，享受国务院特殊专家津贴。先后荣获文化部文华表演奖、文化部艺术司"金三角"三省交流演出优秀表演奖第一名、中国首届豫剧节优秀表演奖，香玉杯艺术奖，蝉联五、六、七届河南省戏剧大赛一等奖，文化部文华表演奖。谢平安去世时，王慧腿伤，陈跃进（系王惠丈夫）代表妻子前来成都吊唁。

　　谢导在一团跟我们拍戏的时候，我们就认识了，前前后后将近快二十年了。我跟谢导，我们之间的感情，不是一两句话就能够言表的。个人关系，私人关系，尤其是在艺术的方面，谢导对王惠都非常地器重，非常地帮助她，让她在演艺这条艺术的道路上，有一个质的飞跃。特别是他给王惠排过三出戏。第一出叫《大明魂》，是1998年排的。后来又排了一个《孝庄皇太后》，那时候王惠成立了工作室，个人的工作室，请谢导过去给她排《孝庄皇太后》。这前前后后两个戏都是同建英同志他们两个主演。最近两年，我们又排了个《魏敬夫人》，也是由王惠主演的戏，王惠又把谢导请去。谢导认为王惠是非常有潜质的表演艺术家，他对王惠在艺术上的指导，在为人方面的教导，倾注了大量的心血。尤其这一次，在我们团排演《魏敬夫人》的时候，他到我们团，对我们团的评价非常好，他认为我们一团在整体的素质方面，整体的纪律方面，让他很愉快。排完这个戏，他到处见谁都讲，夸奖我们一团的演职员，从主演到群众到工作人员都非常认真，合作得非常好，他对我们团的团规等方面都给予了很高评价。

谢导的去世，是我们戏曲界的损失，王惠因为腿伤，她一直来不了，她在家里也是落泪，我心里也是非常难受，因为谢导的确是非常优秀的长辈，是我们艺术上的领路人。

粤剧人谈谢平安

欧凯明谈谢平安

　　欧凯明，著名粤剧文武生，国家一级演员，享受国务院专家津贴，中国戏剧梅花奖二度梅、上海白玉兰奖获得者。任广州粤剧院有限公司艺术总监、总经理、广州红豆粤剧团团长，中国戏剧家协会常务理事、广东省戏剧家协会副主席、广东粤剧促进会副会长、广东省繁荣粤剧基金会理事、广州市振兴粤剧基金会副理事长，广州市戏剧家协会副主席，广东省级非物质文化遗产项目代表性传承人。1996年获首届广东戏剧家突出贡献奖；1999年12月获广东省戏剧"十佳中青年"演员称号；2011年当选广东省省级非物质文化遗产项目粤剧代表传承人；1994年获广东省首届粤剧艺术大奖赛金奖头名；1994年获得第十二届中国戏剧梅花奖；1995年获广东国际艺术节表演一等奖；2010年获第九届中国艺术节优秀表演奖；2011年获第二十一届上海白玉兰戏剧表演艺术奖主角奖；第九届中国艺术节优秀表演奖；2015年获第二十七届中国戏剧梅花奖二度梅、第十六届华语音乐传媒大奖之粤剧艺术年度瞩目奖。代表作：《刑场上的婚礼》《孙中山与宋庆龄》《黄飞虎反五关》《一把存忠剑》《关汉卿》《山乡风云》《搜书院》《楚河汉界》《关公忠义鼎千秋》《南越宫词》《武松大闹狮子楼》《刁蛮公主憨驸马》《家》《天作之合》《吴起与公主》《贼王子》《花枪奇缘》。

　　我这次是专门到天津看望谢导的。前几天，我和他通过电话，了解谢导的身体情况。因为过几天，我要去加拿大，过一段时间才回来。他说他这几天在天津，最后要合成一个戏，那我就赶紧飞过来看看。谢导是2007年第一次给我排戏。其实很早以前我就找过他，他那时在广东排戏，是在梅州还是在哪里排戏的时候，我就专门去找他，那是十几年前的事了。到2007年，我们排《刑场上的婚礼》，进组的时候我就想，如果能请到谢平安导演，那我就非常高兴了，后来真的请到他了，有缘。

　　谢导是我在艺术道路上遇到的最佩服的、最敬佩的、最有艺术良心的一个导演。在我的艺术道路上能认识谢导，我觉得我很荣幸。对我，对我们这个团来说都是一种幸运，一个提高啊。

　　《刑场上的婚礼》是一个现代戏。这个戏排完以后，他说戏曲演员，特别是我们都是演武生出来的，对程式的发挥，要去演古装人物才特别带劲。现代戏挑战蛮大的，因为它不能用太多程式的东西，更多的是走心。下来以后，谢导就说，我给你排完《刑场上的婚礼》后，再给你排一个古装戏。我说好，好，好！我就把我原来的想法给他说，说我想排《南粤王》。他说，好！本土题材。他后来就帮我排《南粤王》，《南粤王》是他提出帮我排的，所以我特别特别感动。

　　在广州排《南粤王》排到一半的时候，他觉得身体不舒服，又一直不愿意离开。我说，谢导我们休息吧，要不去医院看一下。他说，不行，必须把戏拿下，要排好，合成以后才可以走。最后那一个礼拜，我们几乎是背着他上排练场的，他还要去。下来后我们专门找医生护理谢导，他一直坚持不离开，等把戏排出来以后，再回成都去看病。就是那段时间，我找了很多广州医院的医生、院长帮他看病，最后了解了情况，他才回成都了。

后来他做了手术，我专门到乐山看他，那时候看见他精神非常好，像根本没生病的样子。看到他的时候，我挺开心，特别高兴。

刚刚，我第一次听说，他这个病转移了。虽然这个结果谁都会预感到，但我还是感觉心里特别难受。我这次为什么专门过来看他呢？有很多原因。那天和他通完电话以后，我就受不了，就和师母一样，我特别受不了。我说，不行，我要去看看谢导，我怕我去加拿大以后，有什么意外发生，因为我有好长时间没见过谢导了，我还是要见见他。不然我怕我回来会很遗憾。我也没办法抗拒这种规律，听了以后特别难受，我不知道怎么说好。2009年他发病的时候，我们同样是这种心情，以前很是接受不了，后来谢导对我说，凯明啊，我这么多年来，对戏曲，对舞台，能够从事一个快乐的工作，我非常好，非常高兴，而且做得不错，哎，待遇也不错。

后来我就一直关注谢导，现在中国戏曲导演这个现状来说，我说，谢导，你是最伟大最伟大的一个！他说，不能这样说。现在凡是我们国家团体、大院，从北京京剧院到天津京剧院，到我们广东京剧院，其他大的文艺团体，那种大的剧院，基本上没有一个团没有他的作品，大都有他的作品。而且这些作品都是经过时间考验的，都是十年八年还经常在演他的剧目。

我记得他给我排戏的时候，正逢京剧节，有八台作品是谢导的。我们聊起这个话题，他说：刚刚上面采访我，我说关我什么事啊？我七八年前给他们排的戏，就像我给你排的一样嘛，那我八年前排的，他们又去演了，也是我的作品，是我的作品，又能怎么样呢。

我想是这样，有心和他合作，对一个演员也好，对一个团体也好，都是有非常大的帮助，所以我说他是非常有艺术良心的，非常实在的一个好导演。

秦腔人谈谢平安

郝卫谈谢平安

郝卫，国家一级演员。现任陕西省戏曲研究院青年团团长，陕西省戏剧家协会理事。工老生，主演的剧目有《迟开的玫瑰》《大树西迁》《清风亭》《留下真情》《赵氏孤儿》《隔门贤》《卷席筒》等，先后荣获第八届中国人口文化奖戏曲表演一等奖、陕西省建国五十周年优秀剧目展演表演一等奖，2002年被共青团陕西省委授予"新青年突击手"光荣称号。

我有幸曾经在谢平安老师导演的《迟开的玫瑰》《大树西迁》两部作品里担任主演。谢导是1998年底来我们团导《迟开的玫瑰》这出戏。当时我是团办公室主任，负责谢老师的吃、住、行。当时我就问谢老师：您喜欢吃什么？看什么？还有些什么要求？您就尽管提出来，我这些天会一直陪着您。当时谢老师特别爽快地跟我说，你忙你的工作，不用特意陪着我，我自己吃，不用麻烦你们。另外，你帮我搞一个单车，没事的时候我要骑着车出去转转看看。这是谢导给我的第一印象：精神、干练，平易近人，没有一点架子，就像一个慈祥的父亲。

到排练场第一天排练的时候，他开门见山就直接说咱们今天先对对剧本。那天我们说了说剧本怎样删减修改，哪一块加什么，哪一块去掉，没有多余的话。这第一次的排练大概用了四十分钟的时间，把剧本聊完以后，谢老师就说你们回家吧，今天上午就到这儿。啊？当时我们都还没有反应过来，谢老师接着就又说他上午要和陈彦还有作曲见个面，和他们沟通一下。

之后一直到按场的时候，我们才看到他拿着一个大号的剧本，是十六开纸的。纸的中间部分是剧本，每页纸两边留白的地方密密麻麻地写着谢导自己对于戏的解读。我曾经有幸把这些解读全部看了一遍，当时我的心里只有一个想法，那就是难得谢导把这剧本分析得这么透彻，前期工作做得这么扎实、认真，真的是一丝不苟，我们还有什么资格不用心去排练。

继《迟开的玫瑰》之后，谢老师又给我们导了《西部风景》，后来《西部风景》改名《大树西迁》。这两部戏分别获得多个全国大奖和国家舞台艺术精品剧目，特别是《迟开的玫瑰》，历获文化部第九届文华大奖、第六届中国艺术节大奖，中宣部第七届"五个一工程"奖、第六届中国戏剧节优秀剧目奖、第十一届曹禺戏剧文学奖，2005—2006年度国家舞台艺术精品工程十大精品剧目第一名，还荣获国家文化部优秀保留剧目大奖。

我今天来不仅是代表我个人，也代表陕西省戏曲研究院、代表青年团来吊唁和感谢谢导。因为是他给青年团带来了很多荣誉和光环。同时，我还受我们陕西省委宣传部副部长陈彦的委托，来这里吊唁，因为陈部长时任青年团的团长，是《迟开的玫瑰》和《大树西迁》的编剧。后来他任我院副院长、院长，去年到陕西省委宣传部当副部长。这次我们陈彦部长再三叮嘱我一定要来给谢导上炷香，敬献花圈。还有我们院的艺术总监、《迟开的玫瑰》的主演李梅，她今天也特意给我打电话，让我代她在谢导案前上炷香。陈部长是因为在负责陕西丝绸之路国际电影节，脱不开身。李总监是在我们省上的一个艺术节做评委也脱不开身。我们都没有想到谢老师走得这么突然，原本还有很多很多的剧目想要跟他合作，太遗憾了。谢导的离开，真的让我们感到非常悲痛，为戏曲界失去这样一个好的导演而惋惜，太遗憾太遗憾了。

齐爱云谈谢平安

齐爱云，国家一级演员，主工青衣，兼演刀马旦，师承著名秦腔表演艺术家马蓝鱼。第二十一届中国戏剧梅花奖获得者、中国秦腔"四大名旦"之一。代表剧目有《游西湖》《阴阳鉴》《郑瑛娇》《杨门女将》《宇宙锋》《打神告庙》《天女散花》《嫦娥奔月》等。近年来，潜心于戏曲文化的传播，艺术中心创意策划的公益项目——戏曲青年公开课，受到高校和中小学学生的欢迎。2016 年 2 月，作为贾平凹提名艺术家，在西安建筑科技大学贾平凹文学艺术馆举办了为期两月的"传承主题艺术展"，开创了一种新的秦腔传播形式，赢得广泛关注。与谢平安导演合作《郑瑛娇》，荣获第八届中国戏剧节优秀表演奖、第二十一届中国戏剧梅花奖。

我跟谢导的接触应该是在 2001 年，还是 2002 年，我现在脑子有点儿乱，今天心情有点不太好，具体时间可能有点记得不太清楚了。

2000 年的时候，我在事业上有很大的挫折，然后 2001 年的时候，咸阳市人民剧团借我过去。开始我还不打算去，因为说不算是女主演，也不是一号人物。后来对方就说是谢平安来导演。因为我很早就听过他的名字了，他的很多作品我都看过，我觉得他是个大腕儿导演，我应该去。我就跟团长说我想去。团长对我挺好的，她是一个女小生的老艺术家，她特别支持我，她说，就冲这个导演你也应该去一下。

那个时候，我也比较封闭，外边的很多事儿也不太知道，每天就是演出、练功、排戏。见到谢导以后，觉得一点儿没有想象的大腕儿的那种感觉，就是特别亲切，平易近人。给我们排戏的时候，他特别认真。我们大概排了一个多礼拜的时间。

因为我是性格特别特别内向的一个人，不太善于跟别人打交道。排了一个多礼拜以后，有一天排练完后，谢导就说，哎，你排戏的感觉挺好的，条件也挺好的。然后我就很真诚地说，我条件不好，因为一直以来，在演艺中表扬我的人很少，都说我条件不是特别好。谢导说，不是！你的条件真的很好。还说，中午我请你吃饭。我这个时候才反应过来，我说，我应该请老师吃饭的。

之后，我们中午就吃饭，吃饭的时候，他就说，你上舞台那种感觉特别好，为什么到生活中你闷闷不乐，很忧郁，是不是有什么事儿？我说也没什么事儿，就是觉得自己事业想发展，好像不是那么顺利，心情就有点儿郁闷。谢导就宽慰我说，你条件这么好，你有实力，基本功这么好，你应该有机会的，你要相信自己。要多看，走出去看看，应该是没问题的，要对自己有信心。

我当时也没有多想，然后继续排练。排练出来，演出后反响都挺好的。谢导又说，你只要不放弃，坚持，你就会成功，你要相信自己。所以我就记住了这句话，回去一直很努力。

等到2003年的时候，第八届中国戏剧节在西安举办，需要做一部戏。我们剧团要我和另外的一个演员张涛搭档做一出戏。然后找剧本，我就给谢导打电话，我说，能不能帮我找个剧本，并说了具体要求。谢导说，按你的条件，我觉得你应该选文武的，因为你文戏、武戏都能唱嘛，应该选能展示演员才情功底的，然后还有小生戏份也很重的戏。他说你们俩如果要选，就选对手相呼应的戏，《郑瑛娇》就可以做。

当时没有剧本，谢导就给我用手写，全剧本都是用手写出来的。剧本拿回去，大家都说挺好的。

后来，谢导就约他的好朋友，他的团队的人来帮我，他说要是你们有钱，就给点钱，如果说钱不够，我们就免费来做。周正平老师、何礼培老师、蓝玲老师都是他当时的合作者，他都带来帮助我们。他说，你是好演员，不能就这样被埋没了。再加上我们文化局严彬局长也给他说，这么多年我一直很努力，一直在每天坚持练功。他就说，这样的演员，这么爱事业的人，不能就这样被埋没。他说，我一定要帮助你做成这部戏，让大家看看你是有实力的！

这几个老师过来，当时给他们的费用应该是很低的。对我来说，我一辈子都忘不了他们，谢导、周正平老师、何礼培老师、蓝玲老师。

演出成功，我拿了第八届戏剧节优秀表演奖、第二十一届梅花奖，之后我就比较顺了，大家对我的艺术也都认可了。

从那以后，我也记住谢导的话，我反正就是坚持，在艺术上一定要坚持。我到现在还是每天在练功，我不为什么奖，就是自己热爱。

再一个，我跟谢导接触这么长时间，我觉得他非常乐观，他总能给人正能量的东西。比如说，我们看很多东西，比较容易看阴暗的一面；谢导一讲，就让你看到阳光，充满希望。我的性格就是在跟他交流的过程中有了很大的改变，我现在能跟人交流了。我现在经常出去全国各地跑，我能跟别人打交道，能很好地沟通。而且我现在的思想也比较乐观。大家都说我现在看什么问题都可以看到最阳光的一面，我觉得这个是谢导对我的影响。

我们过去可能就是眼界比较窄，圈子也比较小，成天就看见自己的剧种什么的。谢导给我们很多信息，大量的信息，就说要多看各个剧种最好的，包括美国的大片。对艺术，他给我传授说，目前的戏曲很简单，很多人用很深的理论去给别人讲，讲不通，别人听不明白。他说，其实最简单，就是四个字：好听、好看。我仔细一琢磨，真的，戏曲真的要做到大家能接受，就是好听好看，那应该是最高境界。我也是这样认为的。所以我现在自己做节目的时候，我也是往这方面努力。

谢导他特别的勤奋，他爱学。我也接触过很多的排导者，我觉得他是最认真、最严谨的一位导演。他每次做戏都是很有计划的，计划非常周到，去排练很细心。每次排戏，他的指导对演员都有很大的提升，包括他的舞台呈现。谢导他就能让你一下子各个方面都提高许多。而且他不跟你讲特别的理论，就是言简意赅，一点就通，让你一听就明白，就这个是最可贵的。像他这样的高人，比较少，我自己是这样认为的。

我本来跟他说好，给我再做一部戏，啥都不为，做一部艺术品，自己喜欢的艺术品就行了。太可惜了，没有机会了。但是我自己会努力的。我最大的遗憾就是今年四五月份的时候，我本来说来看他，他就是不让来，我也就没来，太可惜，太遗憾了。我希望他在天堂一切都好，我会祝福他的。

张涛谈谢平安

张涛，男，生于 1972 年 5 月 23 日，陕西临潼人。1985 年考入西安市艺术学校秦腔表演班，主攻小生。1991 年毕业分配至西安市青年秦腔二团（今西安秦腔剧院三意社）工作。国家一级演员，三意社分公司经理，中共党员。中国戏剧家协会会员。陕西戏剧家戏剧会员。所演剧目主要有：《火焰驹》（饰李彦贵）、《三修樊梨花》（饰薛丁山）、《狸猫换太子》（饰陈琳）、《三滴血》（饰李遇春）、《状元打更》（饰沈文素）、《回荆州》（饰赵云）、《曲江烈马》（饰薛平贵）、《少帝轶事》（饰赵显）、《金沙滩》（饰杨五郎）、《造佣记》（饰石秀）、《天山民警》（饰赵新民）、《郑瑛娇》（饰徐湘）、《打柴劝弟》（饰陈勋）、《杀狗劝妻》（饰曹庄）。1994 年参加全国杭州小百花越剧节调演，以《少帝轶事》荣获表演银奖；1998 年参加陕西省新百名秦腔演员唱腔大赛，荣获一等奖；1999 年参加陕西省戏曲电视大赛，荣获戏曲百佳演员称号；2000 年参加陕西省优秀折子戏选拔赛，以《打柴劝弟》获表演一等奖；2000 年 11 月 3 日《打柴劝弟》获首届中国秦腔节优秀表演奖；2002 年 7 月 -9 月被特邀到新疆乌鲁木齐参加自治区调演和第二届中国秦腔艺术节排练和演出，以《天山民警》荣获自治区调演优秀表演奖；2003 年参加第八届中国戏剧节，以《郑瑛娇》荣获优秀表演奖；2010 年主演《七步诗》（谢平安导演执导）荣获第五届中国秦腔艺术节优秀表演奖；2015 年主演《曹植》荣获第二十七届中国戏剧梅花奖；2016 年参演《花儿声声》荣获第二十六届上海白玉兰奖配角奖。

和谢导认识应该是在 2002 年，这个时间一辈子不能忘记。和谢导开始打交道是《郑瑛娇》这出戏，可以说这出戏，是我在舞台上一直坚持下去的动力，因为谢导的一言一行一直在影响着我。

在舞台上我有一个心结，就是梅花奖。十多年前，谢导有一句话，就是说张涛你需要我的时候，你打个电话，我会尽全力去帮你。真的就这一句话，等了十二年。今年我给他打电话，他说：张涛，我在天津，我现在耳朵听不见了。当时我就感觉不是很好，我说您好好的身体怎么一只耳朵听不见，他说我真的听不见了，我一个耳朵真的听不见了。我听见他说话的那种声音，感觉气息不对，我说谢导你身体好不好？他说：我都挺好，你放心，你放心吧，我挺好，我都还在外边能排戏，你放心吧，你有啥事儿你给我说。我说您当时说，我有啥事儿来找你，我这一出戏需要你来帮我。他说我现在时间很忙，你能不能亲自过来，到四川来。

四月份他在川剧院那边排《尘埃落定》，我当时和《曹植》剧目导演何红星就一起飞过来了。飞过来以后，在那儿看了两个多小时的联排。联排完了，谢老师就说我真的很想去，但是我现在去不了，我现在还有很多的事儿要做，但是你给我寄过来的本子和带子我看了两天，我认真地在这儿琢磨，为你这出戏把脉。我当时真的不知道，他的病情是什么状况，后来阿姨拿了一个片子，说谢导在四年前已经做过手术了，但现在已经转移到双肺了。当时听完以后，我真的有点崩溃，不敢想象，我说你怎么病成这个样子了，还要再做这出戏，我又来添乱，我觉得不能原谅自己，当时这种心情是真的，我无法用言语来表达。他就说你放心吧，我都给你看好了，一个步骤一个步骤，怎么来改，怎么去做，怎么去呈现。我说你真的去不了？我还需要你给我介绍个导演，他说我的学生叫沈矿，他过去，他就代表我的思想，代表了我所有的想法，我可以给他说怎么来帮张涛把这个问题解决了。

说实话，排一部戏很艰辛，但是谢导对我关注的、关心的这种程度超过任何人。我感觉他是在用他自己的生命来帮我。真的，有时不知道怎么来说，来表达我的心情。我的夺梅剧目《曹植》排完以后，戏的状况不是很好，我当时跟沈导商量，说咱们任何事情不要再去打扰谢导，咱们尽咱们自己最大的力量和能力。他说我已经给谢导说了，我当时依然觉得很内疚，还在疑惑沈导为什么还要给谢导说，我知道他的病情，阿姨说他已经又住院了，我说我不想给谢导再添一丁点的麻烦了，我知道他病得很重。

后来《曹植》在舞台上呈现，得到认可，他说还需要进一步的打磨。沈导就说，我给师父说了，师父又提出一些意见，我说，你能不能不要再给谢导说，我知道他现在情况不是很好。他说，师父交给我最大的心愿一定要替他完成。

今早上接到谢导去世电话，我真的不知道我在干什么，感觉跟丢了魂似的，六神无主，我的主心骨都塌掉了。沈导说，你放心吧，下来这些事儿一定要做好，师父又给我交代过了修改的方案和意见，我都准备好了。可以说跟谢导当时打交道的就是因为戏，跟他结缘也是戏，到最后也是，也是为我这戏。这些真的很难受，很难受。谢导不但艺高，品行也是最高的。我会祝愿他，祝福他到没有病痛的地方，愿他走好。

花鼓戏人谈谢平安

周回生谈谢平安

　　周回生，湖南省花鼓戏剧院国家一级演员，中国戏剧家协会会员。曾因主演花鼓戏《羊角号与BP机》获文化部表演奖；创作演出小品寓言《求决》参加全国小品大赛获文华新剧目奖、个人获文化部表演奖，省芙蓉戏剧奖；因主演《老表轶事》获首届湖南艺术节优秀主演奖，在七艺节上获文化部文华表演奖，该剧获文华大奖、精品剧目、中宣部"五个一工程"优秀剧目；演出《作田汉子也风流》获省艺术节表演奖；在《齐白石》中饰演齐白石获第五届省艺术节表演奖。两次获省级德艺双馨艺术家称号，两次被授予一等功等。

　　真不希望在这种场合接受采访。谢导是从2002年开始跟我们接触的。我们全院的同志，上上下下，都感觉他是最好的一个导演，跟我们十多年的这种感情啊。

　　谢导他的水平之高，艺术造诣之深，他的能力之强，这是没话说的。

我们《老表轶事》这个精品剧，就是谢导的精心打造，才使我们花鼓戏剧种有了第一个文化大奖的剧目，也是我们湖南省戏曲界的第一台精品剧目，他带给我们两个零的突破。

我受谢导的教育帮助，受益匪浅，这个角色的塑造，谢导给了我很大很大的帮助，我从心里非常感激、感激谢导。他在艺术上确实是一个很高的高峰，其他人没有办法跟他比。他给我们留下了很多很多的、将来用之不尽的宝贵的精神财富。

他艺术上的造诣与成就，我们非常敬佩。他的为人更好，到现在我们全院上下都认为谢导他这个人好，世界上少有，现在几乎很难找到这样的人。他是一个大家，艺术造诣非常高，但跟人相处和没有任何的架子，都是掏心窝地跟你交流。我们所有人听到他离世的噩耗以后，心里非常沉痛，对于失去这么一位老者，感到非常痛心。当然，自然规律违背不了，我们也只能顺其自然，也只有节哀顺变了。

谢老留给我们的这些宝贵的精神财富，我们一定会不断地发扬它，让他的这些精神财富和艺术方面的财富，在我们院里生根、开花，结出更加丰硕的果实，这可能是对谢老最好的一种回报。也希望他在天之灵，能够保佑我们。

银铮铮谈谢平安

银铮铮，湖南省花鼓戏剧院艺术室主任，二级编剧。

2002年的时候，我们院里领导换届，新领导上任，希望出成绩嘛，然后我们找了无数的剧本，都不满意。后来找到《老表轶事》这个剧本，我们决定投排。我们也咨询了一些当时文化部的领导，就推荐谢平安导演。

我是第一个跟谢导联系的。我记得当时第一个电话打给他的时候，我就跟他说，我是湖南省花鼓戏剧院的，他说花鼓戏啊，我演过，我演过《补锅》，他这么说的时候，两个人就没有了陌生感，马上就像老朋友一样聊天。我说谢导我想请您来排这个戏。他说，嗯，你先把剧本给我，看了剧本以后，我们再聊。然后我就把剧本寄给他。他看了剧本以后很兴奋，可能这个剧本跟他确实也有一定的缘分吧，他就说湖南人真的是太会写戏了。所以他就决定接我们这个戏。

他到我们剧院来排戏，对我们的演员特别满意。他说我们的演员不仅仅是台中间的几个演员，你们所有的群众演员都有戏，这点他是特别满意的。我们这次合作是非常融洽。虽然是第一次合作，谢导他给我的印象太深了，就是特别随和。他来了以后，他就给我提了一个要求，我要一部单车，我要自己去溜达，你不用管我，他真的就是这样。他不会提任何大牌提的那些要求，一点没有，特别好的一个前辈。

《老表轶事》这个戏成了我们剧院的一个里程碑，把所有的奖都拿遍了。对谢导来说，《老表轶事》可能不是他最重要的一部戏，但是对我们剧院来说它是特别特别重要的一个作品。

评剧人谈谢平安

崔连润谈谢平安

　　崔连润，国家一级演员，享受国务院特殊津贴，天津戏剧家协会副主席。曾四次荣获文化部颁发的优秀表演奖，两度荣获中国戏剧梅花奖。第五届金唱片奖获得者。1965年毕业于天津市戏曲学校。专工花旦、闺门旦、刀马旦。师承孙桂君、李宝顺、董美菊，深得鲜灵霞、新翠霞、六岁红等前辈艺术家真传。在继承"鲜派"（鲜灵霞）的基础上，以独特的嗓音条件、科学的演唱技巧、委婉流畅的行腔、醇正甜美的韵味、细腻娴熟富有激情的表演特色，而形成自己的艺术风格。代表剧目有：《花木兰》《回杯记》《杀妃剑》《魂归越湖》《卖油郎独占花魁》《状元打更》《狗不理传奇》《九九艳阳天》《白云深处》《雷雨》。

　　那是20世纪80年代了，应该是1983年，文化部举办了第四届戏曲演员讲习班，全国各地各个剧种的尖子演员都集聚在北京，学习交流，请来了俞振飞、张君秋、阿甲等艺术大师上大课，李紫贵等著名导演做示范排练，学员之间观摩演出。

我跟谢平安都是学员，我们也挺有缘分的。

当时跟川剧演员接触不多，成都有几位演员，包括谢导，我们在一起练功学习，一块听课，一起观摩，有时候一块儿出去玩儿，也挺谈得来，那段时间交流比较多，彼此都留下很好的印象。他到天津来排京剧《华子良》的时候，有人就跟我说了，有一位老同学要到天津去排戏。然后我就翻出了当年的资料和照片，时间太久，一晃二十多年了，各自都忙各自的事儿，也没有太多的联系，真找不出来是哪位。然后他们说别找小伙子了，你将来见着他就是个小老头了。

谢导初到天津认识的人不多，我便以地主之谊老同学自居请他吃饭，又向他介绍了一些天津的演员，因为他对京剧院的演员还不是太熟悉。然后他每次来到天津排戏，我都要请他，跟他聊天，相处得很好。

应该说跟谢导相处有四段的情节和缘分吧：

一个是同学之情，结下了友谊。第二就是伴随着他创作《华子良》，由始至终，我深知其中创作历程的艰难，挺艰苦的，一路走来呀我也是挺有感触的，从他身上也学到了很多。谢导那旺盛的创作精神时时感染着我，对艺术的执着，乐观向上的工作状态鼓励和感染着大家。

应该说我们的真正合作是来源于第三段情节，是从评剧《雷雨》创作开始的，那就是 2006 年了。那年我刚刚退下来，自己搞了一个工作室，工作室第一个项目就是制作排演评剧"名家版"《雷雨》。这是我多年来的一个凤愿，我渴望演绎经典名著，提升剧种；二是在同一部戏中集中展示评剧剧种的几大流派，提升评剧声腔艺术的感染力；三是想通过评剧名家的艺术再创作，进行艺术规范，履行承载着评剧传承的责任与使命。这是我的思考，更是一个新创举。

作为制作人，当时我就邀请了北京的"新派"（新凤霞）传人谷文月饰演四凤，"白派"（白玉霜）传人刘萍饰演鲁侍萍，"魏派"（魏荣元）传人李惟铨饰演鲁贵，天津就是我了，我是"鲜派"（鲜灵霞）传人，我来饰演繁漪。然后天津还有王有才老师，王老师也是天津"非遗"传承人，由他饰演周朴园，声腔风格主要是依据"马派"（马泰）而创作。还有沈阳的徐培成老师，他师承"张派"（张德福）由他饰演周萍。我们是一代人，都有着共同的目标和抱负，这次合作都不计名次，不计报酬，走到一起，同时，我还邀请了资深的音乐、唱腔、舞美等设计专家参与进来，也都是长期与谢导合作的伙伴和团队。

评剧《雷雨》创作过程还是蛮和谐、蛮愉快的，但是有些具体的事情经历过来呢，也是挺艰难的，毕竟它不是国家院团，而是我个人出资、制作操作的这么一个戏。咱们编剧是赵大民老师，就是《华子良》的编剧，他特别希望评剧《雷雨》这个戏能再次和谢导合作。谢导那阵子正在上海排京剧《于成龙》，我就亲自去上海请他，他本来是没有档期了，介于老同学这份诚意，盛情难却吧。然后我给他看了本子，看本子后他就很兴奋了。他说这是《雷雨》戏曲改编版最好的本子，属于上乘之作，编剧经过几年的修改，很厚重，唱词也很漂亮，很有基础，很有突破。另外，我又把我的思考和创意向他阐明，谢导更是理解了，他很是感动，这么着，他就牺牲了自己的一个小假期，给了我和这出戏一个档期。

这次跟谢平安是在创作上直接接触了，跟那时的《华子良》感觉不一样，深一步接触，我很欣赏他的艺术观念，他跟我的艺术追求是相吻合的，特别是立足戏曲本体，突出戏曲本身，充分运用，挖掘它的特色，通过再创作、再呈现来强化他的艺术魅力及感染力。

谢导他创作了很多剧目，都具有各个不同的风格和特色，都有他的艺术追求，我很欣赏很喜欢。我们排《雷雨》的时候，谢导的定位就是：敬畏经典，突破原话剧格式，突出戏曲本体，彰显评剧魅力。因为剧本本身也给我们提供了脱离话剧的基础，我们的场次安排和话剧都不一样，编剧重新设计了"花园""河边"两个不同场景，加强了繁漪和周萍之间情与爱、爱与恨的感情纠结与冲突、扭曲直至爆发，充分运用评剧的声腔旋律、调式与板式的调整，抒发人物内心情感，渲染人物内心的层次变化，以此推动全剧的高潮。我们的整个舞台，除了强化各个流派的唱腔特性，演员规范性的表演，另外就是舞台呈现也是以虚拟的形式展示，风格统一，相互融合。当时这个定位，包括编剧啊，谢导啊，我们的想法和艺术观点、追求都很统一，也很默契。

我很欣赏谢平安。我怎么形容他呢，他很童真，还这么纯粹，我感觉他跟现在外面的那种浮躁世相，是两个世界的人。我觉得通过跟他接触可以净化自己，不管是艺术上，还是谈论任何话题，他都有一种激情，他能感染你。他又能静下来，我说是纯粹艺术追求，他很能静下来，去一步一步地创作他要追求的东西。我感觉这个在目前来讲应该是太难得了，太可贵了。我很钦佩他。不管是京剧院，包括我们，我们的整个团队，以及所有跟他合作过的人都很尊重他、爱戴他、欣赏他。

我觉得，我们排的是经典名著，那么我们这出评剧《雷雨》的诞生应该也是一部经典的诞生，它凝聚着这么多位艺术家的心血，凝聚着大家的智慧，它有着很厚重的艺术含量，这个就是我对这个戏的评价，同时也是前辈艺术家和观众的评价。更为重要的就是希望将来它可以作为一个范本，在评剧历史上留下我们的贡献，也可以无愧于心了。通过这部戏，我们在戏曲创作这条道路上，包括培养年轻演员，包括评剧艺术继承和传承上都取得了很大的收获与成就。评剧《雷雨》曾两次参加评剧艺术节的演出，纪念"曹禺先生作品"展示，"纪念曹禺作品"演出季展演。相继，我们为天津评剧院排演了"青春版"《雷雨》，为辽宁本溪艺术剧院排演了评剧《雷雨》，并参加了辽宁省艺术节会演。在这条道路上，我们将会积极地去推广，去传承与弘扬。

这出戏从一排出来，好多人就说应该报这个奖那个奖，但我很看淡这件事，为什么呢，因为本身我投资制作的这么一个戏，主要还是想从艺术追求，真正的艺术价值的存在考虑，那么这个戏诞生的真正价值是什么，是艺术积累，艺术提炼、艺术的再创造，我需要的是艺术上的厚重，它能不能传世，能不能传承，我从这个价值上考虑的居多。

《雷雨》在天津首演之后，中国评剧艺术节组委会知道了这台戏，特别邀请进行展演。唐山是评剧的发源地，我比较关注唐山观众的认可，我们好多朋友，好多戏迷朋友，跟我说，崔老师，您这太冒险了，这出戏到唐山来演出，会有一个什么样的效果和结果呢？都很是为我担心。

在唐山首演那天，我心里也十分紧张，忐忑不安，剧场还真是座无虚席。大幕拉开随着人物出场，剧情发展，各个流派的展示，各个名家的魅力，一下子台底下就炸了，我们这几位演员就别张嘴，张嘴就有"好"，台下掌声不断，这样我们心里就有底了。唐山观众认可了这比什么都重要，内行外行认可了我比什么都欣慰，也就进一步证明了它的存在价值和艺术含量。我们每一场戏每个演员都有精彩的唱段，很解渴，很过瘾。正像谢导说的那样，我们当时的定位和目标是对的，创作理念也是正确的，整个创作状态也很好，心很静，没有其他的干扰，很融洽，很和谐。我们排戏中呢，这些位艺术家都感觉有很好的创作空间，艺术上我们磨合，互相提意见，然后不断地去修改，在这个空间里去创作，大家心情都非常愉快，也很宽松了，没有那种压力了，这才出得了好的艺术作品，好的创作成果。

另外呢，我搞这台戏，是有一定的起点和定位思考。我挺不赞成一部戏一下子就锁定它是精品。我也有五六十年的舞台艺术实践经验了，所创作的几十部作品有成功的经验，也有失败的教训。一部艺术精品的形成，是需要时间检验的，需要提炼，需要几代人付出心血的，因为这就是艺术规律啊，没有一部戏一创作出来就是精品了，因为艺术创作需要过程，需要经历，需要积累，也需要时间，我是这么认为的。

谢导的好多作品我都看过，我感觉那是没有争议的，这个毫无怀疑，不只是《华子良》，还有其他作品。我是欣赏他哪部戏都有哪部戏的味道，他哪部戏都有哪部戏新的艺术追求，他尊重民族艺术和传统艺术，他又立足于戏曲本身，他不会颠覆，但会调动其元素巧妙运用，它会严肃对待，他不会重复自己，他这方面是特别令我敬佩的。

我跟谢导这种友谊更来源于对他品德的尊重。我感觉他除了艺术上的纯粹，他很真诚，他不世俗。也包括他每次到天津来，不管是排《雷雨》，还是给京剧院排《华子良》，一点都不麻烦人，特别仁义，就叫我们弄辆自行车，也不需要人陪，我们说上哪儿去啊需不需要人陪，他说不需要。去哪儿都自己骑自行车。这次是身体不太好，请他老伴来陪着是为了给他煎药并照顾他起居。有时候我们都挺心疼他的。他仁义，生活简单，不张扬，不愿给别人添麻烦，他默默这样做呢，大家都看在眼里，都很愿意帮他。他这一次身体不好，明显看他力不从心，就很心疼。

在天津，我真的想为他做点什么。他这次给京剧院排《康熙大帝》，是在用生命拼哪，可他还是乐观地面对每个人。他自己最清楚他的身体，有时看他那么无助更加心疼了，我千方百计地找医生和专家，求他认可，请他接受，帮他减轻病痛，支撑体力。最后他说，老同学，这回我就依靠你了（听来好心酸）。据说他在北京排戏，张火丁也给他请好了专家，他说我就回天津看吧。

我跟他说，老同学前半生都在拼搏了，别管结果是怎样，我们尽力了，咱付出了就无怨无悔了，那么后半生咱就享受生活了。我说，你劝人家都会，到自己身上又拼命了，到此为止，你还得先把自己身体养好才是。那时他的病情确实也是挺严重的。但是他在天津，特别是在天津京剧院，上上下下都尊敬他，各方面配合都随他的心。他在天津排戏是他最省心、最温馨的一个地方，天津京剧院前前后后对他都有照应，他自己真是把全部的心血、最后的精力、体力、气力都奉献给了他的作品，他的艺术，奉献给了他战斗过的地方。

滇剧人谈谢平安

林元涛谈谢平安

林元涛，国家一级演员，玉溪滇剧（国家非物质文化遗产）传承保护展演中心副主任兼玉溪市滇剧院副院长。主攻花旦、刀马旦，以做功、表演见长。主要作品有《穆柯寨》《无头案》《金玉奴》《玉堂春》《扈家庄》《斩三妖》《重圆记》《恩仇记》《放裴》等。2010年演出折子戏专场《别洞观景》《一箭情》《铁龙山》，获得了第六届云南省山茶花奖的殊荣；2013年新创剧目《水莽草》饰演丽仙，在第十二届新剧目展演中荣获表演一等奖。

我们很难过。我们是因为《水莽草》的排练和谢导建立了很好的关系。他到我们团排练的整个过程当中，我们全团人都特别特别喜欢谢导。我没看到他发过一次脾气，在我们整个排练过程当中，谢导尽心敬业，从来不会叫累。每天都是认认真真，一丝不苟地给我们排练。

我这次来呢，不仅是代表我个人，是代表我们全团领导班子和全团演职人员的心愿，来送送谢老师。

三年前他已经病了，是做了手术后来我们那里的。

我就觉得谢导啊，他做案头非常非常认真，他走过一次以后，第二次走，不会有任何一个锣鼓点儿是错的。他做得特认真。他走的时候，他还把他做案头的那个本子，给了我，这个本子对于我来说是非常非常珍贵的，我一直留着。

舞美师服装师谈谢平安

舞美师周正平谈谢平安

周正平，浙江江山人，一级舞美设计。就读于上海戏剧学院灯光设计专业，在中央戏剧学院研修舞台设计专业。1978年进江山婺剧团。1985年调入浙江小百花越剧团，从事舞台灯光设计二十年来，创作的作品达一百余台，作品涉及二十多个剧种。被戏剧界誉为"中国的灯光诗人"。越剧《西厢记》、绍剧《大禹治水》、越剧《梨花情》、话剧《生死场》、京剧《华子良》分别获文化部第四、六、八、九、十届文华舞美设计奖，越剧《西厢记》《琵琶记》、汉剧《蝴蝶梦》、越剧《梨花情》《梅龙镇》分别获第三、四、五、六、七届中国戏剧节优秀灯光设计奖。绍剧《大禹治水》、越剧《西施断缆》、眉户戏《迟开的玫瑰》、京剧《华子良》、儿童音乐剧《寒号鸟》分别获中宣部"五个一工程"奖；越剧《西厢记》、眉户戏《迟开的玫瑰》、话剧《生死场》、京剧《华子良》获文化部文华奖；话剧《生死场》灯光设计获中国舞台美术学会学会奖。中国戏剧出版社《明堂－灵光——周正平舞台灯光设计作品集》于2010年3月面世。

在北京

我与谢导 1997 年开始合作，一合作就不可收手，如今已经快二十年了。我和谢导的合作可以说是最多的，起码有三四十台戏了。

一直以来我们合作非常默契，大家都很放松，没有任何负担。谢导对我们有很大的帮助，特别是在戏曲艺术上我们是非常受益的。

因为新时期以来，一些外来艺术样式的介入，戏曲也进行了一些的改革。我合作的导演可以说是很多很多的，国内的大腕导演都合作过，大量的导演在这方面把戏曲做了大量的改良，但是其实这个东西是盲目的。

谢导在所有的导演当中最大的特点，也是最大的成功就是在戏曲本体当中来改良这个戏曲，以演员为主体表演艺术的概念他绝对是不会去打破的。所以说我们全国各地这么多的剧种为什么都一定要请谢导呢？都是因这些演员，特别是大牌演员就喜欢谢导。喜欢谢导什么呢？一方面是提升了他们剧种的表演，另一方面是对所有的演员都有所提高。为什么呢？谢导表演这方面是非常非常擅长，与谢导合作的演员很多，不管是王平也好，获梅花奖、梅花大奖、"五个一工程"奖的等等都很多。这些演员就敬佩谢导，主要是对他们的表演艺术有所提升，对他们塑造人物也是非常有成效。

我们合作过程当中也是这样，我们很慎重，我们遵循戏曲的原则，使这个传统，特别是有些古老的剧种具有一些现代的审美品位、品质。我们主要是做这些工作，使它在整个戏曲演出过程当中，更接近人们欣赏的一种需求。我们合作上可以说基本没有走偏路，这些都达成了默契。我们跟这么多院团合作，没有人说这帮人在瞎搞，大家都非常满意，非常有成效。我们跟谢导合作的很多戏都有保障，成功率很高。他不是盲目的，完全是从内在的、从剧种本体出发，从剧种的个性出发来创造，不是我来以后，要把这个剧种来花天花地的，甚至说是想当然来弄。

现在很多剧种个性越来越淡薄，从某种意义上来说，就是外来的一些艺术样式赶跑了每个戏曲剧种的这个东西，现在回过头来看，影响是比较大的。

我们为什么现在在创作的时候对自身是经常提醒，要尊重每个剧种，要尊重人家的个性，要尊重艺术家，特别是以演员表演为艺术样式的这样一个戏剧作品，要强化演员的表演，我们的创作包括塑造人物、做光也好、整个营造也好，演员永远是在一个主要的位置，我们不去削弱他的表演。

我们所有的人都很敬仰谢导，他为人低调，他不参与任何的是非，每个剧团都一样，没有一个剧团对他不满意的。因为他不去干扰人家，只把自己的事情做好。所有的剧团觉得接待谢导是最轻松的，他不提任何要求，给他一个自由空间，我把戏创作好，把你任务完成好。你也不要干扰我，我自己的生活我自己会料理。现在很多的导演啊一到剧团去，可以说他来当团长啦，很多的、经常的，可以说我们合作的很多导演一来就干预。谢导是集中精力就搞戏，把这个戏改好，其他事情跟我没有任何关系，他是属于这样的。所以我们谢导的为人没有说他不好的。

为什么他现在排戏这么忙，人家都要请他？因为现在很多的戏曲团体也不容易，排一个戏，投入也很大，而谢导排戏有保障，对演员也有帮助，戏成功率高，大家都很开心。

其实他需要休息，不是说他一定要接戏，有演员要评梅花奖啊，或者这个团长今年一定要搞一个戏啊，上面有任务要搞什么会演啊，去求谢导。谢导说我已经很忙啦，我已经排不出时间啦。哎不行，经常纠缠他，这样嘛，你是不是给我们搭个架子也可以。都是这样的，谢导被人家一缠，好话一说，就去了。逐年积累下来他就没有了休息时间。所有的时间、所有的精力他都交付给了这个舞台从这点上来看，其实我们有的时候从某种意义上说也是面临同样的情况。但是我们年轻人有的时候会稍微放得开一点，我该玩的时候就玩。但谢导跟我们不一样，被人家一缠，他就没办法，好好，我去我去。所以他每年就是这样忙，这里来，那里去。我们也很心疼谢导的，就是这么一个情况。

谢导和我们的感情啊，既是我们的导师，也是我们的长辈，我们在一起非常开心。因为我们长久不在一起，各自在别的剧组。我们是一看到，碰到一起就想聚一聚。谢导说尽心了，他是这样的，大家各自不打扰大家的工作，所以我是非常高兴，十多年来，能够长期得到谢导的重用，在这个过程当中，我是学到非常非常多的东西，为人也好，还是从艺也好，特别是对戏曲这个剧种的一种尊重。

现在是商业性很强的市场经济，从艺术方面讲，艺术家也开始流动了，也不用固定在哪个剧团，就是谁愿意请你，你有时间，大家就可以一起。艺术家的创作，就不局限在那个地域，或者哪个剧种、哪个剧团。

我们谢导啊，跟人家合作，不管哪个剧团、哪个演员，剧目永远是最重要的，不是你请我，要多少钱我才出场。现在国内很多的年轻导演，那都是他学生辈的学生辈，一开始就开价，甚至开得花天花地。谢导永远在这方面没有更大的要求，这点来说我真的是非常佩服。

谢导在中国是一线导演，我可以不夸张地说，在戏曲这个剧种创作来说，在尊重戏曲本体创作来说，谢导可以说是中国第一块牌子。我到哪里都是这样说。因为他底蕴深厚，自己有对文化、对剧本的理解。他经常改剧本，他不满意的，他自己动手改，他有这个本事，甚至有的会改很多。现在年轻导演，给你改点，必须挂个名，挂个名也必须得分份儿报酬吧，名利双收。谢导永远是扶持人家，对挂名的问题根本不会提的，所有的这些他从不向剧团谈，哎，剧本我基本上给你改掉了，从不要一分钱，在这方面他就做他的导演，他不要名，也不要利。他自己的导演费也是这样，从不讲价钱。更早的时候，我跟谢导说，谢导，我来给你做经纪人。他说别这样，因为我全国合作的导演多，一般导演都没有这个价。

在成都

昨天，在温州大剧院忙着由文化部和浙江省人民政府联合主办为期半个月的第三届中国越剧艺术节。晚上，正好上海越剧院《甄嬛》合成排练完，接到谢导的弟子丁建英的电话，说谢导已经离开我们了。

听到这个消息，我一夜没睡，不断出现谢导的形象画面，心里难受发酸，不停地流泪。包括蓝玲老师，她是中国戏曲界的服装设计大师，给我打了四个电话。今天，她由于工作忙实在离不开，不能到现场与谢导告别。她给我打电话时，都说不出话来，不断在哭，一直掉着眼泪在说。我和蓝老师两个人原先就有个约定，等手头事空闲一点，就约个时间去成都陪陪谢导。哪知道这么快就走了。

他为中国新时期戏曲艺术留下大量的经典之作：川剧《死水微澜》《变脸》京剧《华子良》眉户剧《迟开的玫瑰》上京的《廉吏于成龙》上昆的《景阳钟》花鼓戏《老表轶事》等等，他的这些作品给全国戏剧界留下非常深刻的影响。

在中国导演界谢导剧目创作产量、获国家级奖项都是最多的，但他对荣誉和个人名利又是看得最淡。他所有的精力都在创作，包括他的日常爱好都和艺术有关。像他这样的大导演到每个团，当地领导都要接待他，要宴请接待他。可谢导在这个方面，从来不要求，他又不太喜欢，不太愿意，他总是说，哎呀，没事，没事，我一个人自由一点。每到排戏，单位总要派车接送他，他总说，你给我备个自行车就行了。他非常的平和、朴实、简朴。在当下社会是特别难得的这么一位大导演。

我今早赴机场路上，发了一个微信，内容是谢导离开我们了，哟，全国各地院团长们、演员，还有和谢导合作过的朋友，大家都纷纷表示沉痛哀悼。很多院团长、演员以及合作者都纷纷赶来成都告别，这是谢导的人格魅力。我今晚也是有重大演出任务，可我和杨小青导演说了这不幸的消息后，杨导说，你去，这里的一切由我盯着。我赶上了最早的航班，来和谢导告别。

谢导是我们的亲密伙伴，我们之间感情很深，合作了几十年，只要有新的创作任务，他总是首先和我打招呼让我留好时间。和谢导一起工作总是很有计划性，不仅他的导演构思做得扎实，和舞台各部门的实施计划也非常具体，他是一个非常有情义的人，我们相处得很有感情，这是很难忘的。

我有个常合作的摄影师，他在国内拍舞台剧是最棒的，剧组经常邀请他去拍我们的戏，他拍过谢导很多的工作场面。今天他在网上发了一些谢导非常生动感人的照片，谢导的这些形象，永远留在我们的记忆里，我们会怀念他。

我们在天津排京剧《康熙大帝》的时候，谢导跟我说搞完这台戏就要回家好好休息一段时间，要疗养一下身体。我们两人有个约定，要搞一本谢平安导演艺术作品集，把他每部戏的导演构思和舞台画面结合在一起出本书。我提醒他回家有时间就把这些资料整理出来，我负责图片整理。可谢导就是回到家也没时间整理文字，成都更是早早有戏等他回来加工排练。我常碰到这些院团长和演员们在他面前三磨二磨，他就是个心软的人，因他太理解搞剧团的艰辛，他又是一个很善于排忧解难的好人，其实他是太辛苦了，他为中国的戏曲事业付出太多太多了，我们年轻一辈有心而无能为力啊！没想到我们的约定没完成他就走了。我已经给他整理了大量的图片资料，希望能把谢导没做完的事做好。

谢导其实在天津的时候，病情就已经恶化了。他是没有精力来做这件事情。但这个事我们不管用什么方式，总是要去做，去表达我们对谢导的感激之情，把他的艺术成就、艺术成果留下来，这是我们当代中国戏曲艺术非常宝贵的一份财富。

舞美师何礼培谈谢平安

何礼培，毕业于上海戏剧学院，现任职浙江歌舞剧院，因《大禹治水》《惊蛰》等剧目获得文华优秀舞美设计奖，因《蝴蝶梦》《谷雨》《刑场上的婚礼》等剧目获历届中国戏剧节设计奖项，因《千秋长平》获得中国戏剧家学会奖，在中国京剧节得奖剧目有《江姐》《梅韵》《风雨杏黄旗》《鱼玄机》等。

1997年，为了帮助汉剧院搞《蝴蝶梦》，那时郭汉城老师、龚和德老师就希望找全国比较好的人去帮那个团。这是我第一次认识谢老师。其实我本人是搞歌舞出身的，与戏曲缘分也不是很深，那时我也不是很想、不是很愿意进入戏曲。因为戏曲在那个年代好像蛮低迷的，觉得没什么意思，没什么出息，没什么新鲜感。第一次听说要跟谢平安合作，我很高兴。为什么呢，我在电视里看过《死水微澜》。当时一看，我以为这个导演是个年轻人，或者是个国外回来的，那时我还没有见着他。

我们有缘分在哪儿呢，我为《蝴蝶梦》先一稿勾了一个舞台结构稿，发过去给他，他马上就认可了，看来我们缘分还不错的，事情就这样开始了。我看了《死水微澜》以后，对导演我是有评价、有信心的。他导戏曲，在传统的基础上有新的意识、新的戏曲观、新的手法，能进入我自己的实践思路，这个导演也在追求我同样在追求的东西，这对我来说也有启发。所以我们合作就不断地在做这个事情，而且磨合熟悉了，互相沟通起来比较容易。特别是一个本子看了以后，几句话、几个要求一说，大家想的，八九不离十，这种合作是很愉快的。

谢导的为人，大家已讲了很多了。现在艺术工作都市场化了，商业社会对艺术工作者某些不好的影响没有出现在他身上，这是比较少见的，这是我很喜欢、很敬仰的。我就是喜欢纯粹的做艺术。这样的时期，这样的品质，这样的状态，对我们周边的人的影响是很好的。一个演员、一个创作者要出戏、要成名、要更成功，这些当然是正常的，但是你不能太功利了。这点我觉得跟我们合作的导演中，谢老师他是最好的。讲道理也没有用，身边有个人，他的行为告诉你，人和艺术要这样做！在谢导身上，我感受很深。

全国几十位导演，他不比较，我是要比较的。我觉得戏曲导演在全国来说他是前三的，从《死水微澜》开始，到四川红得不得了的《变脸》，到后来京剧的《于成龙》《华子良》，到现在张火丁的《江姐》。让大家景仰吧！我经常会向您致敬！

服装师蓝玲谈谢平安

蓝玲，国家一级舞美设计。中共党员。畲族。享受国务院特殊津贴。代表作有《陆游与唐婉》《西厢记》《孔乙己》《牡丹亭》《班昭》《大唐贵妃》《傅山进京》《暗恋桃花源》《天下归心》《康熙大帝》《如姬》《大宅门》《楚庄王》等。多部作品荣获中国艺术节文华奖，获得中国舞美学会奖、中国电视金鹰奖、"五个一工程"奖和国家舞台艺术精品工程奖。还多次获得中国少数民族艺术节、中国京剧节、中国昆剧节、中国评剧节、中国越剧节等国家级奖项。在艺术界，被称誉为"造美之人"。

第一次合作

我跟谢平安导演合作的第一部戏是2000年永嘉昆剧团的《张协状元》。第一次和谢导见面，就有一种油然而生的亲切感，别看他是那么一位大牌的导演，但是让你感觉不到任何的畏惧，没有丝毫的紧张，一见面就觉得好像似曾相识，我们接下来的相处合作也特别的融洽。

在我们搞创作的时候，我能深切地感受到老爷子这个人真的与众不同，不管是做戏还是做人，他都有自己的个性，有自己的风格。他说戏、排戏永远都很干脆，说是九点开始排戏，一分不差，一分不落，绝对九点准时开始，说是十一点半结束，一分不拖，一分不早，十一点半准结束，大家吃饭、休息，什么事都不拖泥带水，干干净净的。这说明他前期把筹备工作做得很扎实、很严谨、很仔细、很到位，所以跟你要谈创作的时候，一步到位，很快就可以清清楚楚的把这部戏谈完了。

他是我合作导演中能够最快沟通设计方案的导演之一。我有个习惯，接到本子会把本子研究的很详细、很透彻，要去跟他谈创作方案的时候，我也会谈出我自己的一些想法，没想到我们往往会惊人地默契，不约而同碰撞在一起。他一听完我对剧本、人物的分析和解读，就连说："很好，就这样做"。等到我图纸出来以后，开始他还看看图纸，后来接触多了，合作多了，默契多了以后，他直接说，图纸不用审查，你是"免检产品"，可以直接投入制作。对我绝对的信任和创作的尊重，其实就是大家的一种默契，对艺术达成了高度共识。

在谢导担任导演的剧组中，根本不存在你是导演，我是服装设计，他是演员，我们在一起就像哥们朋友一样的关系，他用他独有的幽默和天真把我们聚在一起，就是一个大家庭一样的感觉，特别的融洽。包括他排戏剧团的孩子们，和谢导熟识后也开始"没大没小"，每次见到他就喊"安安"，他们没把谢导当作一个声色俱厉的导演，而是一个慈祥可爱的长辈，一个可以无话不说的朋友一样，一排完戏下来，演员们就跟他开各种玩笑呀，那种场面真的很和谐，就像一家人。

跟他合作的过程中，我学了不少东西，提高了很多戏曲知识，因为他真的是一个老戏骨，他对戏曲实在是太懂了，把戏曲研究得太透彻了。他不仅仅只是导戏，有时候剧本不够理想，他都自己亲自动手改剧本。有的剧本等他修改完，呈现出来的跟原来的剧本有时候是会完全不一样的，的确是好看了、好玩了、好听了，这也是他在创作过程中经常说的三句话：好看、好听、好玩。

最后一次合作

和谢导合作的最后一部戏是天津京剧院的《康熙大帝》。说到创作时，我说最近几年清朝戏做了很多，服装造型都差不多，所以我想给这部戏戏曲的元素多一点，没想到我和谢导的想法不谋而合，很快的就把方向和方案定了下来。当我把服装造型设计图给谢导看的时间，他只提了一个小意见：清兵是和皇帝去狩猎，皇家狩猎应该辉煌一点，不要留在原来的清兵那种灰蓝色调里，你可以把它再热烈一点。虽然当时身体情况已经不容乐观，但是他的思维依然很敏捷，态度依然严谨。

我再到天津的时候，第一眼看到他就感觉人瘦了很多，我当时心里酸楚楚的，毕竟是七十多岁的人了，我很担心他的身体，但是又不敢在他面前多问多说。后来师娘在旁边悄悄告诉我，说情况似乎不太好，有扩散的趋势。我听到这句话眼泪一下子就掉下来，我根本控制不住自己。我就觉得他真的不应该再继续工作了，应该好好休息一下。我就对谢导说能不能把这个戏做完就好好休息一下？谢导依然很乐观地说：这部戏是以前排的，人家还要加工提高，我得对人家负责，等把这些欠的"债"还完了，就回家好好地休息几天。

没想到那是我最后与他对话。他这么快就走了。

那天，我病在床上，挂着点滴，没能去送谢导的最后一程。留下了最大的遗憾。我含着泪在微信"朋友圈"发了条信息："惊悉我最敬爱、最可亲、最敬佩的谢平安导演驾鹤仙去，我心碎了、心伤了，老天爷为什么那么不公平，要把这个天才那么早带走了，从此艺术界少了一颗明星，愿谢导在天堂幸福，希望他在那里创作更多的佳作。愿师娘及全家节哀，保重身体。谢导永远在我们心中。"

我们永远怀念他

虽然没有亲自去送谢导，留下了这辈子最大的遗憾，但是我心里永远怀念他，永远，永远…今天早上说到了他，昨天我也说到了他，在天津碰到了天津京剧院的人，又说到了他……反正只要碰到和谢导有过交集的人，都会不约而同地回忆起他。我觉得他的精神活在我们心里：他到剧团里排戏，既不要人家请客吃饭，也不陪人家吃饭，不要车接送，只要一部自行车每天骑着去排戏，老爷子也是经常为剧团、为对方想、也是为我们着想，有方便之处，尽量给你方便。这是他的特点，真的很好的老爷子。

我觉得中国戏剧界有这么个导演，真的应该给他荣誉，当然我们中国好的导演也很多，但是在戏曲界的导演里面，像他这样的我认为还是少数，他真的可以算是数一数二的顶尖导演。谢导无论是在艺术上，还是在为人处世上，都是后辈的楷模。这样一位德艺双馨、平易近人、朴实无华的戏剧导演，永远值得怀念和尊敬。

专　访

走近川剧《变脸》导演谢平安

唐晓白专访

　　来自四川乐山的谢平安，以川剧《死水微澜》和《变脸》接连荣获第七、第八届文华导演奖，在当今的戏曲导演群落中算是颇为活跃、颇具个性的一个。他近年来几乎在马不停蹄地拍戏，稍有空歇便回到山清水秀的"根据地"乐山做短暂的休养生息，与媒体的接触较少。在谢平安为上海越剧院排《杨乃武与小白菜》期间，笔者有机会与他进行了较深层次的长谈，话题当然是围绕着他的《变脸》等剧目以及对现代戏曲导演的种种认识。现在整理成为一篇访谈文章，带着大家和笔者一起走近导演谢平安。

　　唐：你刚接到导演川剧《变脸》的任务时，是一个什么样的情况？大家都知道，魏明伦先是写了《变脸》的电影剧本，并且还在国际上获了奖，国内反响也比较大；你再接下来排一出川剧《变脸》有没有感到某种特殊的压力呢？

　　谢：压力肯定是有的。客观地说，导演成功要受很多因素的制约，尤其是剧本和演员这两方面的制约。一出戏，剧本是根，演员是叶，无根活不了，无叶不茂盛。魏明伦把他的川剧《变脸》剧本拿给我，我一看就在心里说这是个好本子。虽然电影在前，但这个川剧本子绝没有事先输分。而且变脸这种题材更应该由戏曲，特别是由川剧来搞。何况，这回戏里的领衔主演是省川剧院的任庭芳，与我相识多年，是我完全信任的好演员。他为这出戏后来又下了格外的功夫。扮演狗娃的杨韬是我到省川剧学校点名要的，她年纪不大，现在还在艺校学习，但天赋好，特别有灵性。所以，我当初接到《变脸》这出戏时，可以用信心十足四个字来形容。因为剧本和演员这两方面都没问题，用珠联璧合这个词也不过分。剩下来最重要的事，是作为导演的我，要自己超越自己。《死水微澜》已经获过大奖，剧院上上下下的期望值都比较高。如果我翻不过这个坎儿，只能说明自己水平低，没有什么别的好怪的。至于电影《变脸》产生的影响，倒没有给我什么特别的顾虑。戏曲舞台有它独特的魅力，是电影到任何时候都无法替代的。比如戏曲那唱念做打的形式之美，演员与观众之间的心息相应等等。而且，我有特别的信心在川剧舞台上表现变脸艺人的生活和情感，变脸本来就是川剧的特色嘛。如果说，电影更适合去诉说一个传奇的故事，那么我希望川剧能够利用开放虚拟的舞台和演员的表演去挖掘变脸这一题材后面更深的审美价值。

唐：事实上，《变脸》的成功现在已经有目共睹，这不仅因为它再次获了文华大奖，更可以从它在四川、北京等地上演时的热烈反响中加以证实。而且，比起你上一部获奖的戏《死水微澜》来，你的《变脸》更成熟了。

谢：的确如此。可以说，对于戏曲本体东西，我在《变脸》中比在《死水微澜》里运用得更加熟练，更准确也更自如。这两个戏的时代背景相差不远，《死水微澜》是清末，《变脸》是民初，但是比较起来，《死水微澜》的基本景点就是一个天回镇，而变脸的空间变化要大得多。情节一会儿发生在岸上，一会儿在船上，一会儿在戏台上，一会儿在悬崖上，空间多，变化也快。我认为，在这种情况下，唯一的也是最好的手段就是设定一个虚拟的舞台，然后以演员的表演为中心，利用其他综合舞台手段最大限度地营造出一个戏剧的空间，去传递最多的情感信息。比如水上漂赶狗娃走，狗娃落水，水上漂又将其救起那场戏，完全都是通过演员的虚拟表演和适当的场面调整把整个舞台都灵活利用起来，戏显得非常活，情绪的营造也具有感染力。最主要的是，这种艺术追求贴近戏曲的本质。

唐：在你的《变脸》中，的确令人感到一些外在手段的东西更加融入戏曲的本体中去了。《死水微澜》还比较让人察觉出你在形式追求上的刻意，而在《变脸》里面，这种追求的痕迹感大大减少了。

谢：在《死水微澜》中，对于程式的运用还有没完全解决好。有些程式不太规范，有些又用得太保守。我这些年来一直致力于把传统形式融入新编剧目的导演设计中而不留痕迹，但是仍有较多不满意的地方，这里面有我的问题，也有演员的问题。比较起来，《变脸》要做得更好一些，我还会继续努力。

唐：你谈到程式，如何解决好程式的现代运用是当今的戏曲导演普遍面临的问题，它也在困扰着传统戏曲该以何种面目迈向新的世纪。那么你作为一个内行出身，传统积淀较厚的导演，是怎样看待这一问题，在具体剧目中又是如何权衡和取舍的呢？

谢：戏曲是不能丢掉程式的，否则也就不称为戏曲了。我的看法就是如此：不管是传统戏、新编历史戏，还是现代戏，都应该运用程式，当然要恰当地运用，有机地结合。我在具体的舞台处理上，一般都是先想传统的程式有哪些可以借用，然后根据情况进行重新组合。这种重新组合的过程是十分重要的，也正是考戏曲导演水平的地方。传统的积淀要有，同时现代的观念和设计也一定要有。最简单的比方，在新排演的现代戏当中，是不可能把一整套起霸什么的都原封不动地搬上舞台的。但是我所说的现代的观念和设计还不仅仅是停留在这些具体的层面，它的含义要更深广一些。如我在《死水微澜》开场用的两组农妇的歌舞，已超越了以往程式中龙套的意义而更具有现代性。我认为今天的戏曲导演在运用传统程式时必须要增添自己的现代意识，同时也不能完全与传统割裂。这个问题说起来简单，其实挺难的，也具有挑战性。

唐：《变脸》在北京演出时，观众都觉得在它火辣辣的川味儿后面，又有很强的悲剧感，你在这方面有什么特别的经验和心得？

谢：比起我从前排过的戏来，《变脸》在追求悲剧的意境和韵味上有所提高。我一方面是运用了一些特殊的场面处理，如水上漂和狗娃一老一小几次在前区相对无言的跪坐。我想通过这种有意识地表现人物痛苦而复杂的心情，加深悲剧的色彩。我试图突破老戏中总是认为悲就是哭，就是哭唱的惯例。你看到在《变脸》中几个最悲的段落我都没用大段的唱，甚至没用大的形体动作。我的指导思想是通过静态造型和单件乐器来营造出一种特殊的悲剧气氛和味道。另一方面是在音乐的选择上注意体现川江的风情，比如戏里用了川江号子和道情。我点名川剧院的衰派老生黄世涛来一场一头一尾各四句道情，因为他的嗓子音色特别苍凉。

唐：还有一个问题，你怎样处理导演、编剧和演员的关系呢？像《变脸》的剧作者魏明伦这样目前声名显赫的大编剧，有没有和你在创作中发生过意志上的冲突？

谢：导演、编剧和演员不是对立或者各行其是的，而应该是朋友，协同作战，共同完成戏剧追求，最终为观众奉献一台好戏。但是我同时也认为，民主要在台下讲，在排练场上导演有时还是要讲独裁的。当然这种独裁是对艺术、对戏而不对人。如果出现了一时协调不好的矛盾，在时间允许的情况下，可以多搞一些实验，也就是说，让实践说话。如果时间不允许，那么导演就要行使他的特权——拿大主意。我当然希望多和优秀的演员合作，这样才有可能体现导演的意图。但各个院团的情况不同，有的团从主角到配角水平不齐，对我追求整体效果的风格就会相对产生影响。比如我给广东排《蝴蝶梦》，只有一个李仙花非常突出。我一直觉得《蝴蝶梦》还没有在艺术上淋漓尽致地体现出我的导演意图和追求，但是在那种情况下强求也是不可能的。至于我和魏明伦，我们合作过四次，第一出戏是《夕照祁山》，而后又有《潘金莲》（重排）、《中国公主杜兰朵》和这次的《变脸》。我和魏明伦少小为友，彼此信任，合作得一直很愉快。这种合作在艺术上的成效不是一加一等于二，而是成倍地增长。不过，我对于他的意见有时确实也要多一些考虑，还不仅因为他的名气，主要还是因为他着实有才华。另外我甚至还有一种感觉，在我和魏明伦的几度合作中，他的影子越来越小，我的影子越来越大了。这也跟我在导演艺术上的逐渐成熟和他对我的信任有关。我对于我们之间的关系很满意，因为它对艺术有益。

唐：你的戏，包括《变脸》，在有些地方上演好评如潮，有的地方相对反响冷一些，你个人对此有何感想？

谢：人不能为名声所累，面对每一次挑战都该从零开始。导演是一个非常复杂的工作，可以作用于他、制约他的因素太多了。我觉得，一个导演，终其一生，如果他排的戏有三分之一成功，三分之一平平，三分之一失败，那么他就是一个好导演了，不能够过分地苛求。人总是在正确与不正确的徘徊、选择中成长起来，我走的也是一条同样的路。我从来没指望过我会常胜，而且特别希望得到别人在这一点上的理解。但是，我接的戏我都会尽我最大的努力认真去排，这没什么可说的。我不断告诫自己，你出名也罢，不出名也罢，获奖也罢，不获奖也罢，你不过是一个导演而已。我 1951 年从艺，由演员而导演，这么多年来，戏已经化作了我生命中的一部分。我现在热爱导演这个职业，几乎赋予了它我全部的激情，我不能停止我的脚步，我最大的愿望就是排上几出好戏，留给下一个世纪，也留给你们年轻人。

唐：谢导会如愿以偿的。

谢：希望如此。我从演员到导演，一直在实践中摸爬滚打，我最大的遗憾就是没有进入过正规的院校接受严格的训练，特别是文化和理论上的训练。我期望通过努力，让自己在保持技艺层面、实践层面的优势的同时，获得更多的文化感。也许那时候，我排出来的戏，就又不一样了。

| 附 录 |

谢平安戏曲生涯大略

（前后期以 1996 年为界）

谢平安前期戏曲生涯事纪

1956 年，主演《打金枝》获乐山地区会演表演三等奖。

1960 年，主演《子都之死》获乐山地区青少年会演表演一等奖。

1961 年，为自贡、内江两剧团青年示范、讲学、排戏《断桥》《金沙江畔》《投河计》《王昭君》《风雪山神庙》《拦马》《借扇》《闯关驾风》等。

1961 年，为四川省实验川剧院排导《铁弓缘》一剧，并担任主角。

1964 年 12 月，《四川日报》登载《奇袭百虎团》的表演体验文章。

1964 年，出席全国青年联合会四川分会的大会。

1973 年 11 月，改编移植剧本《海岛女民兵》。

1975 年 9 月，改编移植剧本《长缨在手》。

1975 年，参加《杜鹃山》剧组，赴北京调演。

1978 年 11 月，创作剧本《剜目记》。

1979 年 5 月，创作剧本《邹忌自惭》。

1979 年 5 月，创作剧本《东施效颦》。

1980 年 1 月，移植改编剧本《武松》。

1980 年 3 月，创作剧本《封神榜》。

1980 年 4 月，创作剧本《济公》。

1980 年 5 月，创作剧本《浪子回头》。

1980 年 6 月，创作剧本《三个独生子》。

1980 年，出席四川省文代会，当选为省剧协理事。

1980 年，编、导、演《侠女》，获乐山首届嘉州舞台艺术奖导演一等奖；后该剧广东省佛山市粤剧团移植演出，什邡剧团也搬演。

1981 年 2 月，创作剧本《边界》。

1981 年 2 月，创作剧本《权》。

1981 年 3 月，创作剧本《排练开始》。

1981 年，创作剧本《执法斩姬》获四川省优秀文艺作品三等奖。

1981 年，主演《借扇》获第二届嘉州艺术节表演一等奖。

1982 年，传统剧目整理改编剧本《改容战父》。

1982 年，《川剧艺术》第 3 期发表论文——采诸家之长，走自己之路。

1982 年 7 月，移植改编剧本《打焦赞》。

1982 年 11 月，移植改编剧本《长坂坡》。

1982 年 7 月，移植改编剧本《断头将军》。

1982 年 11 月，传统剧目改编剧本《禹门之战》。

1982 年，被评为乐山地区文化系统先进工作者。

1983 年 3 月，创作剧本《化金记》。

1983 年 3 月，创作剧本《金石传奇》。

1983 年 4 月，改编、导演、主演《禹门之战》获第三届嘉州艺术节编、导、演一等奖，四川省电视台四川新闻节目对谢平安作了介绍。

1983 年 7 月，移植改编剧本《燕山英杰》。

1983 年，参加文化部第四届全国戏曲演员讲习会学习。

1984 年 12 月，参与《郑姑姑》编剧，在振兴川剧第二届调演中，获编、导、演三奖。

1984 年 12 月，创作剧本《投河计》，获优秀剧本奖。

1985 年 1 月，创作剧本《三闯铜网阵》。

1985 年 7 月，创作剧本《乾坤镜》。

1985 年 12 月，创作剧本《欧阳家事》。

1986 年 1 月，移植改编剧本《刺雍正》。

1987 年，《川剧艺术》第一期发表文章《张飞的鼻子，吕布的画戟》。

1987 年，导演和演出《铁弓缘》、主演《子都之死》，创作《执法斩姬》《东施效颦》《邹忌鉴美》三个小戏。省剧协为此召开专题座谈会，表扬谢平安为川剧放了异彩。

1987 年，被选为乐山市剧协副会长、市对外交流协会理事。

1987 年，借调四川省实验川剧院，参加《闹齐庭》一剧的导演工作，在剧中担任角色，赴京演出获得好评。

1987 年 5 月，《水牢摸印》获第四届嘉州舞台艺术奖、表演一等奖。

1988 年 10 月，《子都之死》在四川省中青年川剧泸州老窖"金鹰杯"电视大奖赛获奖。

1988 年 4 月，《怎样创造角色》等三篇文章获《川剧艺术》编辑部征文三等奖。

1989 年，《执法斩姬》《郑姑姑》获乐山市"峨眉山文艺奖"特别奖。

1989 年，执导四川省川剧院《望娘滩》，主演《射雕》花荣，赴匈牙利、捷克、波兰东欧三国演出，《望娘滩》获得高度评价。

1990 年 5 月，《大佛传奇》获四川省第五届振兴川剧调演优秀导演奖。

1990 年 5 月，执导万县（今万州区）川剧团《三峡神女》，获四川省第五届振兴川剧调演导演奖。

1991 年，被乐山市直机关党委授予优秀党员称号。

1991 年，总导演与主演《闹天宫》，随乐山市川剧团出访日本演出。

1992 年 5 月，为田蔓莎导演《武松杀嫂》《目连救母》，田曼莎获中国戏剧梅花奖，四川省文化厅特颁贡献奖。

1992 年，被乐山人事局授予文化系统先进工作者称号。

1992 年 12 月，与他人合作执导攀枝花市京剧团大戏《雪宝公主》，获全国青年京剧新剧目会演优秀导演奖。

1993 年 4 月，当选中国共产党四川省第五次代表大会代表。

1993 年 5 月，被授予乐山市文化系统优秀人才特别奖。

1993 年，被中共乐山市文化局机关党委评为优秀党员。

1993 年 10 月，《大佛传奇》全国地方戏曲交流演出，获导演奖。

1994 年 3 月，导演《夕照祁山》，获自贡市第五届艺术节创作大奖、优秀演出奖。

1994 年 3 月，以导演身份随新都芙蓉花仙川剧团赴台湾演出。

1994 年 5 月，为遂宁川剧团青年演员邬红玉排演专场。

1994 年 7 月，为万县（今万州区）川剧团优秀演员谢开英排演折子戏。

1994 年 8 月，导演自贡市川剧团大幕戏《中国公主杜兰朵》。

1994 年 10 月，导演达州市川剧团大型川歌剧《人间好》，排导《王婆拉线》等 6 个折子戏。

1994 年 12 月—1995 年 2 月，执导自贡市川剧团大戏《潘金莲》，以导演身份赴台湾演出。

1995 年，参加四川电视台春节联欢节目《火烧水帘洞》，魏明伦任编剧，任庭芳、邱明瑞执导，谢平安担任导演助理及主演孙悟空。

1995 年，受省川剧学校邀请，为该校中专班上课排戏。

1995 年，执导自贡市川剧团《夕照祁山》，在四川省第六届振兴川剧调演中引起轰动，该剧分别五次获得优秀导演奖。

1995 年 12 月，导演《大佛传奇》获乐山市人民政府第三届峨眉山文艺奖一等奖。

1996 年，四川省川剧演员（旦角）比赛杨楠桦演出《华蓥风雨》，获优秀指导教师奖。

谢平安前期戏曲作品概况

谢平安,艺名谢跃虹,1940年出生在犍为县清水溪一个梨园世家,十岁(1951年)学戏,初学老生,而后应功武生,涉足文生、小丑、净角等行当,尤以武生戏驰誉川内。在继承前辈的基础上,有发展、有创新,逐渐形成了自己的演出风格和独立的见解。能掌握和运用文艺理论指导艺术实践,熟练地运用戏曲程式与技巧来创造舞台形象。先后塑造了《子都之死》中的子都、《郑姑姑》中的徐湘、《水牢摸印》中的董宏、《禹门之战》中的杨八郎、《侠女》中的胜保等舞台形象。

1951年至1995年,四十五年间,谢平安总计演出177部,主演60余部。其中传统大戏80部,现代大戏28部,传统、现代折子戏69部。主演的大戏有《长坂坡》《侠女》《狐仙》《断头将军》《野猪林》《红梅阁》《陈三五娘》等40余个。主演的折子戏有《借扇》《水牢摸印》《子都之死》《托斗坠井》《八阵图》《肖方杀船》《逼佺赴科》等20多个。1958年十八岁起,学习实践导演工作,参导和主导作品64个,其中传统、现代大戏52个,小戏12个,主导40多个。受到好评与获得省级、市级奖励的剧目有:《杨汉秀》《铁弓缘》《郑姑姑》《禹门之战》《侠女》《山风云》《金沙江畔》等。

创作剧本26个,《郑姑姑》《侠女》《剜目记》《女幽》《情仇》《仇大娘》《三开棺》《卧佛寺传奇》《长安桥》《赤龙剑》《封神榜》《济公》《三个独生子》《浪子回头》《边界》《权》《排练开始》《化金记》《金石传奇》《投河计》《乾坤镜》《欧阳家事》《执法斩姬》《借扇》《东施效颦》《邹忌自惭》。

传统剧目改编、移植剧目15个:《子都之死》《托斗坠井》《武松》《雷峰塔》《三闯铜网阵》《汉宫惊魂》《海岛女民兵》《长缨在手》《改容战父》《打焦赞》《长板坡》《断头将军》《禹门之战》《燕山英杰》《刺雍正》。

谢平安后期导演戏曲作品一览
（不完全统计）

01. 1996，川剧《死水微澜》，四川省川剧学校。

02. 1997，汉剧《蝴蝶梦》，广东汉剧院，中国京剧院。

03. 1997，川剧《变脸》，四川省川剧院。

04. 1998，眉户戏《迟开的玫瑰》，陕西省戏曲研究院青年团。

05. 1998，京剧《千古一人》，成都市京剧团。

06. 1998，豫剧《孝庄皇太后》，河南豫剧院一团。

07. 1999，昆剧《目连救母》，上海昆剧团。

08. 1999，潮剧《丹青魂》，新加坡揭阳会馆潮剧团。

09. 2000，京剧《华子良》，天津京剧院。

10. 2000，豫剧《中国公主杜兰朵》，台湾国光剧团豫剧队。

11. 2000，昆剧《张协状元》，浙江永嘉昆曲传习所。

12. 2000，川剧《红妹》，贵州遵义市川剧团。

13. 2001，京剧《江姐》，中国京剧院。

14. 2001，京剧《胭脂河》，南京市京剧团。

15. 2001，川剧《好女人坏女人》，四川省文化厅，成都市文化局。

16. 2001，秧歌剧《西域桃花》，山西晋中市青年晋剧团。

17. 2001，秦腔《郑国渠》，咸阳市秦剧团。

18. 2001，婺剧《梦断婺江》，浙江婺剧团。

19. 2002，越剧《木兰别传》，绍兴小百花越剧团。

20. 2002，京剧《廉吏于成龙》，上海京剧院。

21. 2002，花鼓戏《老表轶事》，湖南花鼓戏剧院。

22. 2002，京剧《野天鹅》，河北省京剧院。

23. 2003，柳琴戏《枣花》，江苏省柳琴剧团。

24. 2003，秦腔《郑瑛娇》，西安市文化局，西安市五一剧团。

25. 2003，越剧《蔡文姬》，嵊州市越剧团。

26. 2004，京剧《巾帼红玉》，贵阳市京剧院。

27. 2004，京剧《妈祖》，天津京剧院实验团。

28. 2004，瓯剧《杀狗记》，温州市瓯剧团。

29. 2005，越剧《越王勾践》，绍兴小百花越剧团，绍兴小百花艺术学校。

30. 2005，昆剧《折桂记》，浙江永嘉昆曲传习所。

31. 2005，昆剧《邯郸梦》，上海昆剧团。

32. 2005，豫剧《虢都遗恨》，河南省三门峡市豫剧团。

33. 2005，豫剧《裴寂还乡》山西省长治市豫剧团。

34. 2005，黄梅戏《长恨歌》，安徽省黄梅戏剧院。

35. 2005，上党梆子《赵树理》，山西晋城上党梆子剧团。

36. 2006，瓯剧《洗心记》，温州市瓯剧团。

37. 2006，京剧《丝路花雨》，甘肃省京剧团。

38. 2006，京剧《布依女人》，贵阳京剧院。

39. 2006，京剧《护国将军》，天津京剧院。

40. 2006，京剧《贵妇还乡》，武汉市京剧院。

41. 2006，京剧《盘江屋里人》，贵阳市京剧院。

42. 2006，评剧《雷雨》，天津评剧院。

43. 2006，瓯剧《杀狗劝夫记》，温州市瓯剧团。

44. 2007，粤剧《刑场上的婚礼》，广州红豆粤剧团。

45. 2007，昆剧《徐九经升官记》，浙江昆剧团。

46. 2007，越剧《焚香记》，杭州越剧院。

47. 2007，潮剧《东吴郡主》，广东潮剧院一团。

48. 2007，京剧《丝路花雨》，甘肃省京剧团。

49. 2007，越剧《情探》，绍兴小百花艺术中心，绍兴小百花越剧团。

50. 2007，吕剧《画龙点睛》，山东省吕剧院。

51. 2008，京剧《铁道游击队》，山东省京剧院。

52. 2008，京剧《风雨杏黄旗》，大连京剧院。

53. 2008，京剧《嫦娥》，河南省京剧院。

54. 2008，京剧《薛涛》，成都艺术剧院，成都市京剧团。

55. 2008，京剧《雷雨》，陕西省京剧团。

56. 2008，京剧《北风紧》，福建京剧院。

57. 2008，粤剧《东坡与朝云》，广东粤剧院一团。

58. 2008，豫剧《李清照》，平顶山市豫剧团。

59. 2008，潮剧《还官记》，揭阳市潮剧团。

60. 2008，晋剧《常家戏楼》，山西省晋剧院。

61. 2008，吕剧《大唐黜官记》，山东省吕剧院。

62. 2008，越剧《杨乃武与小白菜》，上海越剧院。

63. 2008，淮剧《唢呐声声》，江苏省淮剧团。

64. 2009，花鼓戏《作田汉子也风流》，湖南花鼓戏剧院。

65. 2009，锡剧《城市的星空》，无锡市锡剧院。

66. 2009，话剧《贵阳长旺》，贵阳市艺术中心艺术剧团。

67. 2009，上党梆子《长平之战》，晋城市上党梆子剧团。

68. 2009，川剧《李亚仙》，重庆市川剧院。

69. 2009，瓯剧《洗心记》，温州市瓯剧团。

70. 2009，评剧《新台月》，锦州市评剧团。

71. 2009，京剧《野天鹅》，甘肃省京剧院

72. 2010，粤剧《南越宫词》，广州红豆粤剧团。

73. 2010，京剧《1950，初定成都》，湖北省京剧院。

74. 2010，赣剧《临川四梦》，江西南昌大学，赣剧文化艺术中心。

75. 2011，豫剧《红高粱》，河南省三门峡市豫剧团。

76. 2011，豫剧《苏武牧羊》，河南豫剧院二团。

77. 2011，昆剧《乔小青》，浙江昆剧团。

78. 2011，瓯剧《东瓯王》，温州市瓯剧团。

79. 2011，川剧《中国公主杜兰朵》，重庆市川剧院

80. 2012，滇剧《水莽草》，云南省玉溪滇剧院。

81. 2012，豫剧《刘青霞》，河南省豫剧三团，开封市委、市政府。

82. 2012，粤剧《碉楼》，广州市粤剧院，广州市粤剧团。

83. 2012，昆剧《景阳钟》，上海昆剧团。

84. 2012，越剧《倩女幽魂》，赵氏工坊，杭州越剧院三团。

85. 2012，湘剧《谭嗣同》，湖南省湘剧院。

86. 2012，越剧《倩女幽魂》，赵氏工坊。

87. 2012，赣剧《青衣》，南昌大学戏剧学院，赣剧文化艺术中心。

88. 2013，豫剧《魏敬夫人》，河南豫剧院一团。

89. 2013，川剧《玉簪记》，重庆市川剧院。

90. 2013，昆剧《琥珀匙》，浙江昆剧团。

91. 2013，豫剧《天山人家》，新疆兵团豫剧团。

92. 2013，曲剧《医圣传奇》，河南省曲剧团。

93. 2013，淮剧《莲子》，江苏德惠建设集团有限公司，江苏省涟水县淮剧团。

94. 2014，京剧《紫袍记》（总导演），山西演艺集团山西省京剧院有限公司。

95. 2014，河北梆子《天竺传奇》，河北省河北梆子剧院。

96. 2014，京剧《康熙大帝》，天津京剧院。

97. 2014，京剧《梁祝》，中国戏曲学院，张火丁工作室。

98. 2014，川剧《尘埃落定》，成都市川剧研究院。

谢平安后期导演戏曲作品主要获奖情况一览

（不完全统计）

川剧《死水微澜》，四川艺术职业学院

1997 年，文化部第七届文华大奖；单项奖文华导演奖、剧作奖、音乐创作奖、舞美设计（服装设计）奖、表演奖。

川剧《变脸》，四川省川剧院

1999 年，中宣部第七届精神文明建设"五个一工程"优秀作品奖。

1998 年，文化部第八届文华新剧目奖；单项奖文华导演奖、创作奖、表演奖。

2005 年，入选 2003—2004 年度国家舞台艺术精品工程"十大精品剧目"。

京剧《华子良》，天津京剧院

2001 年，中宣部第八届精神文明建设"五个一工程"优秀作品奖。

2002 年，文化部第十届文华大奖；单项奖文华导演奖、音乐创作奖、表演奖。

2003 年，入选 2002—2003 年度国家舞台艺术精品工程"十大精品剧目"。

京剧《廉吏于成龙》，上海京剧院

2007 年，中宣部第十届精神文明建设"五个一工程"优秀作品奖。

2007 年，文化部第十二届文华大奖；单项奖文华导演奖、剧作奖、音乐创作奖、舞台美术（服装设计）奖、表演奖。

2006 年，入选 2005—2006 年度国家舞台艺术精品工程"十大精品剧目。"

《迟开的玫瑰》，陕西省戏曲研究院青年团

1999 年，中宣部第七届精神文明建设"五个一工程"'优秀作品奖；

2000 年，文化部第九届文华大奖；单项奖文华导演奖、剧作奖、音乐创作奖、表演奖。

2006 年，入选 2005—2006 年度国家舞台艺术精品工程"十大精品剧目"。

花鼓戏《老表轶事》，湖南省花鼓戏剧院

2007 年，中宣部第十届精神文明建设"五个一工程"优秀作品奖。

2004 年，文化部第十一届文华大奖；单项奖文华导演奖、剧作奖、音乐创作奖、表演奖。

2010 年，入选 2007—2008 年度国家舞台艺术精品工程"十大精品剧目"。

京剧《北风紧》，福建京剧院

2009 年，中宣部第十一届精神文明建设"五个一工程"优秀作品奖。

2010 年，文化部第十三届文华大奖特别奖。

2012 年，2009—2010 年度国家舞台艺术精品工程重点资助剧目。

川剧《李亚仙》，重庆川剧院

2010 年，文化部第十三届文华大奖特别奖。

昆剧《景阳钟》，上海昆剧团

2014 年，2011—2012 年度国家舞台艺术精品工程重点资助剧目。

2013 年，文化部第十四届文华奖优秀剧目奖。

京剧《康熙大帝》，天津京剧院

2016 年，文化部第十五届文华大奖。

京剧《妈祖》，天津京剧院

2007 年，中宣部第十届精神文明建设"五个一工程"优秀作品奖。

花鼓戏《作田汉子也风流》，湖南花鼓戏剧院

2012 年，中宣部第十一届精神文明建设"五个一工程"优秀作品奖。

豫剧《苏武牧羊》，河南豫剧院二团

2012 年，中宣部第十一届精神文明建设"五个一工程"优秀作品奖。

湘剧《谭嗣同》，湖南省湘剧院

2014 年，中宣部第十三届精神文明建设"五个一工程"优秀作品奖。

滇剧《水莽草》，玉溪市滇剧院

2014 年，中宣部第十三届精神文明建设"五个一工程"优秀作品奖。

后记

大海，是你最后一个望娘滩

与谢平安不相识，与川剧、戏曲少接触。

与王起久先生是忘年交，与陈权先生是好朋友。

陈、王二先生供职于四川文艺音像出版社有限公司。

谢平安在四川名气不大。出版社拍摄没有经费，但知道谢先生的价值，也知道时间的紧迫，更关乎文化传承的使命，断然拍板："拍了再说！"于是乎，争取到了宝贵的时间，为中国戏曲留下了一份遗产。拍摄先后得到了中共四川省委宣传部、四川省文化厅、四川省新闻出版广电局的支持。

因为那时谢先生已是癌症晚期，人命关天，使命关人！

谢先生从来不看重包装宣传，对采访从来都能躲就躲。不是谢先生吝啬、做派，是厌烦浮躁世风、虚矫世情罢了。

首谈，谢先生拒绝。

再谈，王起久先生说话了："平安，不是哪个拍你，是我王老狗要拍你。""哦，是你王老狗哦！那你拍嘛，我全力支持。"

癌症晚期的谢先生，还在全国各地奔波不已。

他们跟踪谢先生足迹，大半年时间，北上南下，采录口述。

这就是谢先生生命的最后半年哦！

从他们口里，我才知谢先生大略。

忽一日，听说谢先生走了，怅然良久。

及至看了该社制作的八集纪录片《导演谢平安》样片，深为震撼。

及至组织学生们整理完王、陈二先生采录的口述实录 26 万余字，大致了解了谢先生。

谢先生是 2014 年 10 月走的，时年 74 岁。

他安息在乐山、那片生他养他、让他一辈子魂牵梦绕的土地上。

他的墓碑上刻着"这是一个不懂得生活的人，这是一个不知道休息的人"。

谢平安的挚友、一个懂谢平安的人——王起久先生，在医院探视时，谢先生轻描淡写地说："我不怕死，我的墓志铭都想好了：这是一个不懂得生活的人，这是一个不知道休息的人。"

谢先生就用这句话为自己一生之样态画像。

这句话，现在印在这本书的扉页。

谢先生走得太突然，他以为自己还熬得过去。

好多朋友的好多戏，还等着他去排。

好多戏的导创，他还没有述说。

住院后，他对王先生说：

"王老狗，我们还是继续慢慢讲到起。我晓得我欠了你的。等我病好点了，剩下的，我们一个一个仔细讲。"

只要身体状况允许，他就会腾挪半个小时、几十分钟，在王先生的镜头前述说。

大家都觉得，这一关谢先生一定熬得过去，谢先生肯定会逐渐好起来。

直至他去世前三天，谁也没想到、也不愿相信，这天对他的口述的采录，竟是最后一次。

这一关，谢先生终于没有熬过去。

为戏而生，为戏而死，这个不知道休息的人，把生命的最后日子，都给了他热爱的戏曲。

谢平安遗传了梨园世家的艺术基因。

父母的离异，给了他一个孤苦的童年。"新又新"成了他的家。

开始他在剧院，手里捧着盘盘，卖纸烟、瓜子。

台上老师们演着戏，他就靠着台口边上看戏，耳濡目染，肚子里装了不少的戏。

孤苦的童年，为他屏蔽了安舒生活中可能难以拒绝的各样诱惑。

蜀江水碧蜀山青，嘉山嘉水嘉州人。

嘉州水土中丰厚的人情，透过乐山川剧团，给了少年谢平安纯一简单的人生以丰厚的滋养。剧团的老师疼爱他、培养他。一个看来天资并不算很高的孩子，没有揠助的紧张与压力，自然健康而稳稳实实地成长。

适时而符合天赋的开窍、兴趣事业与谋生职业及时地高度契合起来，为谢平安大器晚成的幸福人生完美奠基。

在乐山川剧团 10 岁从艺，56 岁调成都，46 年间，演戏 100 多部、导戏 60 多部、编剧 40 多部。

川剧，成就一个金钟罩，谢平安在其中修行，乐而忘忧，一去忘返。

他在里面积累一腾入海、再腾冲天的能量。

修行到位，对诱惑与浮躁，终生免疫。

川中最多是才子。但我说，谢平安不算才子。

他是川中赤子。

谢平安终究集聚了足够的能量，出门——出夔门，出剑门。

出川执导第一部戏时，谢先生 57 岁了，那一般是我们磨磨蹭蹭等待退休的开始，在谢先生却是他爆发强光与大热的开始。

从那时开始，到他 74 岁离世，17 年间，为全国 30 多个剧种执导近 100 部戏。

平均每年 5 部戏以上，大多是在 60 岁退休以后的 14 年间。

所得奖项与荣誉，此不赘述。

不管有名无名，他不作派，没架子，不争风，没傲娇，不附势，不爱名，不恋财，太缺少才子的玲珑与机智、派头与脾气。

每到一地，不要接风，不要钱行，不要接送，就要一辆自行车。

不吹吹拍拍，不拉拉扯扯，不经营，不炒作，一团和气，一身正气。

不会娇揉造作，不会虚伪矫饰，坦坦荡荡，不掖不藏，一派天真，不是赤子是什么？

赤子，不出门，家人看你是婴儿；出了门，有人看你是白痴；看得见你灵魂的人，所见乃不尽的热量与光亮。

整理谢平安口述这段日子，不断想到《二十四个望娘滩》里岷江灌口那条龙。

一个贫苦的孩子，无非也是身怀明珠，胸有赤心。

明珠入心后的干渴，虽尽饮河江之水，也无法解除。

他身体的家园在岷江灌口，然而命运在某个时刻召唤，他听到了召唤，召唤来自海，来自天，来自灵魂的家园。

腾身裂变，龙身初现，痛别慈母，步步回头，二十四个望娘滩哦，奔那个更加不可抗拒的使命家园而去。

海阔凭跃，天高任飞。

谢平安在戏曲界的纵横驰骋，我就不断想到那条龙。

那是条出川之龙。

那是条没被二郎神锁住，腾身入海的龙。

二十四个望娘滩，谁是娘？生身是娘，水土是娘，传统是娘。

对，传统，传统是娘！

忘记娘、伤害娘、丢掉娘、没有娘，不堪为子，遑论赤子？！

记住娘、养着娘、守着娘，小赤子。

想着娘、离开娘、望着娘，听从一个更大的"娘"的召唤而远行、拿回更美的财富营养娘，大赤子！

谢平安一生最大的财富，他自己说是背靠传统，靠得扎实；其实就是背负老娘，背得忠诚不贰、一往情深。

谢平安腾身出川，完成从小赤子到大赤子的成长。

谢平安，身怀明珠，胸怀赤心，背靠传统，心系老娘；走四方，路迢迢，水长长，"老吾老，以及人之老"，以艺导戏，以心化人，那已是龙行四海，泽润九州哪。

真龙，静伏是湖海，动荡是波涛，升腾是云虹，奔突是风暴；噫气成风，挥汗成雨，闪睑是电，太息是雷，崩泪成霜，振鳞成雪。

真龙，以人常识所不知晓的方式、以人常识所难以测度的分量和质量，回润生养他的一方水土和文化传统。他尽情拿川剧的养分，滋养别的剧种；也尽情吸纳别的剧种的养分，反哺川剧。最终，他是拿所接触的所有剧种的养分滋养所接触的所有剧种。

一次驻足汗一滩，一次回望泪一潭，每个望娘滩，都是一次创造，都是一个里程碑。

你龙行大海了，那大海，也是你最后一个望娘滩。

社会文化的重心，在当代发生诸多转移。

我辈几乎没受什么戏曲陶染。

但祖先世世代代积淀、留存下来的东西，自有它非凡的价值和不朽的生命力。

戏曲艺术有其他艺术所不能替代的高昂、厚重的精、气、神。

这样的精、气、神，恰是我们目前这个断裂、徘徊的世道所缺乏，也是难以被普遍领受的。

断裂态、徘徊态的心神指征是浮躁的、浅浊的、泛散的、速食的。

但我们的文化，不会永远如此快餐化。

我相信一定会有戏曲艺术复活、重生的一天。

但是戏曲艺术需要像谢先生这样的一大批传统浸得深、当代站得稳、未来见得远的人来改革、来创造、来推广；需要重新定位、重新夯筑这门古老艺术的群众基础，为那一天的到来做好预备。

流行艺术参与性的低门槛，挑战戏曲艺术参与性的高难度，急剧拉开了戏曲与观众的距离。戏曲需要以新的方式来构建大众对戏曲的参与。能参与才是能推广的前提。学过、唱过、演过，你看剧本、看演出，就会很不一样。

中国化的大众戏剧教育方式，于激发和重建国民精神健康、高质的精、气、神，一定有不可替代的作用。

纵观谢平安一生，他其实算不得职业导演。

他本身是误打误撞，撞进了导演的行列，撞进来小有名气时，又早已人过中年。

尤其是他那白痴似的赤心，他也不能安坐在职业化导演的宝座上，逍遥自在。

职业算什么？

要说谢先生以导演为事业，也不确切，他半生的事业是演员。

没法把他界定在一个清楚的位置上，这大概也该算是神龙见首不见尾了吧。

他心里装的就是戏曲整个这个东西。

戏曲在他心里是浑然一体、不可分割的。

他只能通通透透地把自己化成乌有的戏曲之"龙"，他才能得平安。

谢平安的功夫也不只在戏曲上。

谢平安给予我们的启发，也已经远远超出了戏曲；他作为一个人，做人的成就，超出了他做戏的成就。

做戏的成就隶属于他做人成就的一部分。

他不是人为戏用的戏疯子，也不是戏为人用的戏圣人。

他是人戏相融，人生即戏、戏即人生的真戏人、戏真人。

这样的真戏人、戏真人，才是他完全的内功，是他成功的最深功夫、最高功夫。

戏眼看人，总能把平凡琐碎、小善小恶的人生人世艺术化，他才能于平凡之中看到非凡，在平凡之中创造非凡，才能把舞台、把演员、把角色、把剧目、把剧团、把剧种点石成金、起死回生、化腐朽为神奇、变平凡为不凡。

人眼看戏，与戏有关的一切元素，经过他的手眼，无不熏染并折射他的人格魅力、人生滋味，无不烙印他的精神气概、性情才情。于成龙、华子良、邓幺姑、江竹筠之类人物身上无不投射出他的某些个性气质。戏曲所及，从戏内到戏外，从前台到后台，从剧团都剧种，从不过是外化、彰显其人的手段和方式而以。

因为他的人，已经比他所有的戏都要精彩、要感人。

为戏而戏，戏外戏中无人少人小人，人气不足之戏，犹灵魂贫弱之人。

谢平安不是教师。

如果说为人师，他达到师道的最高境界。内在有着那样的热量与光亮的人，定然要温暖和照亮他所热爱的戏曲，也要温暖和照亮周围与他距离最近的一切。

内在有浩然之气，才能"心满意足"；"心满意足"，才心有意授、口有技传；口传心授，还能使人无棒喝而心领、不耳提而神会。

大师无私，不师，无处不师；大师无徒，不徒，无人不徒。

谢先生没有正式收过太多学生，只有两位需要特别在导演上发展的同行除外。然而，同沐师恩者，仅有这两位吗？不是。

这是赤子为师，让我这个貌为师者汗颜，

于今各业师道日益沦丧；传薪少传火，授证难授恩；口传心授、同道共修日减，蝇营狗苟、结党图利益众。

戏曲，本是高贵的艺术，如堕世风太深，自戕更速。

戏曲，本是高贵的艺术，才堪有谢先生类艺术大师们以赤子之心、以古老的师承之传，留下一袭传血脉、传香火的标本。

区区十余万字口述中，师道案例者不在一二，值得当世教育警醒、反思、取则。

读者留心不赘。

谢先生过早离开，许多剧作都还没有来得及讲述。

很多谢先生执导过剧作的院团也来不及采访，相当一部分是完成于谢先生离世吊唁期间的匆忙访谈，情感富足，而深度未及。

本次口述实录的整理，仅仅是留存一些资料而已，希望这是引玉之砖，今后戏曲戏剧界的艺术家和专家们整理研究，才是重要的。

期待。

谢先生彻底地走了，其实是彻底地回来了。

谢先生哪里不懂生活，他太懂生活了；

他只是不太懂为什么会有人认为他不懂生活而已。

谢先生哪里不会休息，他一生安息在他热爱的事业里，心平且安，并为此忱谢！

听录音，整理文稿完了，耳边始终回荡着：

王老狗！神经病！疯婆子！简直有个冲动，想冲谢先生喊一声：谢老狗！

不过，我没有这个资格，恐怕只有王起久先生有这个资格；他们都是匍匐在戏苑大门忠诚守卫的看门老狗！

本书所有接受采访的各位，都是民族文化之母的忠诚儿女，请接受我，和本次参与口述实录整理的、成都师范学院文学与新闻学院汉语言文学专业和语文教育专业的、我的学生们，向你们学习！向你们致敬！

他们是：张幸、陈丽竹、赵奇奇、朱文丽、孟佳霖、何蔚、刘倩，王慧玲、何瑾怡、陈悦、杨静、杨思涵、李星颖、吕强、姬林、蔡雨晨，杨倩、康莉、练燕、马天忆、周冬梅、向华玲、郝攀宇、汤而乔、王春梅、雷欢，向娇娇、司金萍、郭俊利、刘建军、刘梦蓝、伍萧、李媛媛。

伯先

2017 年 04 月 25 日

编者简介

编者：伯先

成都师范学院文学与新闻学院副教授，文学硕士。从事文学理论、美学原理、写作学的教学与研究三十年。近年致力于大众写作、农村社会文化教育、非遗整理、口述史与口述实录理论与实践的探索。

编者：陈权

四川文艺音像出版社副社长，二级导演。大学毕业三十余年专注于川剧音像制作工作，从剪辑起始，到编辑，最后专业从事导演工作。主要代表作品：川剧《酒楼晒衣》获第十五届全国电视剧飞天奖短篇戏曲电视剧二等奖；川剧《乔太守乱点鸳鸯谱》获全国第十届戏曲电视剧三等奖；电视剧《同一片蓝天》获得首届巴蜀文艺二等奖；《刘辉》获得四川省"五个一工程"奖；多次在中文核心期刊上发表过文章。《川剧》申报国家级非物质文化遗产名录、联合国非物质文化遗产名录电视申报片编导。

编者：王起久

国家二级导演。出生于音乐世家，从艺六十余年，跨越了川剧和电视两个行业，在川剧和影视的结合方面颇有建树，业界有相当的影响。既从事川剧表演和川剧音乐创作、电视导演工作。跳出川剧界，又从事与川剧相关的电视工作，能以更广阔的视野看待川剧，亦长期进行川剧研究，对川剧有独特的见解。七岁起始登台表演川剧，1982 年转行电视导演工作，在北京电影学院进修学习导演。先后得到川剧大师周裕祥、周企何亲授，在川剧界有一定的人脉资源。在川剧表演、剧本撰写及音乐创作方面颇有建树。《川剧》申报国家级非物质文化遗产名录、联合国非物质文化遗产名录电视申报片编导。